本书受到浙江外国语学院国际化协同创新团队"拉美研究与中拉合作"的资助

拉美研究论丛 （第二辑）

吕宏芬 \ 主编

LATIN AMERICAN STUDIES

ESTUDIOS LATINOAMERICANOS

中国社会科学出版社

图书在版编目（CIP）数据

拉美研究论丛. 第二辑 / 吕宏芬主编 . —北京：中国社会科学
出版社，2022.11
ISBN 978 - 7 - 5227 - 0922 - 2

Ⅰ.①拉…　Ⅱ.①吕…　Ⅲ.①拉丁美洲—研究　Ⅳ.①D773

中国版本图书馆 CIP 数据核字（2022）第 199904 号

出 版 人	赵剑英	
责任编辑	高　歌	
责任校对	王佳玉	
责任印制	戴　宽	

出　　　版	中国社会科学出版社	
社　　　址	北京鼓楼西大街甲 158 号	
邮　　　编	100720	
网　　　址	http://www.csspw.cn	
发 行 部	010 - 84083685	
门 市 部	010 - 84029450	
经　　　销	新华书店及其他书店	

印　　刷	北京明恒达印务有限公司
装　　订	廊坊市广阳区广增装订厂
版　　次	2022 年 11 月第 1 版
印　　次	2022 年 11 月第 1 次印刷

开　　本	710×1000　1/16
印　　张	14.75
插　　页	2
字　　数	236 千字
定　　价	79.00 元

学术顾问　徐世澄　周　烈

编 委 会　吕宏芬　宋海英　刘　冬
　　　　　　陈　岚　李晨光

主　　编　吕宏芬

主　　办　浙江外国语学院拉丁美洲研究所

执行编辑　卢爱地

英文审订　陈　岚

总　序

徐世澄

拉丁美洲和加勒比地区地域辽阔、资源丰富，具有巨大的发展潜力，是第三世界的重要组成部分。正如习近平主席 2014 年 7 月 16 日在巴西国会发表的演讲中所说，"拉美和加勒比是一片多姿多彩、充满希望的热土"，"长期以来，勤劳智慧的拉美和加勒比人民，积极探索符合自身实际的发展道路，在维护国家稳定、振兴民族经济、改善人民生活、推进地区一体化和外交多元化等方面取得了重大成就，在国际舞台上发挥着越来越重要的作用"。①

我国对拉美国家的研究起步比较晚，是从 20 世纪 60 年代初才开始的。1959 年古巴革命的胜利和 1960 年古巴在拉美国家中率先同中华人民共和国正式建交，推动了中国对拉美的研究。正是在这一历史背景下，1961 年中国科学院拉丁美洲研究所（现属中国社会科学院）正式成立。20 世纪 70 年代后期，随着我国改革开放和对外关系特别是中拉关系的发展，我国研究拉美的机构逐渐增加。与此同时，在全国组建了中国拉丁美洲学会、中国拉丁美洲历史研究会等相关民间学术团体，开始出版《拉丁美洲研究》等专业学术刊物。

进入 21 世纪以来，特别是 2012 年 11 月党的十八大以来，中拉关系进入了全方位发展的新时期。习近平主席已经 5 次出访拉美，亲自设计擘画中拉关系发展蓝图，同拉美领导人确立了中拉全面合作伙伴关系的新定

---

① 《习近平在巴西国会的演讲（全文）》，中国政府网，http：//www. gov. cn/xinwen/2014 – 07/17/content_ 2719171. html。

位，推动成立了中国—拉共体论坛，并且明确了共建新时代平等、互利、创新、开放、惠民的中拉关系和携手共进的命运共同体这一努力方向。中国—拉共体论坛已经成功举办了三次。中拉双方高层交往和政治对话频繁，双方贸易、投资、金融等领域合作全面快速发展，人文交流日益密切。中国在拉美的朋友圈和伙伴关系网不断扩大，中国现已与拉美25国建立外交关系。自2012年以来，中国一直保持拉美第二大贸易伙伴的地位。中拉贸易额从2012年的2612.88亿美元增加到2021年的4515.91亿美元，创历史最高记录。中拉加强发展战略对接，中国已同21个拉美国家签署"一带一路"合作备忘录或协议。最近两年多来，面对突如其来的新冠肺炎疫情，中拉守望相助，开展全方位抗疫合作。当前，中国和拉美国家正在共同打造中拉命运共同体这艘大船，引领中拉友好关系驶入新的航程。

近年来，百年变局叠加世纪疫情，使世界加速进入动荡变革期，拉美国家的政治、经济和社会结构正在发生深刻的变化。政治上，拉美出现了第二次左翼浪潮；经济上，拉美国家的发展遭受严重冲击，经济结构改革困难重重；外交上，拉美国家外交独立性在增强，外交关系越来越多元化，拉美一体化的进程正在加快。与此同时，中国与拉美国家的关系迅速、全面地发展。拉美政治、经济和外交发展进程中出现的许多新现象、新问题值得我们进一步去研究、去探索。这些新问题、新现象涉及多种学科、内容十分广泛。为了使我国的拉美研究事业后继有人，一代一代地继承下去并不断深入，迫切需要培养和造就一批有志从事拉美研究的青年学者。近些年来，我国各地高校新成立了不少拉美研究机构，涌现出一批卓有成就的中青年拉美问题学者，出版了一批水平较高的、影响较大的学术论著。拉美研究的学科建设逐渐完备。我国对拉美的研究除动态性研究外，逐步注重对拉美基本情况，从理论上，从历史、政治、经济、社会、文化、国际关系等多方面多学科来关注和研究拉美问题。

2011年10月28日，在教育部的指导下和浙江省教育厅、财政厅、商务厅以及社科联等有关部门的大力支持和亲切关怀下，浙江外国语学院拉丁美洲研究所正式成立。她作为浙江外国语学院校属的高级研究机构，依托学校改制后的外语类专业的独特优势，立足浙江外向型经济，积极服务地方经济发展，重点关注中国与拉美地区的经贸合作和文化交流等领域的前沿问题，初步形成了若干个特色鲜明的研究方向。浙江外国语学院拉丁美洲研究所成立 12 年来，已举办多次国内和国际研讨会，出版多部专著，撰写了不少有价值的研究报告和学术论文，在国内拉美学界已颇有影响力。

我们高兴地得知，2021 年 12 月，国务院学位委员会下发《博士、硕士学位授予和人才培养学科专业目录（征求意见稿）》及其管理办法，已将区域国别学纳入第 14 类交叉学科一级学科目录，可授予法学、文学、历史学学位，至此结束了长期以来区域国别学没有明确的学科归属的历史。这无疑对我们拉美研究机构的师生是一个好消息，它将有力地推动我国高校对拉美地区及拉美国别研究的发展。据统计，我国的拉美研究机构已从 1961 年第一家中国科学院拉美所到如今全国已发展到 60 多家，遍及全国约 20 个省市，绝大多数设在高校，其中有 16 家是教育部备案基地。

为了推进本校、本省和国内拉美研究不断深化，在浙江外国语学院领导的大力支持下，拉美所组成编委会，决定策划出版《拉美研究论丛》，计划每年出版一辑，聚焦拉美地区的政治、经济、社会、文化和外交等问题的研究。论丛的作者不限于浙外本校的教师和研究人员，也欢迎国内外高校和研究机构的专家学者、政府部门的研究人员等向这一园地踊跃投稿。《拉美研究论丛》将为国内外拉美问题研究的学者提供一个展示学术成果、交流学术观点和思想的平台。2022 年 5 月，《拉美研究论丛》第一辑已由中国社会科学出版社正式出版，现在展现在读者面前的是论丛的第二辑。

丛书编委会计划每一辑均设计有相对集中的有一定特色的专题栏目，并设有常设栏目，如《浙江与拉美》《拉美政治生态》《中拉经贸合作》《中拉文明互鉴》《特稿》《访谈》《书评》《论文摘要》等。我们计划邀请国内外一些知名拉美问题专家撰写专稿，以提高丛书在国内学界的知名度；我们还准备选择一些学术研讨会上优秀的论文，以促进国内学术机构的相互交流和对某个问题的深化。与此同时，我们将重点发表青年学子的研究成果，收录本科生和硕博士们写的文章或论文，以体现学术前沿成果和新思维。

我们相信,《拉美研究论丛》的定期出版必将有助于推动我院和我国的拉美研究。衷心祝愿《拉美研究论丛》越办越好!

（徐世澄是《拉美研究论丛》的学术顾问，浙江外国语学院拉丁美洲研究所的首任所长，中国社会科学院荣誉学部委员、拉美所研究员、博士生导师）

目　　录

拉美主要国家知识产权管理现状研究及中拉合作政策建议*

王文君　潘　灯　刘　佳

摘　要：在推动"一带一路"倡议和我国知识产权国际化发展战略过程中，拉美地区国家作为我国重要合作伙伴，中拉经贸及科技领域合作不断加强，知识产权合作方面亟须进一步研究与布局。本研究从制度环境、专利申请两方面对拉美主要国家知识产权管理现状进行分析，并总结美国、欧盟等对拉美国家知识产权合作策略。在此基础上，提出新时期新形势下中拉开展知识产权合作相关政策建议，旨在深入推动我国与包括拉美国家在内的"一带一路"沿线国家在经贸、科技等领域开展互利共赢的务实合作。

关键词：一带一路；中拉合作；知识产权

2021 年 9 月，中共中央、国务院发布《知识产权强国建设纲要（2021—2035 年）》，旨在建设中国特色、世界水平的知识产权强国，以提升国家核心竞争力，扩大高水平对外开放。纲要中指出中国将积极参与知识产权全球治理体系改革和建设，构建多边和双边协调联动的国际合作网络。在"一带一路"倡议背景下，拉美地区国家作为我国重要合作伙伴，中拉合作中涉及高新技术的产品贸易日益增多，更多中国企业在拉美当地开展技术驱动型合作项目，越来越多的中国科技企业及品牌产品受到拉美国家的关注和欢迎。但在知识产权制度、技术专利保护等方面，中国与拉美国家间亟须进一步研究、布局及合作推进。

---

* 本研究受到中国科学院科技战略咨询研究院前沿探索计划项目资助。

　　本研究基于拉美主要国家及组织知识产权机构权威信息以及 IncoPat 专利数据，从国家宏观视角对拉美主要国家知识产权管理中重要的制度特点、专利申请等情况进行分析。此外，总结美国、欧盟等国家及组织对拉美国家的知识产权合作政策，归纳发达国家及组织对拉美的合作策略及重点关注内容，进一步提出我国相关部门、企业等开展对拉美知识产权合作方面的政策建议，旨在更好地促进中拉经贸及科技领域的合作。

一　拉美主要国家知识产权管理现状

　　知识产权（Intellectual Property Right），也被称作智力成果权、智慧财产权，指的是基于智力的创造性活动所产生的权利。传统上，知识产权被分为工业产权（Industrial Property）和文学产权（Literature Property）两大类别。工业产权一般由发明专利、工业品外观设计、实用新型和商标权组成。[①]

　　管理是指组织对其所拥有的各种资源（人、财、物、信息、技术等）通过计划、组织、协调和控制等行为过程，完成组织的目标。关于知识产权管理的含义，各学者基于不同视角进行了界定。其中从国家宏观视角来看，知识产权管理主要指有关政府部门为确保知识产权法律和政策的顺利实施，维护知识产权权利人的合法权益而进行的立法、行政执法及司法活动，以及知识产权为促使其智力成果发挥最大的经济社会效益而制定各项规章制度和策略的经营管理活动。[②][③] 为此，本研究选取知识产权制度及专利申请等方面对拉美主要国家开展研究。

（一）拉美主要国家知识产权制度特点

　　与欧美等发达国家相比，拉美地区国家相关机构知识产权制度及相关法规欠发达。近些年来，该地区已采取相关措施提高其在知识产权方面的地位，但总体仍低于全球平均水平。根据对拉美主要国家知识产权相关政策及

---

① 李玉香：《论知识产权的私权性和权利让渡》，《人民司法》2003 年第 5 期。
② 吴汉东、胡开忠等：《走向知识经济时代的知识产权法》，法律出版社 2002 年版。
③ 陈昌柏：《知识产权战略》，科学出版社 1999 年版。

法规的系统监测及调研，总结出其知识产权管理主要呈现的如下三个特点：

1. 拉美总体水平低于世界平均值，各国间差异较大

拉丁美洲及加勒比海地区共有 33 个国家，其知识产权衡量指标总体低于世界平均水平。2020 年 WIPO 发布的《世界知识产权指标报告》显示：2019 年，拉美及加勒比海地区、非洲及大洋洲的专利申请量仅占全球总量的 3.3%，与亚洲（65%）、北美洲（20.4%）、欧洲（11.3%）相差较大；拉美及加勒比海地区、非洲及大洋洲的商标申请量仅占全球合计的 8.3%。截至 2020 年 12 月，33 个拉美国家中仅有 19 个①国家的宪法明确规定了通过建立知识产权制度鼓励知识创造的内容，而其他国家则将知识产权作为智力私有财产进行宪法保护。②

拉美国家众多，由于经济、社会、人口等发展的差异性，各国知识产权管理水平相差较大。2021 年，美国商会全球创新政策中心（GIPC）发布的《国际知识产权指数》报告③对全球 53 个国家的知识产权法律、法规和执法进行了排名。其中，根据数据可获取性在拉美地区共选取了 10 个国家，排名由高到低依次为：墨西哥（58.25 分）、哥斯达黎加（54.46 分）、多米尼加共和国（58.32 分）、哥伦比亚（48.17 分）、智利（47.20 分）、秘鲁（46.56 分）、巴西（42.32 分）、阿根廷（36.77 分）、厄瓜多尔（30.60 分）和委内瑞拉（14.10 分）。通过该 10 国分数可以看出，排名较高的墨西哥与较低的委内瑞拉间差距较大，由此推断，拉美其他发展较为落后的国家将处于更低水平。

以知识产权发展较为成熟的墨西哥为例，墨西哥在其民法典中将知识产权视作物权进行保护，在联邦立法中分别建立了版权类和工业产权类法律体

---

① 19 个国家是阿根廷、玻利维亚、巴西、智利、哥伦比亚、哥斯达黎加、古巴、厄瓜多尔、萨尔瓦多、危地马拉、海地、洪都拉斯、墨西哥、尼加拉瓜、巴拿马、秘鲁、多米尼加、乌拉圭、委内瑞拉。其中古巴在 2019 年 2 月实施的新宪法中首次提到了知识产权的类似概念，其表述为"承认个人因知识创造而产生的各项权利"。

② WIPO. El PCT cuenta actualmente con 156 Estados contratantes, https：//www.wipo.int/pct/es/pct_ contracting_ states. html.

③ GIPC. International IP INDEX 2021, https：//www.theglobalipcenter. com/wp-content/uploads/2021/03/GIPC_ IPIndex2021_ FullReport_ v3. pdf.

系，并且由各州制定相关法律予以对接。① 在联邦层面，墨西哥各州政府依据上述法律成立的工业产权局和国家版权局不但承担了具体的行政管理工作，制定了行政法规、法令、指南和守则等数百个规范性文件，还就争端解决的行政和司法程序作出了详尽规定。② 但在圣文森特和格林纳丁斯、圣卢西亚、海地、苏里南等拉美国家，由于人口稀少、幅员狭窄、科技欠发达、知识产权市场和服务仍处于萌芽阶段，其专利申请数量为个位数字或没有。

2. 拉美区域及国家层面近年逐渐加强知识产权保护

（1）区域层面

第二次世界大战结束以来，拉美地区就成立了大量基于地理、意识形态、政治主张等因素为纽带的一体化组织，也包括以推动经济要素自由流通为目标的次区域组织，如拉美和加勒比国家共同体、拉丁美洲一体化协会、安第斯共同体、南方共同市场等。这些跨国机构都在区域组织层面制定了相关知识产权法规，或通过系列政策及活动推动该地区知识产权发展。

2011 年，"拉美及加勒比国家共同体（简称拉共体，CELAC）"正式成立。2015 年，"第三次拉共体（CELAC）峰会"首次涉及知识产权议题，提出"需要对获取信息和知识产权作出承诺"以及"知识产权保护利于知识转移、智力创造和各国福祉"。此后，在 CELAC 框架下的文化、科技、教育等领域的高级别官员技术讨论会上，涉及知识产权议题并形成了具体实施路线。《拉共体 2015—2020 年工作计划》第 13 项为"举办有关知识战略性研讨会"，智利是这项活动的主责国，巴西、阿根廷和厄瓜多尔为协助国。同时，CELAC 与其他地区进行的对话（如拉共体与欧盟峰会、拉共体与中国等）中，也展现出拉美各国愿意通过对话和合作提升知识产权管理水平的意向。

安第斯共同体，原称为安第斯集团或安第斯条约组织，成立于 1969年，1996 年更为现名，简称安共体。安共体现有成员国 4 个：秘鲁、玻利维亚、厄瓜多尔和哥伦比亚（2006 年 4 月，委内瑞拉宣布退出），巴西、

---

① European Commission. Latin America IP SME Helpdesk, https：//intellectual-property-helpdesk. ec. europa. eu/regional-helpdesks/latin-america-ip-sme-helpdesk_ en.

② Elena Crespo. Propiedad intelectual, reto para el desarrollo en América Latina, https：//www. forbes. com. mx/propiedad-intelectual-un-reto-para-el-desarrollo-en-america-latina/.

阿根廷、乌拉圭、巴拉圭、智利是联系国，西班牙为观察员国。① 安共体按照工业产权、版权及相关权利、植物新品种、基因资源四个大类、16 个小类制定了成员国必须遵守的共同规则，并且适时公布文件对相关问题进行协调和更新。这些规定由超国家机构的立法机关做出，相较于每个成员国的国家法具有更直接和优先的效力。安第斯组织还创设有专门的超国家司法机构，对违规行为直接进行调查、起诉和惩戒，对成员国或其基层当局的行政不作为做出谴责和惩戒。

南方共同市场（MERCOSUR）成立于 1991 年，由阿根廷、巴西、乌拉圭和巴拉圭 4 国总统签署《亚松森条约》宣布正式成立。目前正式成员国包括阿根廷、巴西、巴拉圭、乌拉圭、玻利维亚（尚未完成"入市"程序）、委内瑞拉（因国内局势自 2017 年 8 月起被无限期中止成员国资格）。联系国为智利、秘鲁、哥伦比亚、厄瓜多尔、苏里南、圭亚那。南方共同市场通过从局部到整体、先易后难的路径，力图逐渐达到域内知识产权保护的一致。如《知识产权标准协调议定书》这一文件只包含了被视为最低标准的和各国必须遵守的若干规定，而对于各国间商标的竞合、平行进口等在谈判中长期悬而未决的问题采取了搁置的态度，留待双边商议或未来在成员国间达成一致。② 尽管这种规定貌似对各成员国不具有太强的约束力，对市场主体也不具有直接的效力，但是可以通过"标准引领"达到各国的"立法趋同"。更值得称赞的是，这一组织还特别关注小型发明专利、集成电路、实用新型等既符合成员国经济发展水平、又对于当地科技发展具有一定先导性的议题。

此外，太平洋联盟、加勒比海国家联盟、南美国家联盟、中美洲一体化组织、拉丁美洲和加勒比经委会等组织通过搭建协商协调机制来促进成员国之间的知识产权立场趋同。

（2）国家层面

在国家层面，主要体现为各国通过制定知识产权战略或修订相关法律来

---

① 《安第斯共同体》，中国外交部官网，http://infogate.fmprc.gov.cn/web/wjb_673085/zzjg_673183/ldmzs_673663/dqzz_673667/adsgtt_673725/gk_673727/。

② Helena Aranda Barrozo, Márcia Teshima, A Propriedade Intelectua e seus Aspectos no ambito do MERCOSUL.

完善知识产权保护。此外，受新冠肺炎疫情的影响，部分国家加强了知识产权领域的数字平台建设，还有设立与新冠肺炎研究相关的知识产权库。

墨西哥通过修订相关法律，不断完善知识产权保护。2020 年 11 月 5 日，根据最新的《美墨加三国协议》，墨西哥颁布新的《联邦工业产权保护法（LFPPI）》。在专利方面，（1）新法加强保护，与药物、信息技术和基因组科学有关的发明，新法明确承认药物、化合物和组合物的新用途具有专利性。（2）新法首次规定，权利要求必须根据必要的技术特征起草，并为此类概念提供简要定义，同时参考技术性问题的解决方案。该法律旨在考虑尚未被频繁使用的发明（例如遗传材料和人类克隆），但在没有解决诸如被视为技术性和非技术性的定义等基本方面的情况下继续进行。（3）新法新增一项"Bolar 条款"，根据该条款，第三方有权以提交测试数据，从卫生监管机构获得销售许可以开发仿制药为目的，对专利药品进行研究、开发、制造和测试。（4）实用新型的保护期限从 10 年增加到 15 年。（5）外观，新法明确规定必须有新颖性、独创性和意义。同时对后两个新概念（独创性，有意义）作出界定。此外，新法认为系列动画或图形界面可以受外观保护；（6）新法确定了自愿分割申请和提交分割申请的条件和要求。这是首次允许申请人主动提交分割申请。

巴西制定国家层面知识产权战略计划，以整体促进国家知识产权发展。2021 年 6 月 9 日，巴西知识产权部际小组（GIPI）制定了国家知识产权战略实施行动计划（ENPI）①。该行动计划的实施期限为 2021 年 8 月至 2023 年 7 月，涵盖 210 项具体措施，其中 49 项被列为优先事项。主要包括五方面措施：（1）知识产权申请方面，通过行动计划，确保在实施期间专利申请量增加 13%，商标申请量增加 31%，外观设计申请量增加 16%，注册地理标志和集体商标 150 件；（2）知识产权培训方面，通过行动计划，确保在实施期间为 3000 名专业人士和 1500 家公司提供商业和知识产权创新战略培训；（3）狙击假冒盗版侵权行为方面，通过行动计划，确保在实施期间严厉打击假冒盗版等知识产权侵权违法犯罪，切实强化知识产权保护；（4）知识产权

①　国家发展和改革委员会：《巴西制定 2021—2023 年国家知识产权战略实施行动计划》，http://www.ciedata.com/News/202010/860d2fcf-eefc-4cf2-a6e5-4c5d27416037.html。

业务流程方面，通过行动计划，确保在实施期间将未处理的专利申请减少80％，有效提高工作效率，使商标申请的审查周期缩短至 12 个月；（5）知识产权国际体系建设方面，通过行动计划，确保在实施期间加入海牙设计协定，并增加不少于两个专利审查高速路（PPH）项目。

受疫情影响，阿根廷、萨尔瓦多、多米尼加等国完善知识产权在数字化方面平台及政策。阿根廷政府通过数字化和法律改革加快知识产权的保护和登记程序。2021 年，萨尔瓦多《国家电子商务法（la ley de comercio electrónico）》正式生效，电商公司和其他相关机构将推动"版权（网站开发及 app 应用领域）"、知识产权使用许可和域名保护相关的知识产权服务需求的增加。2020 年，由于受新冠肺炎疫情影响，多米尼加通过了一项决议，规范了通过 Onapi 数字平台提交的独特标志申请的数字证书的签发。

此外，为有效抗疫，哥斯达黎加政府与世界卫生组织共同发起"Covid － 19 相关产权储存库"（英文缩写 CAP）。CAP 存储库是一个平台，允许共享数据、知识技能及著作权，并促进公平获取挽救生命的健康产品，以解决疫情带来的各项挑战，这是著作权和工业产权领域的一个里程碑。

3. 重政策轻实践，拉美知识产权管理有待完善

虽然近年拉美地区及各国通过各类战略或政策提高其知识产权水平，然而，知识产权的实践情况与采取的制度政策并不相匹配，其知识产权管理的实际落实仍有待完善。[①] 根据世界知识产权组织 2020 年统计的专利数据显示，专利总量中一半以上来自巴西，超过 100 项的国家只有两个（墨西哥与智利），而多米尼加只有 12 项，大多数国家尽管设立了这一制度但并没有实际贯彻。[②] 此外，虽然拉美 33 国均为世界知识产权组织（WIPO）成员国，但委内瑞拉、圭亚那、阿根廷、乌拉圭、玻利维亚、巴拉圭等国尚未完成 WIPO 项下《专利合作条约》的签署[③]。

---

① The Problems of Intellectual Property in Latin America and How to Address Them, https：// repositorio. cepal. org/bitstream/handle/11362/3594/1/S2007358_ en. pdf.

② Latin America IP SME Helpdesk, https：//op. europa. eu/en/publication-detail/-/publication/ af1870b8-271a-11ec-bd8e-01aa75ed71a1/language-en/format-PDF/source-254568568#.

③ OMPI. El PCT cuenta actualmente con 156 Estados contratantes, https：//www. wipo. int/pct/ es/pct_ contracting_ states. html.

(二) 拉美主要国家专利申请概况

随着科技的发展，为更好保护产权人的利益，专利制度应运而生并不断完善，专利产出日益成为国家经济及科技发展的重要资源以及国际竞争力的重要体现。因此，专利申请量从一定程度上可以反映出一国或地区在知识产权制度方面的实践情况。本研究利用 IncoPat 数据库对 2011—2020 年拉美 33 国专利申请数据进行统计分析，得出如下结论。

1. 拉美国家专利申请量全球占比总体呈波动下降趋势

2011—2020 年拉美国家专利累计申请总量在 142623 件以上，专利申请年均增长率为 –0.53%，拉美国专利申请量全球占比总体呈波动下降趋势。出现此种趋势的原因有两方面，一是全球专利申请总量增长速度较快，年均增长率达到 18.19%，二是墨西哥、阿根廷、委内瑞拉、古巴、牙买加等专利申请主要国家近五年（2016—2020 年）专利申请量较上一阶段（2011—2015 年）有所减少，减少幅度均在 30% 以上（图 1）。

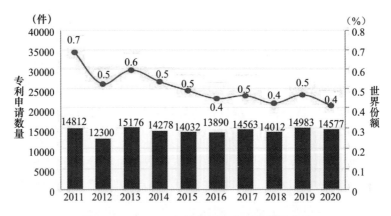

图 1 2011—2020 年拉美国家专利数量及占比

2. 拉美国家专利申请量主要集中于巴西、墨西哥等国

2011—2015 年，拉美国家专利申请数量前五名的国家为巴西、墨西哥、阿根廷、智利、巴巴多斯①，五国五年累计专利申请量均在 2500 件以

---

① 巴巴多斯专利申请量在拉美国家中较高，但高质量专利较少，因此在 PCT 申请中数量较小。

上，五国五年专利申请量占拉美国家专利申请量的比重达 88.36% ；2016—2020 年，各国五年累计专利申请数量 TOP5 国家为巴西、墨西哥、巴巴多斯、智利、哥伦比亚，各国五年累计专利申请量均在 3000 件以上，五国五年专利申请量占拉美国家专利申请总量的比重达 85.29%。其中阿根廷在 2016—2020 年退出前五，哥伦比亚上升到第五位。总体来看，拉美国家专利主要来自在巴西、墨西哥、巴巴多斯、智利、哥伦比亚、阿根廷等国（详见图 2）。

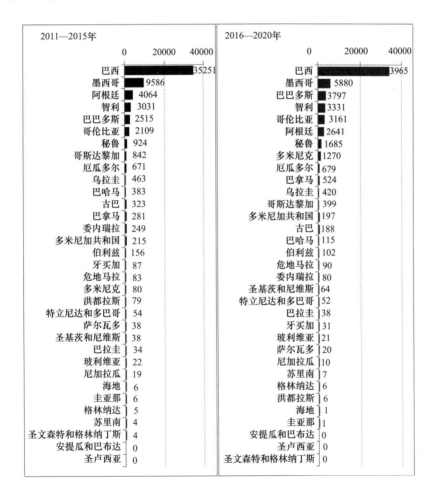

图 2　2011—2015 年与 2016—2020 年拉美各国专利数量及排名

3. 拉美 PCT 专利申请量世界份额较低，且集中在巴西等国

PCT 是《专利合作条约》（Patent Cooperation Treaty）的英文缩写，是一个有关专利的国际条约。根据 PCT 的规定，专利申请人可以通过 PCT 途径递交国际专利申请，向多个国家申请专利，该申请量是衡量创新活动广泛使用的指标之一。拉美国家近十年 PCT 专利申请量均保持在 1000 件以上，占全世界份额较低，均在 0.4% 以上（详见图 3）。

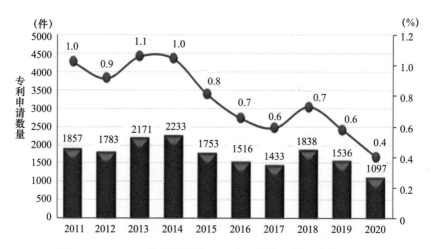

图 3　2011—2020 年拉美国家 PCT 专利申请总量及占世界份额

2011—2015 年，PCT 专利申请数量前五名的国家为巴西、墨西哥、萨尔瓦多、阿根廷、哥伦比亚，五国五年累计 PCT 专利申请量均在 400 件以上，五国五年专利申请量占拉美国家专利申请量的比重达 88.46%；2016—2020 年，PCT 专利申请数量 TOP5 国家为巴西、墨西哥、阿根廷、哥伦比亚、萨尔瓦多，各国五年累计 PCT 专利申请量均在 400 件以上，五国五年专利申请量占拉美国家专利申请总量的比重达 85.65%，其中萨尔瓦多从第 3 位下降到第 5 位。总体来看，拉美国家 PCT 专利主要集中在巴西、墨西哥、阿根廷、哥伦比亚、萨尔瓦多五国（详见图 4）。

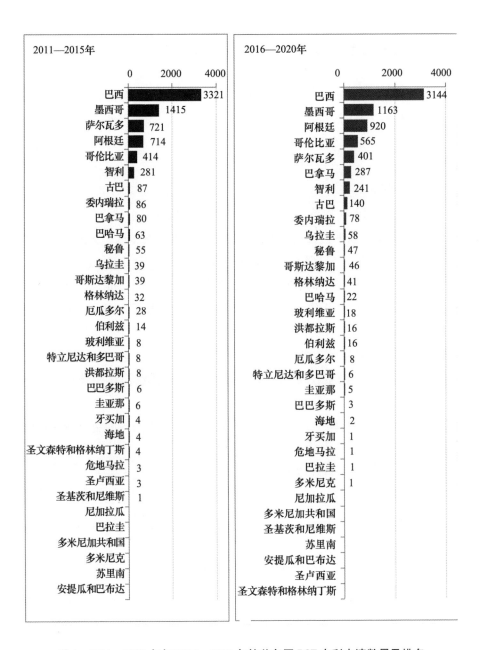

图4 2011—2015 年与 2016—2020 年拉美各国 PCT 专利申请数量及排名

二　主要发达国家及组织对拉美的知识产权合作策略

基于历史、地缘、语言、经济等因素，美国与欧盟等国家及组织与拉美国家间开展了长时间、较为密切的经贸及科技合作，因此在知识产权合作方面有较深入的实践，具体调研及分析如下。

（一）美国

1. 通过知识产权规范协议、"301 调查"等确保美企利益

自 19 世纪末以来，拉美的政治和经济受美国影响深远，美国一直处于世界知识产权标准主要制定者的地位，通过国际组织、双边及多边条约、单方面作出的经济制裁和调查等方式，将其在该领域的标准和原则强行移植到拉美。拉美 33 个国家均是 WIPO 成员国[①]，绝大部分国家是世界贸易组织（WTO）知识产权类协议的缔约国[②]。美国与 20 多个拉美国家签署了自由贸易协定，其中就包含了高标准的知识产权规范。它还通过实行所谓的"301 调查"[③]，指责拉美国家的知识产权保护现状，并要求其改善立法、敦促当地政府采取行动确保美国企业的相关利益。[④] 在美国企业与当地政府签订的商业合同中，不乏高于国际公约或双边条约的更为苛刻的知识产权条款。

2. 在谈判磋商中限制拉美技术创新，并阻碍他国技术进入

通过利用知识产权制度保持自身不合理经济地位的做法，在当前表现得更为明显。如美国贸易代表办公室在与拉美国家进行谈判磋商时，将与

---

① https：//alianzapacifico. net/grupo-tecnico-de-propiedad-intelectual/.

② https：//www. wipo. int/members/en/.

③ "301 调查"是美国依据 301 条款进行的调查，301 条款是指《1988 年综合贸易与竞争法》第 1301—1310 节的全部内容，其主要含义是保护美国在国际贸易中的权利，对其他被认为贸易做法"不合理""不公平"的国家进行报复。根据这项条款，美国可以对它认为是"不公平"的其他国家的贸易做法进行调查，并可与有关国家政府协商，最后由总统决定采取提高关税、限制进口、停止有关协定等报复措施。

④ Avances en las iniciativas de cooperación en materia de propiedad intelectual, propiedad industrial, derechos de autor, marcas y patentes en América Latina y el Caribe, http：//www. sela. org/media/2756524/dt-2-doc-base-directores-2017-esp. pdf.

知识产权有关的议题明确、详细地置入谈判目标和框架中。诸如药品、化学农产品测试数据、生物基因、下一代通信技术等领域，通过知识产权保护条例限制拉美各国的技术创新，并且阻碍域外国家的技术进入该地区。由于拉美国家并不掌握相关科技，但又希望维持或增加产品进入美国市场的机会、提升吸引外国投资的能力，在与美国进行谈判时地位明显不平等，只能在个别细节上争取自身利益。更值得注意的是，在谈判中被灵活处理的一些条款，在后续实践中往往成为美国及其企业掌控、威胁拉美国家的依据。①

3. 通过专利授权项目等工具加速与拉美国家间授权进程

专利授权进程较慢是跨国企业在合作国进行专利保护的难点和痛点，为此，美国专利商标局（USPTO）在专利审查高速路（PPH）基础上，与墨西哥进一步升级开展了平行专利授权（PPG）项目②，旨在加速美企在墨西哥的专利授权进程。

2020 年 12 月 7 日，美国专利商标局（USPTO）与墨西哥工业产权局（IMPI）宣布实施新的平行专利授权（PPG）项目。两局签署了工作共享协议，加快墨西哥专利申请人获得授权的进程，前提是同一专利已在美国获得授权。PPG 的推出是两局于 2020 年 1 月 28 日签署的技术与战略协作谅解备忘录的直接成果。自谅解备忘录签署以来，USPTO 与 IMPI 已对约200 个申请进行 PPG 测试。PPG 的主要规定是 IMPI 在授予相应的墨西哥专利时可使用 USPTO 的检索和审查结果。相关的墨西哥和美国申请必须共享最早的优先权日。另外，IMPI 会对提出 PPG 请求的申请进行补充审查，以确保其符合国内法律。因此，该项目有望通过更简化的方式和资源共享加速授权进程。

IMPI 指出，2015 年至 2018 年之间提交的约 1.1 万个墨西哥专利申请可从新启动的 PPG 中受益，PPG 将加快那些在美国已被认定为具有可专利

① América Latina y la propiedad intelectual en los Tratados de Libre Comercio, https：//www.ictsd.org/bridges-news/puentes/news/am% C3% A9rica-latina-y-la-propiedad-intelectual-en-los-tratados-de-libre.

② 美国与墨西哥实施新的平行专利授权项目, http：//www.ipwq.cn/ipwqnew/show-2019.html。

性的申请的授权进程。2020 财年，美国预计有 399055 个专利获得授权。数据显示，在 PPH 项目下，在墨西哥根据美国授予的专利成功申请加速注册的可能性是根据其他司法管辖区授予的专利提出请求的 60 倍。

（二）欧盟

1. 影响拉美国家将欧盟知识产权规范纳入自身立法

欧盟在拉美对知识产权的关注侧重于推动拉美国家将欧盟关于知识产权的指令纳入自身的立法。例如，欧盟和拉美国家签订的合作伙伴协议中，直接引述了欧盟约束其成员国在履行知识产权保护方面的义务，并且将欧盟国家普遍采用的知识产权所有权人获取证据和主张损害赔偿金的通行做法纳入其中。欧盟知识产权局（EUIPO）还依托伊比利亚—美洲工业产权计划①，与该区域经济相对发达的拉美国家工业产权主管部门进行技术和业务方面合作，提高这些国家在获取欧盟企业知识产权信息时的效率和质量。

2. 通过 IP Key、IPR SME Helpdesk 等项目加强知识产权保护及信息交流

在企业层面，欧盟主要通过欧盟委员会指导下的知识产权领域国际合作项目（IP Key）和欧盟中小企业拉美知识产权服务（IPR SME Helpdesk）两个项目，帮助在拉美的欧盟企业维护其在知识产权领域的权利。IP Key 主要帮助大型企业在与拉美利益相关方面进行谈判，开始即重视知识产权保护体系设计，并且以欧盟委员会、EUIPO 或者欧盟在当地商会的名义与该地区的政府机构沟通，促进当地在执法方面的改进。② IPR SME Helpdesk 则主要保护欧盟在当地的中小企业，向它们普及拉美知识产权侵权领域出现的普遍问题，通过设立热线、在线和面对面培训、研讨会等方式为其提供多种模式的个性化帮助。③ 此外，欧盟及其成员国还注重与拉美政府、

---

① Avances en las iniciativas de cooperación en materia de propiedad intelectual, propiedad industrial, derechos de autor, marcas y patentes en América Latina y el Caribe, http：//www.sela.org/media/2756524/dt-2-doc-base-directores-2017-esp. pdf.

② https：//ipkey.eu/es/latin-america.

③ http：//www.iprhelpdesk.eu/.

主要商业合作伙伴在知识产权领域进行交流、沟通，帮助当地公众提高对知识产权重要性的认识，以及违法行为对知识产权和创新造成损害的认识，同时通过各种方式积极参与拉美国家的相关立法活动。

三　我国对拉美国家开展知识产权合作政策建议

当今世界，新冠肺炎疫情正在加速百年未有之大变局，国际形势复杂多变，全球创新格局面临重塑，知识产权作为国家发展战略性资源和国际竞争力核心要素作用更加凸显；新一轮科技革命和产业变革在给经济社会带来深刻变化的同时，也给知识产权国际规则和全球治理体系带来新挑战。在"一带一路"倡议背景下，中拉关系不断深化发展，面对中拉双方人民日益增长的对美好生活的需要，中拉知识产权合作需解决如何保证中拉合作产业链、供应链安全，如何提高中国品牌的国际影响力，如何实现碳达峰碳中和愿景、实现可持续绿色发展等一系列问题和挑战。针对新时期的新挑战，提出如下中拉知识产权合作政策建议。

1. 讲好基本立场主张，加强合作机制建设

在新时代背景下，应践行人类命运共同体理念，在正确宣传我国国际合作基本立场基础上，加强知识产权国际合作机制建设。拉美和我国同属于发展中国家，是国际现有知识产权制度的被动接受者和积极参与者。创新从来不是一个国家的特权，任何创新都是在全人类既有成果上的再创造。设立知识产权制度的目的是保护和激励创新，而不是制造甚至扩大科技鸿沟。世界各国都应当消除一切不利于创新的体制、机制障碍，各国也都有权利通过自身努力和国际合作从科技创新中受益。

在中拉知识产权合作中，一是需要发挥媒体、智库等宣传和研究等导向作用，在充分、深入研究与了解拉美知识产权发展背景的基础上，加强与拉美各机构间的合作、交流与宣传工作，向拉美指出美国等霸权国家合作中的不平等，开辟以"人类命运共同体"为合作宗旨的中拉知识产权合作新路径；二是在"一带一路"倡议和中国知识产权国际化发展背景下，不断巩固和深化中拉知识产权合作，借鉴美欧等在拉美国家知识产权合作过程中可取的政策工具经验，如平行专利授权（PPG）、欧盟中小企业拉美

知识产权服务（IPR SME Helpdesk）项目等，推动中拉间知识共享；三是持续优化知识产权国际合作环境，深度参与小多边和双边合作，扩大中国知识产权"朋友圈"，推动中国知识产权更大力度、更宽范围、更深层次对外开放。

2. 展示科技助力民生，推动中国品牌的国际认同

新技术只有从实验室通过产业链进入百姓生活才能推动人类社会的进步，也只有得到充分运用才能真正实现其价值。中国在推动经济又好又快发展的进程中，要特别注意发挥知识产权制度和产业扶持政策的不同作用，加快民生相关科技成果转化应用，使科技真正惠及民生。拉美绝大部分国家还未完成工业化，对科技产品的需求与中国还存在代际差距。通过"一带一路"倡议合作，将适合推广至拉美的工程技术、制造工艺、产品服务等，以商业运作、兼顾义利的方式运用和服务到拉美。让拉美民众在增强对"中国品牌"认同的同时，树立其对科技改变民生的认知、对中国知识产权制度的认可。

3. 搭建共研共享平台，完善国际分工布局

拉美国家长期处于国际分工体系的产业链低端，经济发展受制于国际大宗商品价格波动影响，无法在资金充足、社会稳定的长期时间内实现结构转型。拉美地区事实上已然形成了欧美国家设立的，以知识产权作为阻碍新合作伙伴进行贸易投资的壁垒。在此不利背景下，我国应当选择经济发展水平相对较高、科技研发积累相对充分、法治化水平相对成熟、在拉美地区具有发展引领力的国家，通过双方科研院所、企业间的研发合作、生产合作，将来自我国的科技创新融入到对方产品和服务的载体中，与当地主体共同分享知识产权。使得中国科技得以助推拉美地区产业链和价值链的再造，整体提升这些国家在国际生产布局中的地位，乐见其成为新型国际关系中维护公平正义的重要力量。

4. 鼓励中企采取内外部保护，规避知识产权合作风险

跨国企业在保护知识产权过程中主要包括两种方式：一是采用知识产权保护的外部化手段，即利用专利权、商标权和版权等相关知识产权法律手段。然而，除医疗设备、药品或一些特殊用途机器制造业以外，专利保护的有效性依然有其局限性，在部分专利制度不健全国家依然会因为技术

方案公开化和信息的泄露造成经济损失。二是采用专利拆分申请、经营模式、领先市场、降低价格、并购策略等内部化的非知识产权法律保护方式。知识产权内部化保护手段实际上是利用企业其他的互补性资产或者一些技术诀窍等方法，帮助已经取得并公开的专利信息不为竞争者通过反向工程或其他手段快速模仿产品。

在拉美国家中，除巴西、智利等经济较为发达国家外，其他地区经济发展较缓慢、国家的创新能力较低，知识产权的培育和保护环境明显落后于我国，我国企业可以采取知识产权内部和外部化保护策略双管齐下，规避知识外溢所引起的利润削减。

5. 发挥规则引领能力，创设争端解决平台

随着我国对拉美国家出口和投资越来越多地涉及高新技术领域，对中拉合作中的知识产权保护应当更加重视。鉴于拉美各国在知识产权议题上意识偏弱、立法执法不完善以及习惯被动参与规则制定的现状，我国应在加强沟通、增信释疑工作的基础上，通过自贸投资协定、双边协议、谅解备忘录等形式，对双方各自就此关切的知识产权问题作出明确安排。并通过创设沟通平台、机制化运作、联合执法等形式应对可能出现的对我方不利事件。

此外，我国还应利用中拉论坛部长级会议、中拉政府间科技合作委员会等机制，将中拉知识产权合作这一议题纳入议题设计和后续行动。另外，在未来中拉间搭建的调解、仲裁等多元争端解决机制中，应当积极推动将知识产权类纠纷纳入受理范围，避免双方相关争端被第三方插手、利用和扩大。

（作者王文君，中国科学院科技战略咨询研究院助理研究员；

潘灯，中国政法大学拉美法律和公共政策研究中心

执行主任，比较法学研究院副教授；

刘佳，中国科学院武汉文献情报中心副研究馆员）

Research on the Situation of Intellectual Property Development in Latin America and the Suggestions for China-Latin American Cooperation

Wang Wenjun, Pan Deng, Liu Jia

In the process of promoting the Belt and Road Initiative and China's Intellectual Property (IP) Development Strategy, Latin American countries become the important partners of China in the fields of economy, trade, S&T etc. Therefore, further research and cooperation on the IP cooperation is urgently needed between China and Latin American countries. This study analyzes the situation of the IP development in the major Latin American countries from the perspectives of institutional environment and patent output. On the basis of the investigation of the developed countries or organaizations' cooperation strategies with Latin America, such as the United States, the European Union, it puts forward the policy suggestions between China and Latin America about the IP cooperation in the context of the new era and new situation.

Keywords: One Belt One Road; China-Latin American Cooperation; Intellectual Property Rights

中国与南方共同市场国家
贸易关系发展及应对

唐 洁

摘 要： 巴西和阿根廷是与中国在拉美地区产生贸易摩擦特别是发起反倾销调查的重点"受灾区"，且同为南方共同市场（以下简称"南共市"）成员国，近年来相关情况虽有所改善，但由于其与中国部分产品存在竞争同质性，以及考虑到巴西与阿根廷在区域内的贸易地位，中国改善与其贸易关系具备一定的战略性，除了应对反倾销调查的技术问题外，研究商签 FTA 推进双边经贸关系的紧密联系将是一个可行的发展方向。鉴于南共市目前关税同盟的特殊属性，还应将南共市内部相关限制考虑在内，从体制机制上探索应对方法，从技术研究应对层面、政策导向推动层面给出相关政策建议。

关键词： 南共市；贸易摩擦；巴西；阿根廷；FTA

长期以来，拉丁美洲国家都是我国重要的贸易对象和战略合作伙伴。在中拉贸易额逐年攀升的同时，双方贸易摩擦问题也层出不穷，如墨西哥、巴西、阿根廷等国是中国出口贸易量较大的拉丁美洲国家，也是与中国发生贸易摩擦较多的国家。后疫情时代，深入研究中国与拉美重点国家贸易摩擦的情况、特点、原因及发展趋势，对促进我国对外贸易高质量发展，完成构建国际国内双循环的重要经济任务，推动企业更加积极融入全球产业链、价值链具有重要意义。

一　中国与南方共同市场国家贸易关系概况及发展

中国与南方共同市场（以下简称"南共市"）国家政治、经济交往历史悠久，具备良好的合作基础，随着中国深度参与世界贸易，中国与南共市国家的经贸关系进一步深化，并在日益紧密的经贸联系中推动双边政经关系走向新阶段，特别是"一带一路"倡议提出以后，中拉经贸关系有了更大的发展平台，南共市国家积极参与"一带一路"合作倡议，中南双方都将从中获取巨大的发展红利。

（一）中国与南共市经贸关系持续深化发展

南方共同市场是世界上第一个完全由发展中国家组成的共同市场，也是拉丁美洲最大的关税同盟，成员国有巴西、阿根廷、乌拉圭、巴拉圭四国①。长期以来，在各自政府及官方机构的努力下，在企业和民间力量的襄助下，南共市国家与中国经贸关系得到了稳步提升，双方建立了良好的可持续合作机制（见表1），并克服了重重困难，推进双边关系发展到新高度。

表1　　　　　　　**中国与南共市国家主要经贸关系概况**

	双边关系	合作机制	经贸协议（部分）
南共市	1996 建立对话机制	中国—南共市对话机制 南共市商会中国代表处（2019 年，北京成立）	进一步加强经贸合作的联合声明（2012）
巴西	1974 年建交 1993 年建立战略伙伴关系 2012 年全面战略伙伴关系	中巴高委会 COSBAN② 金砖国家合作机制 扩大产能合作基金	双边本币互换协议（暂未续签） 电子商务合作谅解备忘录（2017） "经认证的经营者"制度互认安排（2019） 服务领域合作谅解备忘录（2019） 投资领域合作备忘录（2019）

---

①　巴拉圭尚未与我建立外交关系，委内瑞拉被无限期中止成员资格，玻利维亚仍在成员审核阶段。

②　COSBAN, Comissão Sino-Brasileira de Alto Nível de Concertação e Cooperação Português, 中国巴西高层协调与合作委员会，于2004 年成立，下设12 个分委会，涵盖政治、经贸、财经、科技、农业、能源矿产、航天、工业和信息化、检验检疫、文化、教育、卫生等领域，巴方主席为巴西副总统莫朗，中方主席为中国国家副主席王岐山，2019 年双方举办了高委会第五次会议，经贸分委会第七次会议。

	双边关系	合作机制	经贸协议（部分）
阿根廷	1972 年建交 2004 年建立战略伙伴关系 2014 年全面战略伙伴关系	经济合作与协调战略对话机制 经贸合作混委会机制 FDI 统计合作机制	双边本币互换协议（2020 年已续签） 电子商务合作谅解备忘录（2018） "一带一路"谅解备忘录（2022）
乌拉圭	1988 年建交 2016 年建立战略伙伴关系	经贸合作混委会机制 海关合作与行政互助	双边投资协定 BIT（1993） 关于南极领域合作的谅解备忘录（2016） "一带一路"谅解备忘录（2018） "经认证的经营者"制度互认安排（2019）
巴拉圭	尚未建交	暂无	暂无

资料来源：根据外交部、商务部网站整理。

　　南方共同市场在区域内影响力和带动力可观，其创始成员国中有拉丁美洲规模最大的经济体巴西（贸易量约占整个拉丁美洲地区贸易总额的五分之一）、拉丁美洲重要经济体阿根廷（拉美地区排名第三）以及长期在拉丁美洲各个区域组织内发挥润滑剂作用、有"拉美瑞士"之称的乌拉圭。尽管南方共同市场内部由于历史发展原因和经济水平差异仍然存在着不少亟待解决的矛盾和问题，但总体来讲，除了美国主导的美洲国家组织及其下属相关机构以外，南方共同市场是南美洲地区活跃程度最高的区域一体化组织之一，历史更悠久，对于地区一体化做出的探索及获得的经验更加丰富，更重要的一点是，南方共同市场确立了关税同盟的特殊性质，以此维护集团成员国的贸易安全和规范。

　　长期以来，中国与南共市各国的贸易规模不断扩大，经贸关系不断发展，各多双边合作机制运转正常。中国和巴西双边投资活跃，双方共同设立 200 亿美元的中巴扩大产能合作基金，并共同出资、共同管理，中国对巴投资主要涉及能源、矿产、农业、基础设施、制造业等行业。巴西在华投资主要涉及压缩机生产、煤炭、房地产、汽车零部件生产、纺织服装等项目，双边投资的顺利推进为两国经贸活动的开展奠定了坚实的基础；中国与阿根廷自建交以来已举行了四次经济合作与协调战略对话、二十次经贸混委会会议，2016 年举办了第二十次中阿经贸混委会；中国与乌拉圭经贸混委会迄今已举办二十次会议，2020 年举办了第二十次中乌经贸混委会，乌拉圭也是第一批加入"一带一路"倡议的南美国家，显示了乌拉圭对于深化与中国的经贸关系的积极姿态；中国与巴拉圭虽仍未建交，但近年来贸易发展势头喜人，中国已成为巴拉圭主要的贸易伙伴之一。

（二）中国与南共市进出口及贸易平衡状况

中国是南共市成员国重要的贸易伙伴，双边货物贸易规模不断增长。尽管 2020 年遭遇来自国际疫情的影响，中国与南共市各成员国的进出口贸易仍呈现普遍的正增长，增幅较大，多在 30%—60%，从巴拉圭进口增长高达 291%。根据中国海关最新统计，2021 年，中国连续 11 年蝉联巴西第一大贸易伙伴，同时巴西是中国全球第八大贸易伙伴国，拉丁美洲第一大贸易伙伴；中国是阿根廷全球第二大贸易伙伴[①]，阿根廷是中国在拉美第五大贸易伙伴；中国是乌拉圭第一大贸易伙伴和乌拉圭羊毛、大豆、牛肉最大进口国，乌拉圭则是中国进口牛肉第五大来源国、进口大豆第四大来源国。

表2　　　　　　2021 年中国与南共市国家进出口贸易情况　　　（单位：亿美元）

	进出口总额	中国对其出口	中国从其进口	贸易平衡
巴西	1640. 6	536. 1	1104. 5	568. 4
阿根廷	178. 3	106. 9	71. 4	− 35. 5
乌拉圭	64. 8	28. 6	36. 2	7. 6
巴拉圭	18. 4	17. 8	0. 5	− 17. 3
南共市	1902. 1	689. 4	1212. 7	523. 2
拉丁美洲	4515. 9	2290. 1	2225. 8	− 64. 3

资料来源：根据中国海关统计信息整理。

根据中国海关数据统计，中国与南共市四国的货物贸易占中国与整个拉丁美洲国家[②]货物贸易的 42.1%，且中国在与南共市国家的贸易中处于

---

① 阿根廷第一大贸易伙伴为巴西。
② 此处统计范围为包括加勒比地区及英属、法属地区所有地理位置在拉丁美洲的国家或地区。

逆差,逆差主要来自与巴西的货物贸易(见表2)。中国在与巴西的国际贸易中长期处于逆差,且逆差规模有所扩大。2020年中巴双边贸易额为1190.4亿美元,再次突破千亿大关,创下历史新高,其中中方出口额349.5亿美元,进口额840.8亿美元,贸易逆差为491.3元,2021年,这一数字达到了568.4亿美元,扩大了15.7%。2021年,中国与阿根廷、乌拉圭、巴拉圭的双边贸易都获得高速增长。特别是与中国未建交的巴拉圭,中国从其进口同比增长将近300%,中国对其出口也增加近50%,根据WTO数据库相关数据,中国已成为巴拉圭的主要贸易伙伴之一,自2006年起多次超越巴西成为其主要进口来源国之一。

值得指出的一点是,南共市国家之间的经贸联系较为紧密,其主要贸易都是集团内部进行,阿根廷、巴拉圭的第一大贸易伙伴是巴西,此前乌拉圭的第一大贸易伙伴也是巴西,后被中国取代,其次才是美国、智利等集团外国家(见表3)。以乌拉圭为例,乌拉圭与南共市国家的集团内贸易占据其全部对外贸易的较大比重,主要是巴西与阿根廷,二者合计占比接近90%,而中国目前是乌拉圭第一大贸易伙伴,与中国的贸易占到乌拉圭与南共市国家贸易平均水平的50%以上(见表4)。

表3　　　　　　　　　　　南共市国家贸易伙伴

南共市国家	主要贸易伙伴(依次排列)
巴西	中国、美国、阿根廷、德国、韩国
阿根廷	巴西、中国、美国、印度、智利
乌拉圭	中国、巴西、阿根廷、美国、乌拉圭新帕尔米拉自由贸易区
巴拉圭	巴西、阿根廷、中国、美国、智利

资料来源:根据COMTRADE数据整理。

表4　　　　　　　2016—2020年乌拉圭在南共市内部贸易与

乌拉圭—中国贸易对比

(单位:亿美元)

进口/出口	2016年	2017年	2018年	2019年	2020年
从南共市进口	28.6	31.7	30.9	29.0	28.5
从中国进口	11.4	13.8	13.8	13.1	12.3

进口/出口	2016 年	2017 年	2018 年	2019 年	2020 年
向南共市出口	17.9	18.7	17.9	16.4	27.5
向中国出口	10.9	17.8	17.0	21.5	10.1

资料来源: UNCOMTRADE database。

在服务贸易领域，得益于双边经贸合作机制的成熟以及双方对服务贸易与服务业的重视，中国与南共市国家在致力于发展服务业与服务贸易的共识上，建立了多个服务贸易合作机制。中国与巴西、阿根廷已签署关于开展电子商务合作的备忘录，中国与乌拉圭、阿根廷签署了有关共建"一带一路"的合作备忘录，中国与巴西还专门就服务贸易合作签署了相关备忘录，双方在经济和贸易小组委员会框架下建立了服务贸易工作组，以促进服务贸易数据和统计信息交换，并推动双方商定的关键服务部门开展对话与合作。在人员往来方面，中国与阿根廷、乌拉圭、巴西签署了相关旅游方案及签证便利化文件，促进双方旅游业的深入融合和发展，未来中方将在旅游、教育、运输、跨境电商等多个领域继续深化合作。

（三）农产品是中国与南共市主要贸易产品

2021 年中巴双边贸易额为 1640.6 亿美元，其中中方出口额 536.1 亿美元，进口额 1104.5 亿美元，同比分别上升 36.2%、53.4% 和 29.2%。中国主要出口机械设备、计算机与通信技术设备、仪器仪表、纺织品、钢材、运输工具等，主要进口铁矿砂及精矿、大豆、原油、纸浆、豆油、飞机等。

2021 年中阿双边贸易额为 178.3 亿美元，其中中方出口额 106.9 亿美元，进口额 71.4 亿美元，同比分别上升 28.3%、50.9% 和 4.8%。中国主要出口机械设备、电器和电子产品、计算机和通信设备、摩托车、纺织服装等商品，主要进口大豆、原油、皮革等商品。

2021 年中乌双边贸易额为 64.8 亿美元，其中中方出口额 28.6 亿美元，进口额 36.2 亿美元，同比分别上升 59.2%、67.8% 和 53.0%。中国主要向乌拉圭出口服装、鞋帽与手机、摩托车和空调等，主要从乌拉圭进口牛肉、大豆、纸浆、羊毛、皮革、肉及实用杂碎、冻鱼等。

2021 年中国和巴拉圭双边贸易额为 18.4 亿美元，其中中方出口额 17.8 亿美元，进口额 0.5 亿美元，同比分别上升 49.1%、46.3% 和 291.0%。中国主要向巴拉圭出口机电产品、汽车零部件、化学及相关工业产品、纺织品等，主要从巴拉圭进口皮革、木制品、贱金属及制品等。

从贸易结构看，农产品是我与南共市国家交易的主要商品，且以我国从南共市进口为主，其次为矿产品①、机电产品、化学产品等。巴西、阿根廷、乌拉圭是中国重要的农产品进口来源国，在中国前十名农产品进口来源国中分别位居第一、第三和第九，在保障我国大豆及其他油料、猪肉、牛肉、禽肉、粮食、奶制品等供给安全方面起着重要作用，此外在鲜花、水果供给方面也承担着重要角色。

2021 年巴西是我国大豆进口主要来源国量，进口量为 5815.1 万吨，占中国全部进口比例约 60.2%；其他主要进口农产品还有食糖、冻牛肉和禽肉，进口量分别为 468.5 万吨、64.4 万吨和 65.1 万吨。进口处于第二位的大宗农产品还有棉花、猪肉和豆油，进口量分别达到 64.4 万吨、54.6 万吨和 40.8 万吨。

2021 年我国自阿根廷进口量最大的农产品也是大豆，进口量为 374.4 万吨，阿根廷在我国大豆进口来源国中位列第三。阿根廷进口豆油量处于进口来源国第一位，进口量为 45.8 万吨；自阿根廷冻牛肉和高粱进口量均处于第二位，进口量分别为 46.2 万吨和 44.1 万吨。

乌拉圭是我国重要的大豆和冻牛肉进口来源国。2021 年中国自乌拉圭进口大豆 86.6 万吨，在我国大豆进口来源国中位列第四；进口冻牛肉 35.3 万吨，乌拉圭是我国冻牛肉第三大进口来源国。此外，中国还从乌拉圭进口大量羊毛等传统配额产品。

二　拉美成为全球对华贸易摩擦新的"受灾区"

受新冠肺炎疫情冲击的影响，拉美地区经济正面临百年未有之颓势，

---

① 主要是铁矿石和精矿；包括烤黄铁矿。

全球新冠肺炎确诊人数前十国家中拉美占据四席。① 隔离措施使该地区需求严重收缩，多国企业经营困难、失业人数激增，这种局面增加了拉美国家贸易政策的不确定性。此外，新冠肺炎疫情也加速了全球供应链脱钩和贸易保护主义"传染病"的流行扩散，可能加剧相关产品的贸易摩擦。长久以来，美国、印度与欧盟国家是与我产生贸易摩擦的主要国家和地区，随着中国与拉丁美洲国家贸易活动的深入发展，随着中拉贸易规模的持续扩大和种类的日益丰富化，拉丁美洲逐渐成为与我产生贸易摩擦较多的地区，其中又以南共市国家最为典型。2010 年到 2020 年，拉美对华贸易救济案件占全球对华贸易救济案件的 24%，仅南共市四国就占到了 16%。

（一）拉美国家对华反倾销立案有所增加

1995 年入世至今，全球对中国发起的贸易救济案件中，反倾销 1535 起，占比 69.9%，反补贴 196 起，占比 8.9%，保障措施 374 起，占比 17.1%，特别保障措施 89 起，占比 4.1%②，反倾销是各国主要采取的贸易救济措施。印度和美国是对我发起反倾销诉讼最严重的国家，欧盟是对我发起反倾销诉讼最严重的地区，其次就是拉丁美洲地区（见表 5）。美国是长期以来中国反倾销诉讼应对的重点国家，其对中国发起的反倾销诉讼约占其全部反倾销诉讼的 53.7%。欧盟的情况更加严峻，欧盟对中国发起的反倾销诉讼占其全部诉讼的 83.3%，值得关注的是，拉丁美洲地区国家已成为新的贸易摩擦受灾区。

表5　　　　对中国发起反倾销案件排名前十的国家（或地区）

1995—2020 年	案件	2010—2020 年	案件	2021—2022 年	案件
印度	257	印度	125	印度	14
美国	180	美国	83	阿根廷	6
欧盟	145	巴西	59	美国	4
阿根廷	123	欧盟	52	韩国	4

---

① 巴西、秘鲁、墨西哥、智利。
② 根据贸易救济网公布信息及数据计算所得。

续表

1995—2020 年	案件	2010—2020 年	案件	2021—2022 年	案件
巴西	99	阿根廷	51	欧盟	3
土耳其	83	墨西哥	36	南非	3
澳大利亚	65	澳大利亚	34	乌克兰	3
墨西哥	64	土耳其	27	越南	2
加拿大	44	巴基斯坦	25	日本	1
哥伦比亚	44	哥伦比亚	24	海合会	1
中国应诉总数	1481	中国应诉总数	709	中国应诉总数	140

资料来源：中国贸易救济信息网。

国际金融危机后，随着世界各国经济和金融的深入发展及自我调整，中国与拉丁美洲部分新兴经济体双边贸易的迅速发展也使得贸易摩擦事件有所增加，拉丁美洲国家对中国发起反倾销诉讼案件持续上升。2010 年至 2020 年，在全球对中国发起反倾销立案调查的前十个国家中，拉美国家占据了四席。其中，巴西对华立案 59 起，在拉美各国中排名第一，在世界范围内排名第三，仅次于美国、印度；阿根廷对华立案 51 起，在世界范围内排名第五；墨西哥对华立案 36 起，在世界范围内排名第六；哥伦比亚对华立案 24 起，在世界范围内排名第十。

就涉案国别来看，巴西、阿根廷、墨西哥、哥伦比亚等拉美地区国家是对我国发起反倾销诉讼的主要国家。2010—2020 年，以上四个国家对华发起反倾销诉讼立案 170 起，此外智利、秘鲁、多米尼加等拉美国家也均有对中国发起反倾销诉讼。以南共市国家巴西为例，巴西对华采取的贸易救济措施中 95% 以上为反倾销案件，据统计，巴西作为新兴经济体和金砖成员国，1995—2020 年对中国发起的反倾销案件数量仅低于美国、欧盟等传统意义上对我进行反倾销的国家。

就涉案行业分布来看，金属制品和钢铁工业、非金属制品工业、电气工业、化学原料和制品工业等是我国同拉美国家发生贸易摩擦的主要领域（见表6）。2010 年至 2021 年，在这一领域巴西对我国发起反倾销立案调查 61 起、阿根廷 58 起、墨西哥 36 起、哥伦比亚 23 起。

表6 2010—2021 年拉美部分国家对华反倾销立案主要行业

国家	立案前三的行业及立案数量
巴西	金属制品工业 15 起，化学原料和制品工业 9 起，钢铁工业 8 起，非金属制品工业 8 起
阿根廷	电气工业 11 起，金属制品工业 10 起，非金属制品工业 5 起
墨西哥	金属制品工业 11 起，钢铁工业 6 起，非金属制品工业 3 起
哥伦比亚	金属制品工业 8 起，非金属制品工业 3 起，化学原料和制品工业 3 起
智利	金属制品工业 3 起，钢铁工业 2 起
秘鲁	纺织工业 3 起，金属制品工业 2 起，化纤工业 1 起
乌拉圭	电气工业 2 起
巴拉圭	有色金属工业 1 起

资料来源：中国贸易救济信息网。

（二）南共市集团与华贸易摩擦相对突出

国际金融危机后，随着世界各国经济和金融的深入发展及自我调整，中国与拉丁美洲部分新兴经济体双边贸易的迅速发展也使得贸易摩擦事件有所增加，2010 年至 2020 年，全球对华贸易救济案件总计 1063 起，其中拉美地区立案 217 起，占比 20.4%（表7），拉美对华贸易救济占全球对华贸易救济案件的五分之一，仅南共市四国就占到全球的 11.0%，在整个拉美地区国家的占比为 54%。

在全球对中国发起贸易救济立案调查的前十个国家中，拉美国家占据了四席，其中排名靠前的巴西及阿根廷均为南共市成员国。其中，巴西对华立案 62 起，在拉美各国中排名第一，在世界范围内排名第四，仅次于美国、印度和欧盟；阿根廷对华立案 52 起，在世界范围内排名第七。贸易救济案件仍以反倾销为主，反补贴和其他贸易救济为辅。在 2010—2014 年间，巴西对全世界发起反倾销调查和对华反倾销调查数量均居于世界第一。2015 年以后，巴西对华发起反倾销案件数量有所降低，2019 年仅有 1 起反倾销立案调查，2020 年 3 起，2021 年 1 起（反倾销），2022 年 1 起（反补贴）。

表7　　　　　　2010—2020年南共市国家对华贸易救济立案情况

国家和地区	数量（单位：起）	全球占比（%）
全球	1063	—
拉美	217	20.4
南共市	117	11.0
巴西	62	5.7
阿根廷	52	4.8
乌拉圭	2	0.1
巴拉圭	1	0.05

资料来源：中国贸易救济信息网。

　　2010年至2020年，在这一领域巴西对我国发起贸易救济立案62起、哥伦比亚25起、墨西哥38起、阿根廷52起，金属制品工业、非金属制品工业、电气工业、钢铁工业、化学原料和制品工业、有色金属工业等是我国同南共市国家发生贸易摩擦的主要领域（见表8），与中国同拉美地区国家发生贸易摩擦的区域一致。

　　其主要原因是中国和拉美产品存在结构性冲突。拉美国家对我发起立案调查的主要行业正是其国内重点发展的产业，中拉双方存在一定的竞争关系；此外，逆差也是引起贸易摩擦的因素之一，近年来，墨西哥、阿根廷、哥伦比亚、多米尼加等国在对华贸易中持续逆差，使得其对于贸易安全和贸易利益格外关注；此外，拉美地区许多国家有反倾销的历史传统和习惯性做法，特别是近年来其国内经济发展动力不足的情况下，保护和发展民族工业的情绪高涨，在这种不利形势下与之相关的贸易难免被波及。

表8　　　　2010—2020年拉美部分国家对华贸易救济立案主要行业

国家	立案前三的行业及立案数量
巴西	金属制品工业15起，化学原料和制品工业9起，钢铁工业9起
阿根廷	电气工业10起，金属制品工业8起，非金属制品工业5起
墨西哥	金属制品工业12起，钢铁工业6起，非金属制品工业3起

续表

国家	立案前三的行业及立案数量
哥伦比亚	金属制品工业 8 起，钢铁工业 4 起，非金属制品工业 3 起
乌拉圭	电气工业 2 起
巴拉圭	有色金属工业 1 起

资料来源：中国贸易救济信息网。

三 中国与南共市国家摩擦应对及自贸关系推动

鉴于以上情况，如何应对同南共市国家的贸易摩擦对于改善与巴西、阿根廷的贸易摩擦现状具有较大的研究价值，同时对于探索与其他拉丁美洲国家改善贸易摩擦现状也具有较大的参考意义。除了应对反倾销调查的技术问题外，研究与其商签 FTA 推进双边经贸关系的紧密联系将是一个可行的发展方向。鉴于南共市目前关税同盟①的特殊属性，还应将南共市内部相关限制考虑在内，从体制机制方面探索应对。

（一）中国与南共市国家经贸合作潜力巨大

南共市国家中巴西和阿根廷是拉丁美洲第一大和第三大经济体，在区域内经济贸易地位重要，是区域经济发展的领头羊，也是不可忽视的世界市场。巴西、阿根廷人均 GDP 分别达到 10913 美元、15801 美元，较高的收入水平决定了该地区较强的消费需求潜力，同时，这两个国家具备较强的工业发展基础，一些产业发展已经处于世界领先地位，如巴西的航空工业、石油开采和生物燃料产业，阿根廷的食品加工业等，阿根廷的核工业发展也处于拉美前列。

在农业和农产品贸易领域，巴西的咖啡、可可、甘蔗、玉米、大豆等产量都居全球之冠；阿根廷素有"世界粮仓和肉库"之称，是世界粮食和肉类重要生产和出口国，其牲畜品种及畜牧水平居于世界领先地位；而乌

---

① 关税同盟对外执行统一关税，要求集团集体商签 FTA，成为我与其发展自由贸易关系的主要技术障碍。

拉圭在加入"一带一路"后，大大扩展了与华贸易规模，主要集中在羊毛、牛肉等我国需求量较大的农副产品领域，并已于2021年末宣布即将与中国进行 FTA 可行性研究，推动与中国的贸易关系更上一层楼，以期能够进一步提升中乌贸易关系，继续扩大贸易规模，创造更加有利的贸易环境。中国与南共市国家贸易互补性强，中国市场对南共市国家相关产品需求较强劲。总体来看，在贸易相关产业，中国与南共市国家合作基础良好，合作前景仍可不断扩展和深化。

在制造业领域，拉丁美洲的外资企业占据主导地位，主要集中在汽车制造、电子、航空、机械等产业，成为仅次于东亚地区的"世界第二工厂"。中国企业在拉投资成果显著，巴西、阿根廷都是重要的投资目的地，中国在乌拉圭的投资还处于起步阶段，未来中国也可发挥自身产业优势，在南共市国家深耕投资市场。拉美国家政府注重本土企业的发展培育，以持续的科技创新提高企业竞争力，在一些领域逐渐取得了产业优势，近年来，巴西、墨西哥和阿根廷等拉美主要经济体在新能源、电子商务、游戏、服务外包领域涌现出一批一流的科技公司，而中国已经在电子商务、服务外包、新能源领域处于世界领先水平，双方在上述领域广泛进行技术探讨与交流，推动产业革新的合作潜力巨大。

（二）南共市内部机制变化带来合作契机

南共市内部"分裂"常态化。 经济一体化使南共市各成员国利益不均衡加重，贸易保护主义抬头、对美洲自贸区立场不同等多重因素导致南共市内部摩擦不断，多项协议无法落实。在疫情冲击和经济下行双重压力下，各成员国都想保证本国利益最大化，设计最符合自身利益和发展道路的方案，弱化甚至忽略集体利益，而各国发展目标、经济水平、政策导向不同则加剧了这种分歧。南共市内部贸易还存在程序繁复、非关税壁垒和私人贸易限制协议等障碍，这些都造成了长期分裂的现状，摩擦尤以巴西和阿根廷最为激烈。巴西经济部长曾多次表示南共市成员国的身份阻碍了巴西广泛参与全球价值链的进程，开放市场程度不足不利于其经济发展。阿根廷2020年宣布退出南共市 FTA 谈判，巴西2021年宣布单独提前降低其对外关税，南共市关税同盟的脆弱性更加凸显，南共市或已开始走向历史发展的新阶段。

关税同盟相关规则或将难以维持。2021 年，南共市成立 30 周年之际召开相关会议，就长期以来存在的降低对外共同关税及自贸谈判灵活化两大重点问题进行了深入商讨。一是对外共同关税调整。目前南共市关税税率整体水平较高，汽车、纺织品和服装税率为 35%、鞋类 32%、葡萄酒 27%、机器和设备高达 16%，巴西和乌拉圭主张对南共市全部约 10300 种商品税率分阶段下调 20%，以期增强南共市贸易市场的活力，促进经济恢复，但阿根廷只承诺取消其中 4000 种税率。二是自贸谈判灵活化。巴西和乌拉圭主张开放成员国同域外经济体自贸谈判，即各国可自行与域外国家或组织签署贸易条约而无须所有成员国达成共识，巴拉圭跟随，阿根廷则认为开放市场将削弱其自身竞争力而持反对意见。阿根廷宣布退出 FTA 谈判并且不提供相关优惠，意味着南共市共同关税的意义被大大减弱，旧有的关税同盟规则将难以维持，必须做出调整和改变。从其目前对外扩大 FTA 谈判的野心来看，在特殊情况下南共市暂时放弃关税同盟这一属性也不无可能。

南共市贸易协定灵活谈判机制。根据南共市成员国新签署的工作备忘录，2020 年各成员国已达成共识，应继续挖掘南共市潜力使其成为一个促进成员国广泛参与国际经济和贸易的平台，照顾成员国不同的利益诉求及敏感领域，并提议在发展新的自由贸易关系时应当保证效率、消除障碍，允许各成员国根据自身需要灵活安排自由贸易协定商签内容及谈判工作。如若未来按此执行，南共市作为关税同盟对外商签 FTA 的普遍规则将被打破，包括统一对外贸易政策、执行统一税率建立共同的对外关税壁垒、全部成员国须同时与第三方缔结协定等。具体来讲，指"国别范围设定、协议内容拟定以及单独生效"，可根据实际情况做出灵活安排，这些变化都为中国改变与其合作现状，突破深化关系的瓶颈提供了可能性。2021 年，乌拉圭已经率先对外宣布将单独与第三方展开自贸协定谈判，同时也将继续参加南共市集团正在商签的各项 FTA。目前南共市灵活谈判机制主要归纳为以下四种情况。

（1）谈判发起和参与有灵活空间谈判

南共市任一成员国均可发起谈判，协议内容包括但不限于自贸协定。南共市对外谈判一般由四国代表组成谈判团队，由一国主导共同与第三方谈判，主导国一般由轮值主席国担任①，但也可由非主席国主导。如南共市与新加坡 FTA 谈判，全程是由阿根廷发起和主导的（时任轮值主席国分别为巴西和乌拉圭）。此外，2020 年阿根廷宣布暂退出南共市 FTA 谈判但不阻止其他成员国继续开展新的谈判，阿将继续跟进南共市与欧盟协定进展，但不再参与相关讨论。这意味着实际谈判中，南共市某一成员国不参与谈判是可接受和可灵活处理的。

（2）谈判进程可灵活安排

南共市各成员国可自行安排 FTA 谈判进程，对于与第三国新签 FTA 无异议的情况，南共市成员国可自行拟定各自的双边协议文本及开展谈判工作。这意味着关税同盟所有国家须同时签署这一规则在实际操作中是可调整的，南共市内部亦可实现某一成员国先行达成双边协议。如，墨西哥与南共市签署的贸易协议，在与巴西开展双边谈判时迟迟无法达成一致意见，但其与乌拉圭的双边协定于 2003 年签署并生效，2019 年和 2020 年已分别完成了两次修改和补充。

（3）协议内容按需调整

南共市名义上为关税同盟，但各成员国经济体量、国情差异使得其诉求各有不同，因此即使在一个共同合作框架下，各成员国达成的双边贸易协定深度和广度亦有所差别，在个案基础上以授权、豁免或例外条款规定敏感信息的形式解决巴拉圭未与我建交的问题是具备可行性的。如南共市与韩国正在商签的协议已于 2021 年 6 月完成第五轮谈判（阿根廷宣称不加入），在原产地规则及市场准入方面允许成员国根据各自经济状况制定原产地规则以及采用不同的开放速度来保证障碍少的国家能够率先完成协定签署；南共市与印度商签的优惠贸易协定只涉及货物贸易而未涉及服务贸易内容；南共市与以色列签署的自由贸易协定中关于蔗糖、甜菜糖、调味及着色糖等（HS 编码分别为 17011100、17011200、17019100 和 17019900）阿根廷已声明不参与提供任何关税优惠措施等。

（4）"单独生效"原则

对于已达成的协议，各成员国在履行内部法律审批程序时可遵循"先

---

① 每半年轮值一次，2022 年上半年轮值主席国为巴拉圭。

通过，先生效"的原则。例如，南共市与欧盟2019年6月签署的自由贸易协定，现正在进行各自法律程序审核，若乌拉圭率先完成审批，欧盟与乌拉圭之间的FTA将立即生效，而无须等待其他成员国完成审批。

（三）从政府和企业两个层面应对贸易摩擦

当今世界正处于百年未有之大变局，世界经济格局深度调整，我国经济正由高速增长阶段转向高质量发展阶段，外贸发展面临的环境日益复杂多元。新冠肺炎疫情对世界经济和国际贸易带来巨大冲击，我国外贸面临的风险和挑战前所未有。国务院办公厅于2020年10月出台了《关于推进对外贸易创新发展的实施意见》，为我国外贸发展作出了战略部署。《意见》指出，要推进贸易畅通工作机制建设，大力推动与重点市场国家特别是共建"一带一路"国家商建贸易畅通工作组、电子商务合作机制、贸易救济合作机制，推动解决双边贸易领域突出问题。要提升风险防范能力，健全预警和法律服务机制，构建主体多元、形式多样的工作体系。

首先，应持续加强对反倾销的认知和学习，提高我国反倾销应诉能力。反倾销是关贸总协定和世界贸易组织认定和许可的贸易保护措施，是国际通行的保护国内产业的手段。以国家为主体，应当了解和善用游戏规则，认识到反倾销将长期存在于国际贸易规则中，认识到我国未来可能面临更多的反倾销投诉。企业主体和各级主管部门均应提高反倾销危机意识，加强反倾销调研，熟知反倾销相关法规则，主动关注关键产品反倾销动态。

从政府角度看，各相关单位、机构应当尽职尽责，做好联络、解释及政策指导工作。国内商务部（贸易救济局）、贸促会、各商协会等机构应与时俱进，掌握重点出口产品的出口信息，掌握重点国家的市场情况，并能在遭遇反倾销诉讼时及时给予政策指导；在海外，应充分发挥驻外使馆经商参处的作用，在遭遇反倾销诉讼时能及时准确联络相关企业，并对其诉讼程序、法律援助等给予具体政策指导；在出口企业海外发展上，应充分发挥贸促会作用，及时准确提供海外市场信息和政策指导，并鼓励企业进行实地市场考察，了解相关产品在当地的贸易情况。针对南共市这个在拉丁美洲具有战略意义的区域集团，中国应尽快推动与其达成全面的自由贸易协定，减少相关贸易壁垒和障碍，进一步降低关税，从而有效减少相关领域的贸易摩擦。

从企业角度看，应鼓励和帮助企业提高应诉的技术水平和业务能力，并应将预警机制作为企业海外发展的常态化工作去完成，要树立规则意识，充分认识到中国已加入国际市场竞争的队伍，思考如何开展公平公正竞争、避免零和思维。不管是纯进出口企业还是有志于海外发展的企业都应当改进竞争理念，着力于企业的长远发展，既要练好内功夫，实实在在提高产品的核心竞争力，又要加强外功，制定长远的国际发展策略，尤其要提高企业财务管理、国际发展等综合管理能力，增强应诉能力，力求在应诉中能有效应对反倾销诉讼初审复审，减少企业损失。

（四）推进中国—南共市自由贸易关系建立

墨西哥已与南共市缔结了贸易协定，南共市与加拿大正在就签署贸易协定开展前期讨论，现已确定部分章节内容，如谈妥，相关协议可能将与美墨加协定（USMCA）形成一个大体量的美洲自贸关系网。南共市拥有拉美地区第一大经济体巴西、第三大经济体阿根廷，市场辐射能力较强，玻利维亚正在完成成为其正式会员国的程序，我国应重视南共市作用，将其视作一个自由贸易团体而非纠结于其关税同盟性质与其尽早建立实质性合作，并可以此为切入点，为今后进一步提升中拉关系奠定基础。

（1）灵活应对与南共市商签 FTA 的技术障碍

南共市创始成员国中巴拉圭尚未与我建立外交关系，是我与南共市商签全面 FTA 的明显障碍，此外，南共市成员国内部意见相左是此前拖累其与中国迅速达成 FTA 的影响因素。应充分研究和利用南共市自由谈判机制，在相关国别、行业、关税减让水平等领域加以规定，推动中国与乌拉圭、巴西先行完成 FTA 可行性研究及谈判，或在签署中国—南共市经贸合作框架协定上针对相关情况单独拟定特别条款。

（2）完善中国在拉丁美洲地区的自贸建设布局

目前国际多边谈判陷入停滞，各主要经济体已将自贸区争夺作为占据全球规则制定主导权的重要平台，中国的自贸区建设已初见格局，但与美国、欧洲等相比，在拉丁美洲地区的自贸布局还有较大差距。鉴于南共市在地区中发挥的重要和积极作用，建议以南共市为着力点尽快促成中国—南共市建立自由贸易区，达成经贸合作框架协议或优惠贸易协定，逐步建立一个可持续发展的中国—南共市经贸合作促进机制。

（3）搭建自贸实验区合作平台，深化中拉政策交流

自 2013 年建立上海自贸试验区以来，中国已拥有 21 个自由贸易试验区，将各省市经济发展与顾全国家战略相结合，以"产业集群"为导向，推进长三角、东北、中部经济带等寻求发展的新动力。中国复杂多元的经济带结构与拉美地区多元国别有相通之处，在发展经济的进程中，部分省市如浙江、广州等已率先与拉美建立了密切的经贸交往。搭建自贸区合作平台，就自贸区建设和发展经验同拉美国家广泛交流，探索双赢合作，将切实迎合当前形势下拉美国家经济恢复和发展的迫切需要，将为深化中拉经贸合作开辟新的窗口。

（4）以南共市成员国为切入点共建境外经贸合作区

中国在境外建立的经贸合作区分布广、规模大、具备产业特色和示范效应，但目前中国和拉丁美洲之间仅成立有两个境外经贸合作园区——墨西哥北美华富山工业园（省级境外经贸合作区）以及中拉经贸合作园（巴西）。为响应领导人关于"一带一路"向拉美延伸的倡议，在"一带一路"建设框架内实现中拉发展战略对接，促进共同发展，打造中拉命运共同体，应加大调研力度，从政府干预引导和鼓励民营企业开拓进取两个着手点，充分考虑双边产业融合，以南共市国家为试验地，推动中拉扩大共建境外经贸合作区。

（作者唐洁，商务部国际贸易经济合作研究院美洲与大洋洲研究所，研究方向为拉美一体化、中拉经贸关系、国际贸易和经济合作、对外援助等）

Development and response of trade relations between China and Mercosur countries

Tang Jie

Abstract: Brazil and Argentina are the "most-affected areas" that China has caused trade frictions in Latin America, especially the anti-dumping investigations initiated. There is a homogeneity of competition, and considering the trade status of Brazil and Argentina in the region, it is strategic for China to improve its trade relations with them. In addition to dealing with the technical issues of anti-dumping investigations, it is necessary to study the ways of negotiating an FTA with them to promote bilateral economic and trade relations. Close contact will be a feasible development direction. In view of the special attributes of Mercosur's current customs union, it should also take into account the relevant restrictions within the Mercosur, explore and respond from the perspective of the system and mechanism, and give relevant policy suggestions from the level of technical research response and policy-oriented promotion.

Keywords: Mercosur; Trade friction; Brazil; Argentina; FTA

中国—拉美区域农产品贸易竞争性与互补性分析

——基于社会网络分析方法[*]

赵国华　张永杰

摘　要：本文运用社会网络分析方法，从网络整体视角分析了中国与拉美国家以及拉美国家间农产品贸易竞争和互补关系及其动态演化趋势。研究表明：（1）中拉区域内农产品贸易联系日益紧密，贸易互补关系增强，贸易竞争趋于减少，但区域内农产品贸易仍以竞争为主。（2）中拉区域农产品贸易存在着两大竞争群体：以中国、秘鲁和哥伦比亚为首，部分中美洲国家组成的"兼顾型"贸易板块内部和外部贸易竞争关系较为激烈；以巴西和阿根廷等组成的"内部型"板块对内存在激烈的贸易竞争关系。（3）由阿根廷和乌拉圭等组成的板块是中拉农产品贸易互补网络中的核心板块；中国所在的板块由"孤立型"转为"外部型"，与其他板块国家存在着显著的贸易互补关系。

关键词：中国和拉美；贸易竞争性与互补性；农产品贸易；社会网络分析

一　引言

2008 年国际金融危机以来，全球经济增速放缓，逆全球化、单边主义和贸易保护主义抬头，多边贸易规则体系遭到破坏，贸易摩擦频发，给世界各国的贸易发展带来严峻挑战。在经济全球化进程遭到阻力的同时，区域化、

---

* 本文是河北大学博士基金项目的阶段性成果。

集团化的双边、多边国际贸易协定逐渐走向高标准，区域经济一体化成为国家间经贸合作的重要动力。中国与拉美地区分属地球两端，却是彼此最亲密的伙伴之一。中国幅员辽阔，人口众多，拥有广阔的消费市场，而拉美国家具有丰富的自然资源，中拉经济具有很强的互补性。截至目前，秘鲁、智利和哥斯达黎加已经与中国签订了双边自由贸易协定，并且"一带一路"倡议已延伸至拉美国家，未来中拉区域经济一体化将迎来新的发展空间。① 一直以来，中国与拉丁美洲农产品贸易往来非常密切。2001 年中国对拉美国家农产品贸易总额仅为 29 亿美元，2020 年农产品贸易总额增加至 542 亿美元，19 年间增长了 18.7 倍，同时中国对拉美国家农产品进出口贸易额占中国农产品进出口总额的比重也由 2001 年的 10.4% 上升至 2020 年的 22%，中拉农产品贸易额呈现出较快的增长趋势。②

　　中国长期以来从美国进口大豆和肉类产品，但受中美贸易摩擦的影响，中美农产品贸易成本和风险较大，中国急需构建多元化的农产品国际市场来满足日益增长的农产品需求。而拉丁美洲素有"世界粮仓"之称，在我国农产品进口来源地中保持着重要的地位。例如，2020 年中国从巴西、阿根廷、乌拉圭进口大豆的数量分别占中国大豆进口总量的 64.1%、7.4% 和 1.7%，位列进口来源地中的第一位、第三位和第四位；2020 年巴西和阿根廷出口中国禽肉的数量占我国禽肉进口总量的 44% 和 6.3%，分别位列进口来源地中第一位和第五位，出口中国豆油的数量占我国豆油进口总量的 21.5% 和 31.7%，分别位列进口来源地中的第三位和第一位。此外，拉丁美洲还是中国水果进口的重要来源地，2020 年拉美的智利、秘鲁和厄瓜多尔分列中国水果进口来源国中的第二、第七、第八位。③ 目前，中国最大的海外农产品进口来源地已经从北美转变为拉美，巴西、阿根廷、乌拉圭等拉美国家最重要的农产品出口目的地亦是中国。在此背景下，研究中国和拉丁美洲国家农产品贸易关系，深度挖掘中拉农产品市场的贸易潜力，对于深化中拉区域国家农业合作、开拓中国农产品贸易市

---

① 彭帆：《中国与拉美国家贸易的现状》，《中国国际财经》2018 年第 8 期。
② 根据 UN Comtrade 数据库资料计算得出。
③ 资料来源：https://www.163.com/dy/article/FRJ7I9EK05329RB8.html。

场、实现进口多元化和保障国家粮食安全具有重要意义。

一般而言，农产品贸易增长在一定程度上依赖于两国农产品贸易的竞争与互补关系，若两国出口农产品商品结构相似，则贸易竞争激烈，两国农产品合作前景黯淡；相反，若两国农产品各有优势，通过农产品的进出口可以实现互惠互利，两国间农产品贸易合作的空间也就越大。因此，有必要进一步厘清中国—拉美区域内农产品贸易竞争和互补关系，深入研究中国在中拉区域农产品贸易空间关联网络内的地位，为新时代中国加强与拉美国家农产品合作提供一定的经验支持。

二 文献综述

传统的贸易研究方法无法准确描述和分析国家间错综复杂的贸易网络化关系，许多学者发挥交叉学科优势，开始引入社会网络分析方法研究国家间贸易关系问题。Serrano 和 Boguna 首次构建了全球贸易关系网络，从世界贸易联系整体视角分析贸易复杂网络的典型特性。[1] Fagiolo 等基于全球各国 1980—2005 年的贸易数据分析加权贸易网络的演化特征和拓扑结构，研究得出亚洲新兴经济体在全球贸易中的话语权增强，逐渐从全球贸易的边缘攀升到中心位置，而拉美国家在全球贸易网络中的地位不断下降。[2] 陈银飞选取 2000—2009 年世界贸易数据，采用社会网络分析法研究 10 年里世界贸易格局的变化并重点考察次贷危机对其影响。[3] 此外，孙晓蕾等[4]、郝晓晴[5]和马述忠等[6]分别构建全球原油贸易网络、全球铁矿石贸

---

[1] Serrano M. A., Boguna L., "Topology of the World Trade", *Web Physical Review*, 2003, 68 (1).

[2] Fagiolo G., Reyes J., Schiavo S., "The world-trade web: topological properties, dynamics, and evolution", *Physical Review*, *E*, 2009, 79.

[3] 陈银飞:《2000—2009 年世界贸易格局的社会网络分析》,《国际贸易问题》2011 年第 11 期。

[4] 孙晓蕾、杨玉英、吴登生:《全球原油贸易网络拓扑结构与演化特征识别》,《世界经济研究》2012 年第 9 期。

[5] 郝晓晴:《基于复杂网络的国际铁矿石贸易演变规律研究》,《经济地理》2013 年第 1 期。

[6] 马述忠、任婉婉、吴国杰:《一国农产品贸易网络特征及其对全球价值链分工的影响——基于社会网络分析视角》,《管理世界》2016 年第 3 期。

易网络和全球农产品贸易网络，从网络密度、中心性和强度等多个维度分析网络的结构特征和变化趋势。

不同于以上学者从全球贸易视角出发构建总体或单一商品贸易网络，随着区域经济一体化不断深入发展，区域贸易网络关系被广泛纳入研究体系中。Sen 构建了亚洲区域贸易网络，通过刻画区域各国网络中心性特征得出东亚和东南亚已成为全球生产网络贸易的主要参与者，而南亚的地位不断下降。[1] Basile 等构建了欧盟区域贸易网络，并利用新经济地理学模型分析贸易成本对塑造欧盟网络拓扑结构的影响。[2] 孙爱军基于 2000—2016 年 G20 国家间进出口贸易数据分析其贸易空间网络效应，并利用块模型分析将 G20 国家划分为 4 个功能板块。[3] 自 2013 年"一带一路"倡议提出以来，"一带一路"贸易网络成为学术界研究的热点。"一带一路"区域贸易空间关联不断增强，网络密度不断增大，贸易网络呈现"小世界"特征。[4] 中国、韩国和新加坡等经济发达国家在"一带一路"电子产品贸易网络中掌握主要的贸易流量，网络的核心—边缘结构比较稳定，随着沿线国家电子产品贸易的深入合作，边缘位置的国家数量将逐渐减少。[5]

此外，在中国和拉美国家农产品贸易关系方面，众多学者利用传统的指数测算法分析中拉国家农产品贸易竞争与互补关系。陈杨测算了中国与其他金砖国家农产品显示性比较优势指数和贸易互补指数，发现巴西在所有金砖国家中农产品最具有竞争优势，尤其是大豆、牛肉和咖啡产品；在农产品互补方面，中国出口巴西农产品贸易互补指数较小，互补关系弱，

① Sen K. , "Global Production Networks and Economic Corridors: Can They Be Drivers for South Asia's Growth and Regional Integration?", *Adb South Asia Working Paper Series*, 2015.

② Basile R. , Commendatore P. , De Benedictis L. , "The impact of trade costs on the European Regional Trade Network: An empirical and theoretical analysis", *Review of International Economics*, 2017, 26 (3): 578 –609.

③ 孙爱军：《G20 国家间贸易网络特征研究》，《河海大学学报》（哲学社会科学版）2019 年第 1 期。

④ 许和连、孙天阳、成丽红：《"一带一路"高端制造业贸易格局及影响因素研究——基于复杂网络的指数随机图分析》，《财贸经济》2021 年第 12 期。

⑤ 姜文学、王妍：《"一带一路"电子产品贸易格局演变特征及影响因素研究——基于复杂网络分析方法》，《国际商务研究》2020 年第 5 期。

而中国进口巴西农产品互补关系较强，中国从巴西进口农产品的需求强烈。① 中巴两国出口相似度指数较小且呈下降趋势，说明中国和巴西农产品出口竞争并不激烈，而两国贸易结合度指数的不断增长反映了两国日益紧密的贸易关系。② 钟熙维等通过对中阿两国分类农产品显示性比较优势指数、贸易互补指数和贸易专业化指数比较分析发现，中国的劳动力密集型农产品具有比较优势，而阿根廷在大豆、小麦等第三类农产品出口上更具有优势，中阿第二至四类农产品均具有互补性，未来应继续发掘中阿产业间互补的潜力。③

与本文更为密切的一支文献是将社会网络方法和贸易竞争、互补指数相结合，从网络整体视角探寻贸易竞争和互补关系的研究。李敬等从网络关联视角研究了"一带一路"沿线国家货物贸易竞争性与互补性及其动态演化趋势。④ 詹淼华利用同样的方法构建"一带一路"沿线国家农产品贸易竞争与互补网络，并定量刻画了网络整体和个体拓扑结构，同时利用块模型分析得出区域农产品贸易呈现三大竞争群体，中国位于"外部型"互补板块位置，与其他板块国家存在显著的贸易互补关系。⑤ 同时，"一带一路"沿线农产品贸易竞争和互补关系网络中存在"竞争和互补的 hub"，即竞争与互补关系多的国家其竞争优势和互补强度也越大。⑥ 肖伶俐和李敬基于 2005—2017 年中国和中东欧国家货物贸易数据，发现中国是贸易互补网络的重要参与者，同时与中东欧各国贸易竞争越来越激烈。⑦ 中国和中东欧国家进出口关系、贸易竞争和互补关系都存在集聚性，不同关系网

① 陈杨：《中国与金砖国家农产品贸易竞争性与互补性研究》，《世界农业》2013 年第 7 期。

② 尹文静、樊勇明：《中国与其他金砖国家农产品贸易特征——竞争性与互补性分析》，《世界农业》2016 年第 5 期。

③ 钟熙维、高蓉、常悦：《中国和阿根廷农产品贸易互补性与竞争性研究》，《世界农业》2014 年第 11 期。

④ 李敬、陈旎、万广华、陈澍：《"一带一路"沿线国家货物贸易的竞争互补关系及动态变化——基于网络分析方法》，《管理世界》2017 年第 4 期。

⑤ 詹淼华：《"一带一路"沿线国家农产品贸易的竞争性与互补性——基于社会网络分析方法》，《农业经济问题》2018 年第 2 期。

⑥ 谢逢洁、刘馨懋、孙剑、崔文田：《"一带一路"沿线国家分类农产品贸易竞争与互补关系分析》，《统计与决策》2021 年第 12 期。

⑦ 肖伶俐、李敬：《网络分析视角下中国与中东欧国家的贸易竞争与贸易互补关系研究》，《西南大学学报》（社会科学版）2019 年第 6 期。

络的凝聚子群具有不同的属性特征。[1] 网络分析视角下中国、印度和新加坡三国贸易互补网络密度具有较大的增长空间，中国与印新的贸易竞争增长有限，未来应继续加强与印新等"一带一路"沿线国家政治、经济、文化等各方面合作。[2] 对于中国和南亚货物贸易关系而言，总体上各国贸易互补关系强于竞争关系，区域未来仍有较大的贸易合作空间。[3]

既有文献对于社会网络分析、传统指数测算法分析贸易竞争性互补性以及网络视角下贸易竞争与互补关系属性和动态演变已经有了翔实深入的论解，为本文的分析提供了研究方法上的借鉴。但就目前而言，对中国和拉美区域农产品贸易竞争性与互补性关系的研究仍集中在传统的指数测算法上，尚未有文献利用社会网络分析法揭示中拉区域内农产品贸易竞争与互补关系。传统的指数测算法虽然能很好地量化国家间贸易竞争互补关系，但这仅仅局限于区域部分国家的双边关系，缺乏区域整体性的研究。而社会网络分析法突破了传统测算法仅能研究双边关系的局限性，从网络整体视角全面揭示中拉区域内所有国家农产品竞争互补关系。同时，社会网络分析法不仅能对中拉区域所有国家整体的农产品竞争互补关系进行研究，还可以反映网络中单个国家竞争互补关系的地位特征及其演化趋势，揭示区域网络中具有相似贸易特征的国家板块在整个区域贸易中扮演的角色和地位以及各经济板块的关系变化。这些都是传统测算方法所不能及的。

鉴于此，本文可能的边际贡献在于：（1）基于 UNComtrade 数据库最新的农产品贸易统计数据，分别对 2001 年、2010 年、2019 年中拉区域国家两两之间的贸易互补指数和贸易竞争指数进行测算，以全面揭示中拉区域国家农产品贸易关系。（2）借鉴社会网络分析方法，从农产品进出口关系、贸易竞争关系和贸易互补关系三个维度构建中拉区域贸易空间关联网络，并对各个网络的网络密度、网络中心度等进行分析，全面解构中国和拉美国家贸易

---

① 白洁、梁丹旎、王悦：《中国与中东欧国家贸易的竞争互补关系及动态变化》，《财经科学》2020 年第 7 期。

② 邓靖、李敬：《网络分析视角下中印新三国贸易竞争互补关系研究》，《亚太经济》2018 年第 1 期。

③ 李敬、雷俐：《中国和南亚四国货物贸易关系网络分析——基于进出口、贸易竞争和贸易互补三个维度》，《西部论坛》2019 年第 5 期。

空间关系的整体特征和个体属性。(3)根据块模型分析方法将中拉区域国家分成不同贸易板块,分别研究贸易进出口网络、贸易竞争网络和互补网络下板块内部与板块间的相互关系,探究中国与各板块国家拓展农产品贸易增长空间的实现路径,为深化中拉区域农产品贸易合作提供参考依据。

三 网络视角下中拉农产品贸易竞争性互补性分析

(一)中国—拉美区域农产品贸易关联网络构建

基于社会网络分析方法,从中拉区域国家贸易空间关联视角入手,本文构建加权有向贸易网络:$G_{ij} = (V_{ij}, E_{ij}, W_{ij})$。其中,$V_{ij}$表示中拉国家个体,向量$V_i = [V_i](i = 1,2,\dots,31)$表示出口国家,向量$V_j = [V_j](j = 1,2,\dots,31)$表示进口国家。如果区域内两个国家存在农产品贸易联系,则产生由出口国i指向进口国j的连线,贸易网络所有连线的集合构成向量E_{ij}。为了更好地反映国家间贸易关系的强弱,本文给贸易网络赋予一定权重,用权重矩阵W_{ij}表示。对于中拉区域农产品进出口关系网络,本文用双边农产品进出口贸易额作为构建的权重;对于贸易竞争关系与互补关系网络,借鉴李敬等[1]和詹森华[2]的做法,分别采用出口产品相似度指数和贸易互补指数反映贸易竞争与互补关系。

出口相似度指数用于衡量两个国家出口某类产品的相似性,能够较好地反映两国对外贸易的竞争程度。用公式表示为:

$$ESI_{ij} = \sum_{k}^{n} \left\{ \left[\frac{X_i^k/X_i + X_j^k/X_j}{2} \right] \left[1 - \left| \frac{(X_i^k/X_i) - (X_j^k/X_j)}{(X_i^k/X_i) + (X_j^k/X_j)} \right| \right] \right\} \times 100$$

/ * MERGEFORMAT (1)

其中,ESI_{ij}表示国家i和国家j出口农产品相似度指数;X_i^k和X_j^k分别表示i国和j国第k类农产品出口额,X_i和X_j则是两个国家农产品总出口额。

---

① 李敬、陈旎、万广华、陈澍:《"一带一路"沿线国家货物贸易的竞争互补关系及动态变化——基于网络分析方法》,《管理世界》2017年第4期。

② 詹森华:《"一带一路"沿线国家农产品贸易的竞争性与互补性——基于社会网络分析方法》,《农业经济问题》2018年第2期。

两国农产品出口相似度指数越大，代表两国农产品贸易竞争越激烈，指数取值范围为〔0,100〕。

两国间贸易互补关系可以用贸易互补指数反映，其具体表达式为：

$$TCI_{ij} = \sum_k^n (RCA_{xi}^k \times RCA_{mj}^k \times \frac{X_w^k}{X_w}) / * \text{MERGEFORMAT} \quad (2)$$

式（2）中，TCI_{ij} 表示 i 国和 j 国贸易互补指数；RCA 表示显示性比较优势指数，其中：

$$RCA_{xi}^k = \frac{X_i^k/X_i}{X_w^k/X_w}, RCA_{mj}^k = \frac{M_j^k/M_j}{M_w^k/M_w} / * \text{MERGEFORMAT} \quad (3)$$

X_i^k/X 表示 i 国第 k 类农产品出口占其农产品出口总额的比重；M_j^k/M_j 则表示 j 国第 k 类农产品进口占其农产品进口总额的比重；X_w^k/X_w 为世界第 k 类农产品出口额占其农产品出口总额的比重；M_w^k/M_w 是世界第 k 类农产品进口额占其农产品进口总额的比重。TCI_{ij} 越大代表两国农产品贸易越具有互补性，一般而言，贸易互补指数大于 1 就表明两国贸易互补关系显著。[1]

另外，在构建贸易网络前，首先需要对搜集和计算的中国和拉美国家农产品进出口数据、出口相似度指数和贸易互补指数进行二值化处理，以便更好地表示国家间贸易关系的紧密程度。[2] 为此，本文设置如下的阈值标准：在中拉区域农产品进出口关系网络中，若两国农产品出口额超过 10 万美元，则认为两国存在贸易联系，邻接矩阵中双边关系取值为 1，否则为 0；在农产品贸易竞争关系网络中，阈值标准设置为所有国家间出口相似度指数的平均值，即当 $ESI_{ij} \geq \overline{ESI}$，网络连线取值为 1，反之为 0；在农产品互补关系网络中，鉴于贸易互补指数区分互补关系强弱的临界值为 1，所以本文将贸易互补指数是否大于 1 作为转化的标准，按照同样的方法进行二值化处理。

为了反映中拉区域农产品贸易关系的动态变化，本文选取 2001 年、2010 年和 2019 年中国和拉美国家农产品贸易相关数据构建贸易网络[3]，农

---

① 詹一览、陈俭、黄巧香：《中国—老挝农产品贸易竞争性与互补性研究》，《世界农业》2017 年第 7 期。

② 刘军：《整体网络分析 UCINET 软件使用指南》，上海人民出版社 2019 年版。

③ 为减少篇幅，笔者仅选择三个年份研究中拉区域农产品贸易网络；2001 年中国加入 WTO，选取 2001 年为研究的起始年份，同时由于部分拉美国家农产品贸易数据缺失，笔者整理的完整数据年份截止到 2019 年，选取 2010 年作为中间年份。

产品贸易数据来源于 UNComtrade 商品贸易数据库。① 由于部分拉美国家农产品贸易数据缺失，在剔除缺失样本后，构建的贸易关系网络包含的样本国家共 31 个，分别为：中国、阿根廷、巴巴多斯、伯利兹、玻利维亚、巴西、智利、哥伦比亚、哥斯达黎加、多米尼克、古巴、厄瓜多尔、萨尔瓦多、格林纳达、危地马拉、秘鲁、圭亚那、洪都拉斯、牙买加、墨西哥、尼加拉瓜、巴拿马、巴拉圭、圣基茨和尼维斯、圣卢西亚、圣文森特和格林纳丁斯、苏里南、特立尼达和多巴哥、乌拉圭、委内瑞拉、巴哈马。

本文利用 UCINET 软件分别构建中拉区域农产品进出口网络、贸易竞争网络和贸易互补网络，同时对各个网络的整体结构、个体拓扑结构以及分区域板块关系进行分析。

（二）中拉区域农产品贸易网络结构特征及其动态变化

贸易网络是描述国家间贸易关系紧密程度和联系强度的各个节点与边的集合，既有个体节点相互关联的互动特征，又有边线纷繁交错的形态特征，因此贸易网络的特征属性需要从"节点"的个体特征和"边线"的整体特征分析。

1. 中拉区域农产品贸易网络整体特征指标

网络密度是社会网络关系中刻画各个成员之间联络的紧密程度，考察整体网络结构是稀疏还是密集的。网络密度越大，表示整个关系网络中成员之间贸易联系越密切，该网络对其中成员的态度和贸易行为产生的影响就越大。网络密度可以用网络中实际存在的关系总数与理论上可能存在的最大的关系总数衡量。

$$D_n = \frac{L}{n(n-1)} / * \text{MERGEFORMAT} \tag{4}$$

式（4）中，D_n 表示中拉区域农产品贸易网络密度；L 是贸易网络中实际存在的关系数量；n 表示纳入贸易网络中的国家数目，分母 $n(n-1)$ 表示理论上网络中存在的关系数量最大值。

表 1 列示了 2001 年、2010 年、2019 年中拉区域农产品进出口网络、

---

① UNComtrade 数据库农产品统计范围包括 HS 两位编码下 1—24 章的内容。

贸易竞争网络和贸易互补网络的网络密度测算结果。

从时间维度看，中拉区域农产品贸易网络密度总体上呈现上升的态势。具体地，进出口关系网络密度由 2001 年的 0.49 上升到 2019 年的 0.605，说明中拉区域国家间农产品贸易联系越来越密切。2001 年、2010 年、2019 年中拉区域农产品贸易互补网络密度分别为 0.345、0.356 和 0.388，区域农产品贸易互补关系增强但增长较为平稳，说明中国和拉美国家近几年农产品进出口结构变化不大，贸易互补性仍有一定的优化空间。另外，中拉区域农产品贸易竞争网络密度则呈现出较为明显的"V"形变化趋势，三个年份网络密度分别为 0.452、0.426、0.427，说明近几年中拉区域国家农产品贸易竞争有所减轻，但总体上贸易竞争网络密度大于贸易互补网络密度，区域内贸易竞争关系仍强于贸易互补关系。

表 1　　　　　　　　农产品贸易网络整体特征指标

网络类型	年份	网络密度
进出口关系网络	2001	0.490
	2010	0.570
	2019	0.605
竞争关系网络	2001	0.452
	2010	0.426
	2019	0.427
互补关系网络	2001	0.345
	2010	0.356
	2019	0.388

资料来源：根据 UCINET 软件计算整理得出。

2. 中国—拉美区域农产品贸易网络个体特征指标

与网络整体特征分析不同，网络的个体特征着眼于单个节点或个体网在网络中的位置关系和重要程度。网络中心性常用于衡量网络节点对整体网络资源控制的程度，节点的中心性越高表示其在网络中所处的地位越高和影响力越强。社会网络中心性分析的指标主要包括中心度和中心势指数两类，其中度数中心度是中心度分析中最常用的指标，度数中心度又可分为绝对度数中心度和相对度数中心度。绝对度数中心度是网络中直接和节点相连的其他节点的个数，在贸易网络中则表现为与一国直接有贸易关系的国家总数，根据进口与出口的方向通常又可分为进口度数中心度和出口度数中心度，即某国直接进口和出口的国家数目。绝对度数中心度依赖于网络规模大小，因而无法准确比较不同网络个体的重要性，对此 Freeman 提出用相对度数中心度剔除绝对规模的影响。[①]

$$Deg = \frac{m}{n-1} \, / * \, \text{MERGEFORMAT} \tag{5}$$

式（5）中，Deg 表示相对度数中心度，m 是个体绝对度数中心度，n 是网络中包含的个体数量。

个体中心度大小意味着个体在网络中中心地位的高低，而网络的中心化趋势可以用度数中心势指数测算。同样，相对度数中心势指数 NC 可以比较不同网络中心性差异，用公式表示为：

$$NC = \sum_{i=1}^{n} \left[Max(Deg) - Deg_i \right] / (n-2) \, / * \, \text{MERGEFORMAT} \tag{6}$$

其中，$Max(Deg)$ 表示网络中个体相对度数中心度的最大值；Deg_i 代表个体 i 的相对度数中心度。

表 2 列示了中拉区域农产品贸易网络中心性指标测算结果。

就中拉区域农产品出口网络而言，中国在贸易网络中相对度数中心度排名由 2001 年的第四位上升到 2019 年的第二位，相对度数中心度由 2001 年的 0.73 上升到 2019 年的 0.92，说明中国在中拉农产品出口贸易网络中具有一定的话语权和领导力，其中心地位不断上升。巴西在三个年份中始终位列出口网络第一位置，2010 年和 2019 年其相对度数中心度为 1，在中拉区域国家中出口能力居于首位。另外，智利、阿根廷、墨西哥、秘鲁等也是中拉区域农产品出口的核心国家。在中拉区域农产品进口关系网络中，中国度数中心度排名由第十位上升至第一位，其在区域农产品进口中占据重要地位。同时，2001 年其相对度数中心度为 0.53，2019 年上升至 0.75，说明中国在中拉区域农产品进口中的影响力

---

① Freeman L. C., "Centrality in Social Networks: Conceptual Clarification", *Social Networks*, 1979 (3): 215 – 239.

不断增强。另外，墨西哥在进口关系网络中的度数中心度排名始终居于前三甲，2001 年和 2010 年其进口超过 10 万美元的国家数量为 21 个，相对度数中心度为 0.7；2019 年进口超过 10 万美元的国家有 22 个，相对度数中心度增加至 0.9，进口其他成员国农产品的能力增强。在进口关系网络中，巴拿马、牙买加和巴巴多斯等也占据重要位置，对区域农产品进口拥有很强的控制能力。

在竞争关系网络中，中国、智利、墨西哥等占据着重要的位置，与区域其他国家农产品出口存在较激烈的竞争。2001 年中国在中拉区域农产品竞争关系网络中的排名为第五位，2010 年和 2019 年上升至第三位，农产品出口成为中国与拉美国家贸易角逐的重要方面。在出口互补关系网络中，巴巴多斯、萨尔瓦多、圣文森特和格林纳丁斯等与区域内国家发展农产品贸易的能力最强，在出口互补关系网络中占据主导。而中国在三个年份与拉美国家出口贸易互补指数大于 1 的国家数分别是 4 个、6 个和 9 个，相对度数中心度分别为 0.13、0.20 和 0.38，近几年与拉美国家农产品互补关系有所增强。但中国在出口互补关系网络中仍处于中下游地位，2001 年和 2010 年其度数中心度排名第 19，2019 年位列第 15。在进口互补关系网络中，度数中心度排名跻身首位的始终是乌拉圭，其与区域国家农产品出口存在广泛的互补关系。除此之外，还有阿根廷、圭亚那也占据进口互补关系网络的重要位置。而中国在进口互补网络中处于末尾，与其他国家农产品出口不存在显著的互补关联，2001 年、2010 年和 2019 年其与区域国家互补关系指数大于 1 的国家数分别为 4 个、6 个和 6 个，相对度数中心度排名分别为第 17 位、第 31 位和第 23 位。未来中国应积极借助与拉美国家合作的契机，优化农业产业结构，精准把握农产品贸易布局，努力挖掘与拉美国家农产品贸易潜力，扩大贸易互补空间。

下面进一步分析整体网络的相对度数中心势指数和相对度数中心度均值。从样本年份相对度数中心度均值变化趋势看，除贸易竞争网络相对度数中心度均值近年有所减少外，农产品进出口网络和进出口贸易互补网络相对度数中心度均值均呈现不同程度的增加，中拉区域农产品贸易联系变得更加密切，区域整体的农产品出口竞争有所缓和。对于整体网络的中心化趋势而言，中拉区域农产品出口网络、进口网络、贸易竞争网络、出口互补贸易网络和进口互补贸易网络的相对度数中心势指数均呈现下降的趋势，这说明中拉区域农产品进出口、贸易竞争和贸易互补关系在国家间分布相对分散，区域内国家贸易空间关联覆盖面越来越广泛。

表2 中拉区域农产品贸易网络中心性指标

年份	网络	度数中心度前三排名	中国排名	相对度数中心势指数 NC	相对度数中心度均值
2001	出口网络	巴西（29，0.97）、智利（28，0.93）、墨西哥/阿根廷/哥伦比亚（25，0.83）	4（22，0.73）	0.49	0.49
	进口网络	特立尼达和多巴哥（23，0.77）、委内瑞拉（22，0.73）、墨西哥/巴拿马/牙买加（21，0.70）	10（16，0.53）	0.29	0.49
	竞争网络	智利（23，0.77）、牙买加（21，0.70）、墨西哥（20，0.67）	5（19，0.63）	0.34	0.45
	出口互补网络	巴巴多斯（25，0.83）、乌拉圭（24，0.80）、萨尔瓦多/苏里南（23，0.77）	19（4，0.13）	0.50	0.35
	进口互补网络	乌拉圭（18，0.60）、阿根廷/厄瓜多尔（17，0.57）、委内瑞拉/智利（16，0.53）	17（4，0.29）	0.26	0.35
2010	出口网络	阿根廷/巴西（30，1.00）、智利/哥伦比亚/秘鲁（29，0.97）、中国/哥斯达黎加/危地马拉（27，0.90）	3（27，0.90）	0.44	0.57
	进口网络	特立尼达和多巴哥（24，0.80）、巴拿马/巴巴多斯（22，0.73）、墨西哥（21，0.70）	7（19，0.63）	0.24	0.57
	竞争网络	墨西哥（23，0.77）、智利（22，0.73）、中国/巴拿马（20，0.67）	3（20，0.67）	0.36	0.43
	出口互补网络	圣文森特和格林纳丁斯（25，0.83）、特立尼达和多巴哥（21，0.70）、萨尔瓦多/圭亚那（20，0.67）	19（6，0.20）	0.49	0.36
	进口互补网络	乌拉圭/阿根廷（16，0.64）、巴拿马/巴哈马（14，0.64）、圭亚那（13，0.57）	31（6，0.20）	0.18	0.36

续表

年份	网络	度数中心度前三排名	中国排名	相对度数中心势指数NC	相对度数中心度均值
2019	出口网络	巴西/智利/哥伦比亚/秘鲁（24,1）、中国/墨西哥（22,0.92）、危地马拉（21,0.88）	2（22,0.92）	0.41	0.60
	进口网络	中国/墨西哥/牙买加（18,0.75）、巴巴多斯（17,0.71）、巴西/哥伦比亚/秘鲁/危地马拉（16,0.67）	1（18,0.75）	0.15	0.61
	竞争网络	秘鲁（18,0.75）、尼加拉瓜（16,0.67）、中国/格林纳达（15,0.63）	3（15,0.63）	0.35	0.43
	出口互补网络	圣文森特和格林纳丁斯（20,0.83）、哥斯达黎加/萨尔瓦多/牙买加（17,0.71）、阿根廷/巴巴多斯（15,0.63）	15（9,0.38）	0.46	0.39
	进口互补网络	乌拉圭/格林纳达/苏里南（13,0.54）、巴西（12,0.50）、圭亚那/圣卢西亚（11,0.46）	23（6,0.25）	0.16	0.39

注：括号内分别表示各国绝对度数中心度和相对度数中心度；由于各国农产品进出口和贸易互补关系均有方向，所以贸易进出口关系网络中心度和贸易互补关系网络中心度均从进口和出口两个角度分析。

资料来源：根据 UCINET 软件计算整理得出。

（三）中拉区域农产品贸易网络块模型分析

块模型是社会网络分析中研究网络子群体结构和相互关系的重要工具。通过对网络中个体的结构特征进行聚类分析，根据"结构对等性"对行动个体进行分类，从而将网络划分为不同的子块。[①] 本文借鉴李敬等的做法，按照板块内外部关系的多寡将网络板块分成 4 种类型（见表 3）。[②]

[①] Harrison C. White, Scott A. Boorman, Ronald L. Breiger, "Social Structure from Multiple Networks. I. Blockmodels of Roles and Positions", *American Journal of Sociology*, 1976, 81 (4).

[②] 李敬、陈澍、万广华、付陈梅：《中国区域经济增长的空间关联及其解释——基于网络分析方法》，《经济研究》2014 年第 11 期。

表3　　　　　　　　　　　　　　　板块类型划分标准

板块内部关系	板块外部关系	
	多	少（无）
多	兼顾型	内部型
少（无）	外部型	孤立型

根据块模型分析方法，本文利用 UCINET 中的 CONCOR 算法分别划分中拉区域农产品贸易进出口关系网络、贸易竞争关系网络和贸易互补关系网络的子板块。其中板块分割的最大深度选择为 2，收敛标准为 0.2。另外，将板块间有无关联的评判标准设定为平均密度值，若板块间密度值超过平均密度值，则认为两个板块有关联。

1. 农产品进出口关系网络块模型分析

根据 CONCOR 算法划分的结果，2001 年农产品进出口网络中第一板块的国家包括阿根廷、哥伦比亚、秘鲁、古巴、玻利维亚、巴西、智利、巴拉圭、乌拉圭和厄瓜多尔；第二板块的国家有萨尔瓦多、危地马拉、洪都拉斯、哥斯达黎加、尼加拉瓜、中国、墨西哥、委内瑞拉和巴拿马；伯利兹、巴哈马、圭亚那、特立尼达和多巴哥、牙买加和苏里南属于第三板块的国家；其余拉美国家则属于第四板块。表 4 列示了 2001 年农产品进出口关系网络四个板块之间的密度矩阵图，其中第一板块、第二板块和第三板块属于兼顾型板块，板块内部关系和对外关系都十分显著。其中，第一板块自身密度为 0.944，同时对第二板块国家农产品出口关系的密度为 0.800，说明第一板块对第一板块内部国家比对第二板块国家农产品出口更有利。第二板块内部密度同样为 0.944，同时与第一板块国家、第三板块国家也存在显著的出口关系。第四板块为内部型板块，板块内农产品出口活动频繁，但与其他板块国家贸易联系不密切。

表4　　　　　2001年中拉区域农产品进出口关系网络密度矩阵

	第一板块	第二板块	第三板块	第四板块
第一板块	0.944	0.800	0.550	0.267
第二板块	0.567	0.944	0.519	0.074
第三板块	0.067	0.278	0.667	0.500
第四板块	0.050	0.074	0.361	0.733

注：平均密度值为0.49。

资料来源：根据UCINET软件计算整理得出。

与2001年相比，2019年中拉区域农产品进出口网络板块的分布和角色发生较大的改变（见表5）。第一板块由兼顾型演化为内部型，板块内国家由2001年第四板块中的圣文森特和格林纳丁斯、巴巴多斯、圣卢西亚和格林纳达转化而来。第四板块角色则由内部型转变为兼顾型，包括玻利维亚、尼加拉瓜、巴拉圭和洪都拉斯等。板块内部不仅存在显著的进出口关系，且与第三板块国家农产品贸易联系更为紧密。2019年第三板块内部密度不仅达到最大值1，与其余板块国家均也在显著的进出口关系，在网络中拥有较强的话语权和影响力。这一板块主要由2001年的第一板块、第二板块转变而来，包括阿根廷、中国、巴西、智利、墨西哥和秘鲁等国家，他们长期保持着兼顾型板块角色，是中拉区域农产品进出口关系中最重要的贸易板块。值得注意的是，2019年中国虽然仍然扮演着兼顾型板块的角色，但中国所属的兼顾型板块与其余所有板块均存在农产品进出口关系，中国与拉美国家农产品贸易合作范围进一步扩大。从表2中国在出口和进口贸易网络中的绝对度数中心度也可以看出，2001年和2019年中国农产品出口到拉美国家的数量均为22个，但存在显著进口关系的国家数量由10个增加至18个。一方面，伴随着中国对外开放的不断深化以及中拉经贸合作的不断加强，中国与越来越多的拉美国家建立了农产品贸易往来；另一方面，中国与其部分传统的农产品进口国（如美国）的贸易摩擦不断加剧，中国农产品进口来源进一步向农业产业较为发达的拉美国家寻找，未来中国可能继续加强与拉美国家的进口联系，中拉贸易前景十分广阔。

表5　　　　　2019年中拉区域农产品进出口关系网络密度矩阵

	第一板块	第二板块	第三板块	第四板块
第一板块	0.750	0.400	0	0
第二板块	0.700	0.833	0.333	0.179
第三板块	0.822	0.944	1.000	0.921
第四板块	0.086	0.357	0.905	0.667

注：平均密度值为0.605。

资料来源：根据UCINET计算整理得出。

2. 农产品贸易竞争关系网络块模型分析

根据2001年农产品竞争关系网络密度矩阵计算结果（见表6），第一板块、第二板块是内部型板块，其板块内部农产品贸易竞争关系显著而对外竞争关系不显著。第三板块、第四板块均属于兼顾型板块，其板块内部密度值分别为0.833和0.857，板块内部农产品贸易竞争激烈，同时两个板块间的密度值为0.556，板块间的国家也存在显著的竞争关系。其中第三板块的国家包括伯利兹、尼加拉瓜、洪都拉斯、哥伦比亚、中国、秘鲁、哥斯达黎加、格林纳达、危地马拉；第四板块的国家有墨西哥、圣卢西亚、智利、多米尼克、巴拿马、圣文森特和格林纳丁斯、厄瓜多尔。

表6　　　　2001年中拉区域农产品贸易竞争关系网络密度矩阵

	第一板块	第二板块	第三板块	第四板块
第一板块	0.714	0.321	0.302	0.204
第二板块	0.321	0.821	0.375	0.268
第三板块	0.302	0.375	0.833	0.556
第四板块	0.204	0.268	0.556	0.857

注：平均密度值为0.452。

资料来源：根据UCINET计算整理得出。

2019年中拉区域农产品贸易竞争网络密度矩阵见表7。第一板块和第二板块保持内部型板块角色，但与2001年相比其板块内部密度均增加，板块内部国家农产品贸易竞争更为激烈。而第四板块由兼顾型演化为外部型，板块内国家包括玻利维亚和圭亚那。第四板块内部密度为 0，说明第四板块国家内部不存在农产品出口竞争关系，但与第三板块密度值为 0.500，板块国家间农产品竞争尤为激烈。第三板块仍为兼顾型板块，相比 2001 年，这个板块内部密度有所增加，板块内国家贸易竞争参与度增强，但与其余板块农产品竞争关系密度有所下降，农产品贸易竞争强度有所减少。

表 7　　　　　　　2019 年中拉区域农产品贸易竞争关系网络密度矩阵

	第一板块	第二板块	第三板块	第四板块
第一板块	0.810	0.381	0.036	0.357
第二板块	0.381	0.833	0.125	0.083
第三板块	0.036	0.125	1.000	0.500
第四板块	0.357	0.083	0.500	0

注：平均密度值为 0.427。

通过对比 2001 年和 2019 年中拉区域农产品竞争关系网络板块关系及结构变迁发现，中拉区域农产品贸易存在两个重要的竞争群体。一个是由竞争网络中的内部型板块国家构成，主要包括巴西、阿根廷、墨西哥、智利、委内瑞拉、乌拉圭、巴拉圭等。这一群体内部一直保持着稳定的竞争关系，但与其余板块国家竞争并不激烈。另一个群体是在竞争网络长期扮演兼顾型板块角色的国家，主要包括中国、尼加拉瓜、洪都拉斯、哥伦比亚、秘鲁、哥斯达黎加、格林纳达、危地马拉等国。这一群体内部不仅存在着显著的竞争关系，而且与其他国家也产生较强的贸易竞争，在一定程度上阻碍区域农产品贸易合作的步伐。

3. 农产品贸易互补关系网络块模型分析

表 8 给出了 2001 年中拉区域农产品互补关系网络密度测算结果的矩阵表。从中可以看出，由阿根廷、乌拉圭、圭亚那和苏里南等组成的第一板块以及伯利兹、古巴、巴巴多斯、牙买加和萨尔瓦多等组成的第二板块是中拉区域农产品互补关系网络中最重要的贸易板块，其板块内部成员国贸易互补关系密切，同时第一板块与其余三个板块，第二板块与第一板块、

第三板块存在显著的互补关系。因而在类型上均属于兼顾型板块。第三板块和第四板块均被划分为孤立型板块，其以农产品出口衡量的贸易互补指数超过 1 的国家数量极少，在中拉区域中的贸易互补性较弱。第三板块的国家有 10 个，分别是智利、尼加拉瓜、巴哈马、洪都拉斯、危地马拉、多米尼克、厄瓜多尔、圣卢西亚、巴拿马、委内瑞拉。中国隶属于第四板块，此板块还包括哥斯达黎加、哥伦比亚、墨西哥、巴西、玻利维亚、秘鲁。

表 8　　　　　　　2001 年中拉区域农产品贸易互补关系网络密度矩阵

	第一板块	第二板块	第三板块	第四板块
第一板块	0.381	0.531	0.586	0.816
第二板块	0.816	0.643	0.614	0.224
第三板块	0.157	0.029	0.044	0.057
第四板块	0.245	0.245	0.300	0.262

注：平均密度值为 0.345。

　　2019 年中拉区域农产品贸易互补网络板块的分布和角色发生较大的改变（见表 9）。2019 年第四板块仍为孤立型板块，由 2001 年第三板块和第四板块部分国家演化而来。第一板块为兼顾型板块，由 2001 年兼顾型板块中的牙买加、巴巴多斯、伯利兹、圣文森特和格林纳丁斯、萨尔瓦多、格林纳达，以及孤立型板块中的哥斯达黎加和圣卢西亚组成，其板块内部密度达 0.75，同时与第二板块、第四板块的密度分别达到 0.889 和 0.417，第一板块国家的农产品出口结构在内部成员国以及第二板块、第四板块国家之间均存在很大程度的互补关系，农产品贸易具有较大的发展潜力。第三板块则由 2001 年的孤立型转化为兼顾型，主要国家包括 2001 年的兼顾型板块国家阿根廷、乌拉圭和墨西哥。而第二板块则由 2001 年的兼顾型转变为外部型，中国也归属于这一板块，与其有显著贸易互补关系的国家在第三板块内部和第四板块居多。因此，中国向第三板块和第四板块成员国出口农产品更具有优势。

表9　　　　　　2019 年中拉区域农产品贸易互补关系网络密度矩阵

	第一板块	第二板块	第三板块	第四板块
第一板块	0.750	0.889	0.167	0.417
第二板块	0.250	0.167	0.438	0.750
第三板块	0.556	0.375	0.500	0.375
第四板块	0.083	0.063	0.313	0.125

注：平均密度值为 0.388。

资料来源：UCINET 计算整理得出。

四　研究结论与政策含义

本文运用社会网络分析方法，从网络整体视角分析了中拉区域农产品贸易进出口关系、贸易竞争关系和贸易互补关系及其动态演化趋势，研究主要结论如下。

首先，从整体而言，中拉区域农产品贸易联系日益紧密，贸易互补关系有所增强，贸易竞争趋于减少，但区域内农产品贸易竞争关系仍强于贸易互补关系。中国和拉美国家以及拉美国家间在农产品贸易上存在较大的合作空间，农产品贸易合作是中拉国家对外经贸交往的趋势。

其次，中国与拉美国家存在广泛的农产品贸易联系，中国在农产品进出口关系网络中具有较高的参与度和话语权，对中拉区域农产品进出口有较大控制力和影响力，且这种影响力不断加强。同时，中国在中拉区域农产品竞争关系网络中的地位也很靠前，其农产品出口与拉美国家存在较大程度的竞争。相比之下，中国在贸易互补关系网络中的地位则较为靠后，与区域其他国家农产品互补关系并不显著。

再次，在中拉区域农产品贸易中，由阿根廷、中国、巴西、智利、墨西哥和秘鲁等国家组成的贸易群体与区域大部分国家存在贸易联系。同时，中拉区域农产品贸易存在着两大竞争群体。一是包括中国、尼加拉瓜、洪都拉斯、哥伦比亚、秘鲁、哥斯达黎加、格林纳达、危地马拉等国组成的竞争群体。这一群体内部不仅存在着显著的竞争关系，而且区域其他国家也产生较强的贸易竞争，因此是网络中最重要的竞争群体。第二个是由巴西、阿根廷和墨西哥等组成的内部竞争群体，这一群体内部竞争激烈而对外并没有显著的竞争关系。另外，中国在其与区域其他国家农产品互补关系中扮演的角色发生了较大变化。2001 年中国与区域其他国家不存在显著的互补关系，到 2019 年阿根廷、墨西哥、乌拉圭、哥伦比亚、智利、危地马拉、秘鲁、洪都拉斯、厄瓜多尔、巴西、尼加拉瓜等与中国农产品进口具有显著的互补关系。

另外，需再次强调的是，本文所使用的社会网络分析方法是从宏观整体视角研究整个中拉区域国家农产品贸易的竞争性和互补性，而以往传统的指数测算法更适应于分析双边国家的贸易状态，两种方法在本质上是不同的。例如，在以往文献研究中，尹文静等分析了中国和巴西 2002—2013 年出口相似度指数的变化，发现中巴农产品出口没有很大的竞争关系。[1] 而就中国和整个拉美区域农产品竞争关系而言，本文研究发现中国在整个区域农产品出口竞争中居于前列，与拉美众多国家均有显著的竞争关系。此外，陈杨[2]、韩亭辉和刘泽莹[3]在利用贸易互补指数测算发现中国和巴西农产品存在一定的互补性，尤其是以中国进口巴西农产品衡量的互补性最强。而本文的研究虽然没有直接给出中巴两国农产品互补关系特征，但块模型分析点明了中国所处板块的国家农产品进口与阿根廷、巴西、墨西哥等类型的板块国家有显著的互补关系，中国从这些国家进口农产品的需求十分强烈，农产品贸易存在巨大的增长空间。

本文更多的是从中拉区域国家农产品总量层面阐述区域农产品贸易状态，限于篇幅并未对具体分类农产品的贸易竞争性互补性做出分析，事实上中拉区域不同种类农产品贸易性质可能不同，这些因素都值得进一步的深入研究。

综合本文的研究结果，提出以下政策建议：

第一，要利用好国内产业结构转型升级的"东风"，加大农业科技研

---

① 尹文静、樊勇明：《中国与其他金砖国家农产品贸易特征——竞争性与互补性分析》，《世界农业》2016 年第 5 期。

② 陈杨：《中国与金砖国家农产品贸易竞争性与互补性研究》，《世界农业》2013 年第 7 期。

③ 韩亭辉、刘泽莹：《中国与巴西农产品贸易的竞争性与互补性分析》，《世界农业》2018 年第 1 期。

发支持力度，积极优化农业产业结构，努力实现我国在农业产业链中的地位攀升，增强我国农产品出口质量和效率。同时，要充分协调中拉区域农产品贸易竞争群体的关系，尽量减少与拉美国家农产品出口竞争。2019 年中国所属的兼顾型贸易竞争板块内部竞争尤为激烈，中国应密切关注板块内伯利兹、哥斯达黎加、格林纳达等国家的农业发展状况，积极调整自身农业产业结构，避免与其内部群体的过度竞争。

第二，要充分考虑贸易板块间互补关系的异质性，优先加强与阿根廷、墨西哥、乌拉圭、哥伦比亚、智利、危地马拉、秘鲁、洪都拉斯、厄瓜多尔、巴西、尼加拉瓜等和中国存在显著互补关系国家的贸易交流，大力推进中国和上述国家农产品贸易往来，促进区域农产品贸易互利共赢。根据国际经济形势积极调整中国农产品贸易政策，加强上述与中国有显著农产品贸易互补关系国家的农业投资和技术合作，积极参与这些国家的农业基础设施建设，充分挖掘双方农产品互补潜力。

第三，加强中国和拉美国家战略对接和政策对话，谋求互利共赢的发展空间。一方面，中国要充分利用"一带一路"倡议、中拉"1＋3＋6"合作框架、中拉开放性金融合作等体制机制，加深中拉经济一体化程度，探索中拉农产品贸易合作新机制。另一方面，加快构建中拉统一大市场，推动中拉自贸区落地建成。目前，中国仅和智利、哥斯达黎加和秘鲁三个国家存在自贸协定，未来应继续加强和中拉国家对话交流，加快构建中国—拉美统一大市场，推动中拉自贸区谈判进程。具体来看，中国应积极加强目前与我国有意向签署自贸协定的巴拿马和哥伦比亚的沟通谈判，努力寻求中巴、中哥贸易合作利益的共同点，加强中巴、中哥产业技术交流与合作，推动中巴、中哥自贸协定尽快签署；对于巴西、乌拉圭、阿根廷等农业出口大国，中国可以利用其进口的优势地位，优先加强与它们的自贸谈判；同时加快恢复中国与南方共同市场以及中国和南美洲国家自由贸易区等多边协定的签署。

（作者赵国华，经济学博士，河北师范大学商学院副教授；

张永杰，河北师范大学硕士研究生）

Competitiveness and Complementarity Analysis of China-Latin America Regional Agricultural Products Trade
——Based on social network analysis method

Zhao Guohua and Zhang Yongjie

Abstract: Using the social network analysis method, this paper analyzes the agricultural trade competition and complementarity between China and Latin American countries and its dynamic evolution trend from the perspective of the network as a whole. The research shows that: (1) The intra-regional agricultural product trade links between China and Latin America are increasingly close, while the trade complementarity relationship is strengthened, and the trade competition tends to decrease, but the intra-regional agricultural product trade is still dominated by competition. (2) There are two major competitive groups in agricultural trade in the China-Latin America region. One is the "considerable" trade sector composed of some Central American countries, led by China, Peru and Colombia, which has relatively fierce internal and external trade competition. The other is the "internal" trade sector composed of Brazil and Argentina and there is fierce trade competition inside the plate. (3) The sector consisting of Argentina and Uruguay is the core sector in the complementary network of agricultural products trade between China and Latin America. The sector where China is located has changed from "isolated" to "external", and there is a significant trade complementarity relationship with countries in other sectors.

Keywords: China and Latin America; Trade competitiveness and complementarity; Agricultural trade; Aocial network analysis

秘鲁的金融业与经济发展：
历史演进与当代转轨[*]

戴建兵　　孔德威

摘　要： 秘鲁自独立以来，经历了鸟粪繁荣、太平洋战争、萧条复苏与扩张、军政府执政、稳定与结构性调整、新自由主义的改革等重要历史时期，其金融业从创建、体系完善以及普惠金融深化；也经历了纯粹的自由银行制度、国有化与外资限制、正统向非正统的转变以及自由化改革等体制变革，呈现出了总体发展中的摇摆与不连贯性。这其中的根源固然与外部冲击有关，但更与秘鲁经济发展的自身特性及其所实施的政策战略密切相连。近年来，秘鲁普惠金融的发展将金融业带入了经济社会变革的深层领域，改变着秘鲁金融业的基因，将有助于克服这种摇摆与不连贯性。秘鲁经济在其历史演进与当代转轨中，发生了多次金融与债务危机，这其中的教训也值得总结与深思。

关键词： 秘鲁；金融业与经济发展；历史演进与当代转轨

金融是现代经济的中心与经济发展状况的集中表现。中秘自贸协定签订以来中国已连续多年成为秘最大贸易伙伴、出口对象国和投资来源国，中国对秘投资存量突破 300 亿美元，并在秘鲁设有多家金融机构。研究秘鲁的金融业与经济发展的历史演进和当代转轨，探究秘鲁金融业

---

　　* 国家社科基金项目"当代西方经济民粹主义的影响与对策研究"（21BKS047）、教育部国别与区域研究中心项目"秘鲁金融政策研究"、河北省社科基金项目"当代西方经济民粹主义思潮的国际比较研究"（HB20MK019）阶段性成果。

与经济发展的阶段性特征、曲折历程、内在逻辑与经验教训，是以史为鉴、面向未来，扎实推进新时期"一带一路"倡议下中秘经贸合作新发展的重大任务。克里斯蒂娜·胡恩菲尔特在其《秘鲁史》一书中，依据重大历史事件、经济周期与社会变革等将秘鲁独立以来的历史发展划分为从"为稳定而长期斗争（1826—1843）"到"新结构与藤森（1990—2003）"等八个阶段。[①] 基于这种划分，并结合金融业与经济发展的自身特性，本文将秘鲁的金融业与经济发展分为既相互连接又有明显差异的六个阶段。在此基础上，本文围绕金融资本的形成与金融机构的创建、金融体系的完善、金融业的深化三个层次，对秘鲁金融业与经济发展的历史演进和当代转轨进行分析。由于银行在秘鲁金融业中始终占据着绝对优势地位，所以本文对秘鲁金融业的分析主要集中于其银行部门。

一 鸟粪繁荣时期（1843—1879）

（一）鸟粪出口、经济繁荣与银行业的创建

1. 鸟粪出口与经济繁荣

独立后的 20 多年里，秘鲁一直处于政治动荡和经济困难状态之中。直到 19 世纪 40 年代依靠向欧洲出口鸟粪带来的巨额收益，才使秘鲁进入了政治稳定与经济繁荣时期。据估算，1840—1880 年鸟粪繁荣时代，秘鲁以平均每吨 10 英镑的价格出口了大约 1080 万吨鸟粪，赚取了大约 1 亿英镑收入，并由此成为当时美洲最富有的国家之一。[②] 在此期间，秘鲁一直保持着较高的贸易顺差（除了 1845 年），财政收入持续增加，年均 GDP 增长一直保持在 2.5%—4.4%（除了 1875 年间的 -0.6%）（见表 1）。需要说明的是，秘鲁在此期间有两种不同的货币，即 1863 年之前的比索（peso，1 比索相当于 22.5 克纯银）与之后的索尔（sol，具有与比索相同的含银量，1 比索等于 1 索尔）。另外，从 1875 年开始，由

---

① ［美］克里斯蒂娜·胡恩菲尔特：《秘鲁史》，中国出版集团 2011 年版，第 1 页。

② ［美］克里斯蒂娜·胡恩菲尔特：《秘鲁史》，中国出版集团 2011 年版，第 124—134 页。

于一些银行暂停了银兑换，纸索尔不再具有相应的银索尔价值。下表中的索尔指的是银索尔（silver soles）。[①]

表1　　　　　　　　秘鲁经济状况（1840—1875）

国际贸易	1840	1845	1850	1855	1860	1865	1870	1875
出口（百万索尔）	5.21	4.80	7.57	10.31	35.00	25.68	21.00	19.00
进口（百万索尔）	4.68	5.10	6.00	9.01	15.00	15.00	12.00	16.00
贸易平衡（百万索尔）	0.53	-0.30	1.57	1.30	20.00	10.68	9.00	3.00
贸易平衡占GDP比重（%）	0.7	-0.4	1.6	1.1	16.5	7.2	4.9	1.8
财政	1840	1845	1850	1855	1860	1865	1870	1875
财政收入（百万索尔）	—	—	7.76	14.47	21.05	16.98	47.53	34.21
财政支出（百万索尔）	—	—	5.69	13.17	21.12	21.59	78.32	56.66
财政平衡（百万索尔）	—	—	2.07	1.30	-0.07	-4.61	-30.79	-22.45
财政平衡占GDP比重（%）	—	—	2.1	1.1	-0.1	-3.1	-16.6	-13.7
债务（百万索尔）	—	—	14.17	51.51	33.48	38.65	98.55	241.81
债务占GDP比重（%）	—	—	14.3	42.4	27.6	26.1	53.3	147.4
银行	1840	1845	1850	1855	1860	1865	1870	1875
贷款（百万索尔）	0	0	0	0	0	5.45	12.99	26.81
贷款占GDP比重（%）	0	0	0	0	0	3.7	7.0	16.3
存款（百万索尔）	0	0	0	0	0	2.15	8.95	11.06
存款占GDP比重（%）	0	0	0	0	0	1.5	4.8	6.7
流通中的银行票据（百万索尔）	0	0	0	0	0	3.37	5.27	11.38
流通的银行票据占GDP比重（%）	0	0	0	0	0	2.3#	2.9	6.9
GDP	1840	1845	1850	1855	1860	1865	1870	1875
GDP（1830=100）（百万索尔）	125.69	142.31	158.47	181.44	189.20	207.34	257.08	249.66
GDP（百万索尔）	78.37	84.26	99.01	121.53	121.38	148.11	185.01	164.06
GDP年增长率（%）	—	2.5	2.2	2.7	0.8	1.8	4.4	-0.6

资料来源：路易斯·费利佩·塞加拉（Luis Felipe Zegarra, 2013）。

---

① Luis Felipe Zegarra, "Free-Banking and Financial Stability in Peru", *The Quarterly Journal of Austrian Economics*, Vol. 16, No. 2, pp. 187-226, Summer 2013.

2. 银行业创建、自由银行制度实施与银行票据发行

鸟粪出口与经济繁荣促进了秘鲁金融业的创建和发展。阿方索·W.
奎罗斯（Alfonso W. Quiroz）在《现代秘鲁的国内外金融（1850—1950）》
一书中，将近代秘鲁金融业发展划分为了四个时期：第一个时期，1780—
1850 年，紧急情况下的国家金融需求特征明显。第二个时期，1850—1883
年，鸟粪贸易开启了秘鲁金融发展的新机遇，但私人和公共利益集团在金
融事务一些关键问题上的利益冲突，导致了秘鲁过度的外债负担与金融灾
难。第三个时期，1884—1930 年，农业出口商融资途径的多样化探索与金
融体系的重建，这一趋势到 1930 年发生了逆转。第四个时期，1931—1950
年，国家加大对金融业的干预，金融市场寡头垄断增强。[①] 由此，鸟粪繁
荣时代虽大多被认为是一个错失良好发展机会的典型案例，但无论如何，
鸟粪贸易对秘鲁金融业的创建与发展起到了至关重要的作用。秘鲁的金融
业最初是由从事鸟粪贸易的商业寡头创建的。这些商业寡头将其从事鸟粪
贸易所获得的巨额收益，一部分投向棉花与甘蔗种植业，促进了秘鲁沿海
地区种植园的发展；另一部分则投向了金融业，促进了秘鲁金融业的
发展。

1862 年底，秘鲁第一家银行即普罗维登斯银行（Banco de la
Providencia）成立。该银行由当时利马的大贸易商组建，其经营范围涉及
储蓄、贷款、保险、当铺和银行票据发行等多种业务。1863 年，秘鲁银行
（Banco del Perú）成立。该银行由八大资本家合资创立，其经营范围包括
存款、商业票据贴现、往来账户结算等。同年，一家英国银行即墨西哥与
南美洲伦敦银行（Bank of London, Mexico and South America）在利马开设
了分行。随后，利马银行（Banco de Lima）、秘鲁国家银行（Banco
Nacional del Perú）、担保银行（Banco Garantizador）、英国秘鲁银行
（Banco Anglo-Peruano）、特鲁希略银行（Banco de Trujillo）、阿雷基帕银行
（Banco de Arequipa）、塔克纳银行（Banco de Tacna）、皮乌拉银行（Banco

① Alfonso W. Quiroz, *Domestic and Foreign Finance in Modern Peru, 1850 – 1950*: *Financing
Visions of Development*, (Pitt Latin America Series) Pittsburgh, Pa.: University of Pittsburgh Press,
1993, p. 13.

de Piura）、塞罗银行（Banco de Emisión del Cerro）相继成立。到 1877 年，秘鲁全国已有 15 家银行（见表 2）。①

表 2 秘鲁银行机构（1862—1883 年）

银行名称	主要分行	创立资本 （百万索尔）	创立时间 （年）	倒闭时间 （年）
普罗维登斯银行 （Banco de la Providencia）	利马	0.5	1862	1880
秘鲁银行 （Banco del Perú）	利马	1.0	1863	1880
伦敦银行 （Bank of London）	利马	1.0	1863	1897 年与卡亚俄 银行合并
利马银行 （Banco de Lima）	利马	3.2	1869	1878
特鲁希略银行 （Banco de Trujillo）	特鲁希略	0.5	1871	1879—1883
秘鲁国家银行 （Banco Nacional del Perú）	利马	12.0	1872	1880
担保银行 Banco Garantizador	利马	2.0	1872	1882
阿雷基帕银行 （Banco de Arequipa）	阿雷基帕	0.5	1872	1879—1883
皮乌拉银行 （Banco de Piura）	皮乌拉	0.5	1872	1879—1883
塔克纳银行 （Banco de Tacna）	塔克纳	0.5	1872	太平洋战争后划归 智利继续经营
塞罗银行 （Banco de Emisión del Cerro）	塞罗	0.1	1872	1879—1883
英国秘鲁银行 （Banco Anglo-Peruano）	利马	不详	1873	1876

① Luis Felipe Zegarra, "Free-Banking and Financial Stability in Peru", *The Quarterly Journal of Austrian Economics*, Vol. 16, No. 2, pp. 187–226, Summer 2013.

续表

银行名称	主要分行	创立资本 （百万索尔）	创立时间 （年）	倒闭时间 （年）
阿斯科普银行 Banco de Ascope	特鲁希略	不详	1873	1879—1883
秘鲁商业银行 （Banco Mercantil del Peru）	利马	不详	1877	1880
卡亚俄银行 （Banco del Callao）	卡亚俄	0.5	1877	1897 年与伦敦 银行合并

资料来源：路易斯·费利佩·塞加拉（Luis Felipe Zegarra，2013）。

鸟粪繁荣时代的秘鲁银行实行的是一种纯粹自由银行制度。这主要表现在三个方面：一是银行类似于一般工商企业，不受任何银行法的特别约束。事实上一直到 1873 年，秘鲁的银行仅受 1852 年颁布的商业法约束，而该法又是非常宽松的，对企业（包括银行）的成立与运营没有特别要求（如最低准备金等），只需注册登记。二是各家银行可自由发行银行票据。如普罗维登斯银行（Banco de la Providencia）从其成立之际就开始发行银行票据，到 1865 年 12 月共发行了 112 万索尔的银行票据，约占其总负债的 1/3。这些银行票据没有任何担保，只有行长签名，但很受公众欢迎。究其原因，与当时秘鲁经济的繁荣、贸易顺差的保持以及与此相关的银币的大量流入和财政盈余的不断增长等密切相关。其中，银币的大量流入能够确保银行有足够的资金储备防范挤兑现象的发生。正因如此，随着 19 世纪 60 年代后期秘鲁国际收支的不断恶化，政府为应对财政赤字和筹集资金而对金融市场干预的增加，以及银币流入的减少，到 1873 年底秘鲁的纯粹自由银行制度宣告终结。三是各银行可以不受限制地在全国各地开设分支机构。实际上，在此后近 80 年时间里，即到 19 世纪 50 年代，秘鲁的区域性银行再也没有达到自由银行制度时代的布点密度。[1]

银行票据发行。直到 1840 年，白银不仅是秘鲁重要的出口产品，占其总出口的 82%—90%，而且也是秘鲁保持国际贸易平衡的重要手段。但无论如何，白银的大量出口与外流也导致了秘鲁国内市场流通中货币的缩

---

① Luis Felipe Zegarra, "Free-Banking and Financial Stability in Peru", *The Quarterly Journal of Austrian Economics*, Vol. 16, No. 2, pp. 187–226, Summer 2013.

减。1848 年后国际白银价格的不断上涨，使这种情况变得越发严重。由此，一方面，一种被称为"弱货币"、成色较低的玻利维亚铸币开始取代坚挺的秘鲁比索在市场中大量流通；[1] 另一方面，商业票据在利马商人之间的使用越来越多。在货币价值不稳定的情况下，商业票据被利马商人视为更可靠的支付方式，从而促进了商业票据的流通。另外，为将玻利维亚铸币这种"弱货币"从流通中逐出，秘鲁在 1855—1862 年进行了多次货币改革，并最终在 1863 年将国家法定货币从比索改为了索尔。但无论如何，到 19 世纪 60 年代，随着秘鲁银行业的创建与发展，一种能够自由兑换成白银和支付更便捷的银行票据成为弥补市场流通中货币短缺的新选择。第一家发行银行票据的就是上面所讲的普罗维登斯银行，随后其他银行也开始发行银行票据。这些银行票据像货币一样流通，而且不受国家的管制与控制。[2]

（二）外债规模的不断扩大与国际债务违约

秘鲁的早期外债可追溯到 19 世纪 20 年代，也就是其脱离西班牙的独立战争时期。像其他拉丁美洲国家一样，秘鲁通过在伦敦市场发行债券来筹集军费开支。1822—1825 年，巴西（16%）、阿根廷（5%）、哥斯达黎加（1%）、智利（5%）、哥伦比亚（33%）、墨西哥（31%）和秘鲁（9%）这些拉丁美洲国家在伦敦债券市场发行的主权债券价值总计 20329300 英镑。其中，秘鲁政府占总额的 9%，数额达 180 多万英镑。因无力偿还，到 1826 年，除巴西以外，包括秘鲁在内的其他所有国家都不再偿还任何外债。[3] 到 1848 年，秘鲁的对外债务本金和利息总额累积到了 538 万英镑，接近最初外债的 3 倍。[4]

---

[1]　［美］克里斯蒂娜·胡恩菲尔特：《秘鲁史》，中国出版集团·东方出版中心 2011 年版，第 115—116 页。

[2]　Alfonso W. Quiroz, *Domestic and Foreign Finance in Modern Peru, 1850 - 1950: Financing Visions of Development* (Pitt Latin America Series) Pittsburgh, Pa.: University of Pittsburgh Press, 1993, p. 29.

[3]　Catalina Vizcarra, "Guano, Credible Commitments, and Sovereign Debt Repayment in Nineteenth-Century Peru", *The Journal of Economic History*, Vol. 69, No. 2 (June 2009). ⓒ The Economic History Association. All rights reserved. ISSN 0022 - 0507.

[4]　［美］克里斯蒂娜·胡恩菲尔特：《秘鲁史》，中国出版集团·东方出版中心 2011 年版，第 126 页。

鸟粪繁荣为秘鲁政府决心解决长期拖欠债务的问题和进行新的国际金融市场融资奠定了基础。1849 年，凭借鸟粪出口带来的巨额收益，秘鲁政府与国外债券持有人达成了债务偿还协议。根据协议，秘鲁政府以未来鸟粪收入为抵押发行新债券以偿还所欠债务。也由此，从 1853 年开始，秘鲁政府重新进入了国际金融市场，并筹集用于债务转换、日常开支、战争费用和铁路重建等多用途的新贷款。如，为打赢与西班牙的战争，1865 年秘鲁政府向欧洲国家借款 1000 万英镑，并在 1866 年又向美国借了相对较小数额的贷款。[①] 另外，在 19 世纪 60 年代后期，秘鲁像其他国家一样实施了大规模的铁路建设计划。为此，1870 年，秘鲁政府向其鸟粪唯一准许采集商法国商人奥古斯特·德雷福斯（Auguste Dreyfus）借款 1192 万英镑。其结果是贷款不仅未能使其铁路计划完成，还使秘鲁外债规模增加到了 3500 多万英镑。[②] 最终，随着鸟粪资源的逐渐枯竭和收入的大幅缩减，到 1875 年 12 月秘鲁所有外债再次全面违约，秘鲁政府宣布破产。这种违约状况一直持续到了 1890 年，最终通过创建秘鲁公司，秘鲁政府将其铁路和其他资产转让给了债务持有者。总之，在 1849—1875 年，秘鲁政府一直活跃于国际金融市场，既是其积极的借贷者也是忠实的债务偿还者，而这些又是与秘鲁的鸟粪繁荣鼎盛期相一致的。同样，1875 年底以后的国际债务全面违约也是与其鸟粪繁荣的终结密切相连的。[③]

（三）国际收支恶化、公共财政危机与金融体系的崩溃

19 世纪 60 年代末至 70 年中期，秘鲁经济陷入了停滞。鸟粪出口出现波动，由 1856—1860 年的 190 万吨下降到 1861—1865 年的 180 万吨，后升到 1866—1870 年的 260 万吨，再下降到 1871—1875 年的 210 万吨。出

---

① Catalina Vizcarra, "Guano, Credible Commitments, and Sovereign Debt Repayment in Nineteenth-Century Peru", *The Journal of Economic History*, Vol. 69, No. 2 (June 2009). ⓒ The Economic History Association. All rights reserved. ISSN 0022 - 0507.

② [美] 克里斯蒂娜·胡恩菲尔特：《秘鲁史》，中国出版集团·东方出版中心 2011 年版，第 127 页。

③ Catalina Vizcarra, "Guano, Credible Commitments, and Sovereign Debt Repayment in Nineteenth-Century Peru", *The Journal of Economic History*, Vol. 69, No. 2 (June 2009). ⓒ The Economic History Association. All rights reserved. ISSN 0022 - 0507.

口收入在 1866—1875 年一直低于 2300 万索尔。国际贸易顺差不断缩减，从 1867 年的 120 万索尔，降到 1870 年的 900 万索尔和 1873 年的 600 万索尔。与此同时，外债利息与本金偿还额却在不断增加，从 1867 年的 300 万索尔增加到了 1870 年的 2200 万索尔和 1873 年的 3300 万索尔，远远超过了贸易顺差。由此，随着鸟粪收入的缩减和公共支出的不断增加，秘鲁政府财政赤字快速攀升，从 1865 年的 460 万索尔达到了 1870 年的 3100 万索尔和 1875 年的 2200 万索尔。[1]

国际债务违约、国际收支恶化与公共财政危机侵蚀了秘鲁自由银行制度的基础，并最终引发了金融体系的崩溃。国际债务违约不仅意味着秘鲁国际债务的无力偿还，并且也意味着其将不能再从国际金融市场获得新的借贷资金，这进一步加剧了秘鲁国内资金短缺与公共财政危机。为了应对这种状况，在金融方面，秘鲁政府不仅增发计划外纸币，并且加大了对银行的干预。如，1873 年 12 月，秘鲁政府颁布法令，设立相关政府机构以加强对银行票据发行的管理。在这其中，政府对准许发行票据的"特许银行"的资本金（不少于 100000 索尔）和所发行票据的数量（不超过资本金）进行了限定，允许银行以其所持有的国库券等其他形式的国债为其票据发行作担保，并要求这些银行定期公布其资产负债情况。1875 年 9 月，秘鲁政府同秘鲁国家银行、普罗维登斯银行、利马银行和秘鲁银行等四家银行签署联合协议。根据协议，政府以未来鸟粪与硝石出口收入作为担保向这四家银行借款 1800 万索尔，年利率 6%。作为交换，政府允许四家银行的票据发行额从原来的 910 万索尔提高到 1500 万索尔。其结果，在整体经济不景气情况下，银行票据的超量发行直接导致了其自身的不断贬值。1875 年 8 月初时 1 纸索尔等于 1 银索尔，1875 年 8 月底时 1 银索尔等于 1.045 纸索尔，1876 年 8 月底时 1 银索尔等于 1.335 纸索尔，1877 年 8 月底时 1 银索尔等于 1.875 纸索尔。[2] 这种政府对银行票据发行给予支持、反过来银行向政府提供更多借款的所谓合作关系，暂时缓解了政府的公共

① Luis Felipe Zegarra, "Free-Banking and Financial Stability in Peru", *The Quarterly Journal of Austrian Economics*, Vol. 16, No. 2, pp. 187 – 226, Summer 2013.

② Luis Felipe Zegarra, "Free-Banking and Financial Stability in Peru", *The Quarterly Journal of Austrian Economics*, Vol. 16, No. 2, pp. 187 – 226, Summer 2013.

财政危机并增强了银行的信用，但绝非长久之策。最终，随着太平洋战争的爆发与政府财政赤字的不断增加，这种合作关系被打破，秘鲁金融体系崩溃。在此过程中，鸟粪繁荣期创建的众多银行仅有卡亚俄银行等三家银行得以幸存下来。而这三家银行之所以能够免于遭受破产的命运，主要还是信守了商业银行的经营之道，专注于短期商业信贷，而不是政府干预下的银行票据发行。①

二　太平洋战争及战后重建时期（1879—1929）

1879—1885 年的太平洋战争，不仅使秘鲁失去了南部储藏丰富的硝石资源，也使其经济遭受了严重打击，并最终使鸟粪时代创造的"虚假繁荣"破灭。无论如何，在 19 世纪最后 20 年和 20 世纪前 30 年里，秘鲁通过强化商业信用、重构银行信贷和扩大国外直接投资等多样化投融资方式，使其经济逐渐得到恢复与发展。在此过程中，秘鲁的金融体系不仅得以重建，并对秘鲁经济的恢复与发展起到了不可替代的促进作用。

（一）商业信用对经济重建的融资性支持

面对大批银行的倒闭以及幸存下来的商业银行不愿意向农业进行融资，秘鲁沿海地区的蔗糖和棉花种植园主不得不转向大型商贸公司，特别是国外大型商贸公司寻求商业信用支持。由此，北美格雷斯公司（North American W. R. Grace & Company）、法国哈斯公司（the French T. Harth et Cie）、英国格雷厄姆与罗威公司（the British Graham & Rowe）等大型外国商贸公司在秘鲁的影响力明显提升，不仅在秘鲁的外债偿还谈判中发挥了重要作用，而且其经营范围也从单纯的进出口贸易扩展到了向种植园主等发放商业信用。在这其中，1889 年，经过艰苦谈判，秘鲁政府与以格雷斯为代表的英国债权人签署《格雷斯协议》，协商解决了秘鲁的巨额外债偿

---

① Alfonso W. Quiroz, Domestic and Foreign Finance in Modern Peru, 1850 – 1950: Financing Visions of Development. (Pitt Latin America Series.) Pittsburgh, Pa.: University of Pittsburgh Press, 1993, pp. 41 – 42.

还问题。当然在商业信用发放方面，这些国外大型商贸公司的最终目的还是获得更多利益，而非致力于秘鲁经济重建与沿海农业发展。也正因如此，到1900年，随着蔗糖和棉花国际市场价格的上涨以及由此引致的投资需求增加，这种对国外大型商贸公司商业信用的过度依赖，导致了许多秘鲁沿海种植园主因深陷债务危机而破产。这种情况的发展使人们认识到农业信贷机构缺乏对农业发展的瓶颈制约，并建议成立农业银行或其他形式的农业信贷机构。但事实上，在秘鲁，直到1931年专门面向农业发展的农业银行才得以正式成立。[①]

大型商贸公司对秘鲁种植园主等的融资性支持通常采用的是预付款、出口信贷与汇票等商业信用形式。预付款即国外大型商贸公司预先支付给种植园主等的款项，以缓解种植园主等的资金短缺问题。为防止农产品价格下跌所造成的信用风险，这些大型国外商贸公司支付给种植园主的预付款一般不会超过作为抵押农产品价值的75%。当农产品运往海外并销售后，这些国外商贸公司将先从销售款中扣除掉预付款本金和利息以及运输费、保险费等，剩余部分才转交种植园主。另外，这些国外商贸公司还为种植园主购买国外农业装备提供融资支持，并对秘鲁产品海外出口提供出口信贷。同时，为便利进出口贸易，国外大型商贸公司还大量采用商业汇票这种信用工具。由于银行认为这些大型公司开具的商业汇票具有极高的信誉，因此，那些由国外大型商贸公司开具的商业汇票通常都能够在银行得以背书、贴现和再贴现，其他贸易公司也会对那些经过银行背书的汇票进行贴现与再贴现。这样，在国外商贸公司、当地企业与银行之间形成了一个稳固的商业信用网，大型商贸公司的商业信用也由此构成了秘鲁投融资支持的重要组成部分，并促进了秘鲁的国际贸易与经济发展。[②]

---

① Alfonso W. Quiroz, "Domestic and Foreign Finance in Modern Peru, 1850 – 1950: Financing Visions of Development", (Pitt Latin America Series) Pittsburgh, Pa.: University of Pittsburgh Press, 1993, p. 45.

② Alfonso W. Quiroz, "Domestic and Foreign Finance in Modern Peru, 1850 – 1950: Financing Visions of Development", (Pitt Latin America Series) Pittsburgh, Pa.: University of Pittsburgh Press, 1993, pp. 45 – 49.

（二）银行业的重建与发展

随着秘鲁经济的不断发展，一批新的银行相继成立。第一次世界大战期间，世界蔗糖和棉花等农产品价格的大幅上涨，有力地促进了秘鲁的农业生产，到 1918 年秘鲁蔗糖生产水平超过了当时最先进的夏威夷地区。从蔗糖、大米和棉花等农产品出口贸易中获得的部分收入，流向城市并投资于银行等金融部门，促进了秘鲁银行业的重建与发展。[①] 从管理层和股东构成的角度来讲，新成立的银行可以划分为如下三种类型。

一是外国银行。在这其中，有较强影响力的外国银行包括 1905 年成立的德意志大西银行（Banco Alemán Transatlántico）、1916 年成立的美洲商业银行（Mercantile Bank of the Americas）、1912 年成立的伊基托斯商业银行（Commercial Bank of Iquitos）和伦敦央格鲁南美银行分支机构（London-based Anglo South American Bank）等。除了德国银行等曾一度试图扩大在秘鲁出口融资领域的份额外，其他外国银行的业务大多仅局限于外汇调剂与国际转账，并由于对大规模投资秘鲁存有疑虑，因此，这一时期的外国银行实际上并未对秘鲁本国银行业造成实质性冲击。

二是外籍居民银行。外籍居民银行在秘鲁只有一家，即成立于 1889 年的意大利银行（Banco Italiano）。该银行最初主要是为居住在秘鲁的意大利籍居民提供金融服务，后不断扩大其在秘鲁银行业的市场份额。实际上，该银行也并非完全意义上的外籍银行，因为该银行的绝大部分股东与客户将其获得的收益更多地重新投资于秘鲁而不是寄往国外。

三是本土银行。在本土银行中，秘鲁伦敦银行（Banco del Perú y Londres）是居于主导地位的银行。在 1897—1914 年，该银行为谋取垄断地位，吸收了大量英国和法国资本，并使其本土特性一度受到质疑。到 1915 年时，该银行决策权实际上已转交给了外国人，因为此时秘鲁人持有该银行的股份为 1.5 万份，而外国人却达到了 3.5 万份。1897 年成立的国际银行（Banco Internacional）和 1899 年成立的民众银行（Banco Popular）

---

① ［美］克里斯蒂娜·胡恩菲尔特：《秘鲁史》，中国出版集团·东方出版中心 2011 年版，第 163 页。

等其他本土银行更多是为本土新兴精英群体提供金融服务。这两家银行的董事大都是对秘鲁出口农业、矿业、房地产和工业部门等经济部门具有较强影响力的精英人物。其中，作为一家储蓄合作性质的银行，大众银行最初的资源配置被法定限制在其成员之内进行，但随着具有工业背景的新兴家族精英的加入，该银行的经营方向也发生了改变，并拓宽了出口部门资金流向其他部门的渠道。总之，在1900—1915年，无论从机构数量还是从资产总额来讲，本土银行在秘鲁银行业市场都明显处于优势地位（见表3）。如，1900年，本土银行数量增加到了11家，其资产占秘鲁银行总资产的比重达到了82%。当然造成这种状况的一个重要原因是，1897年卡亚俄银行与伦敦银行的合并极大地增加了本国银行的资产。[①]

表3 1885—1955 年间秘鲁本土银行、外籍居民银行和
国外银行数量与资产占比情况

年份	银行数量（家）			占总资产比例（％）		
	本土银行	外籍居民银行	外国银行	本土银行	外籍居民银行	外国银行
1885	2	0	1	55	0	45
1895	6	2	1	62	24	26
1900	11	3	0	82	18	0
1905	15	3	1	65	24	11
1915	19	5	3	58	17	25
1925	21	6	12	38	32	30
1935	5	27	5	26	45	29
1945	147	0	3	92	0	8
1955	269	0	3	95	0	5

资料来源：阿方索·W·奎罗斯（Alfonso W. Quiroz，1993）。

（三）国外直接投资的增加

因无法再从鸟粪和硝石贸易中获取丰厚外汇收入，也无法再以此收入为

[①] Alfonso W. Quiroz, "Domestic and Foreign Finance in Modern Peru, 1850 – 1950: Financing Visions of Development", (Pitt Latin America Series) Pittsburgh, Pa.: University of Pittsburgh Press, 1993, pp. 66 – 68.

质押向国外贷款，因此，太平洋战争后秘鲁政府转而采取积极措施吸引国外直接投资，以促进经济发展。在这其中，秘鲁政府不仅加快了国有资源的非国有化进程，开放了更多面向国外直接投资的领域，实现了其货币体系从银本位向金本位的转变，并且将货币铸造从政府监督下的私人银行铸造转向了政府单独铸造。对此，克里斯蒂娜·胡恩菲尔特在其《秘鲁史》中指出，总的来说，太平洋战争结束后的一段时期标志着外国干涉方式的改变。战前外国势力以贷款和商业交易的形式进入秘鲁，而战后外国以直接投资的方式出现在秘鲁的重要经济活动中，并为其港口现代化、扩大采矿生产以及矿石提炼提供了资金。外国直接投资的不断增加，缓解了秘鲁经济重建的资金短缺问题，但也使得秘鲁经济更多地被外国资本所控制。如，在铁路建设方面，1889 年秘鲁政府以铁路所有权、土地综合开发权和财政补贴等为条件，与由英国债权人组成的秘鲁公司签署了《格雷斯合约》（Grace Contract）。该合约的签订有助于秘鲁巨额债务的重组，并使秘鲁重回国际信贷市场，但作为回报，伦敦秘鲁公司获得了秘鲁铁路 66 年的控制权。据统计，当时秘鲁全国总计有 1700 英里铁路，秘鲁公司控制了 1300 多英里，几乎包括了所有重要的铁路线；[1] 在矿石开采方面，通过直接投资，到 1920 年，美国塞罗—德帕斯科公司与另一家美国公司几乎控制了秘鲁所有铜、银和金的开采。[2]

三　萧条、复苏与扩张时期（1929—1968）

（一）萧条

19 世纪 20 年代后期与 30 年代初期的世界性经济大萧条使秘鲁的出口急剧下降，失业率大幅上升。1929—1932 年，秘鲁铜、羊毛、棉花、蔗糖出口分别下降了 69%、50%、42%、22%；建筑业也陷入停滞，利马 73% 的油漆匠、70% 的泥瓦匠、60% 的木匠、58% 的管道工、52% 的电工等失业。[3] 受

---

[1]　任克佳：《19 世纪秘鲁铁路建设的起落与反思》，《拉丁美洲研究》2013 年第 2 期。
[2]　［美］克里斯蒂娜·胡恩菲尔特：《秘鲁史》，中国出版集团·东方出版中心 2011 年版，第 154—163 页。
[3]　［美］克里斯蒂娜·胡恩菲尔特：《秘鲁史》，中国出版集团·东方出版中心 2011 年版，第 196 页。

此影响，秘鲁金融形势变得越发严峻，国外直接投资和贷款减少、大量到期外债无法偿还、政府发行的国库券增多、货币贬值加大、金本位制度被迫取消，大量银行破产。正如表3所显示的，秘鲁的本土银行从1925年的21家，缩减到了1935年的5家，其资产占秘鲁银行业总资产的比重也从38%下降到了26%。

（二）复苏

面对危机，美国凯默勒金融专家小组（Kemmerer Commission of US）建议秘鲁政府实施信贷和货币紧缩政策、提高中央银行准备金，并对秘鲁伦敦银行进行清算等。当时的秘鲁伦敦银行不仅深陷外债危机，而且其向本国农业出口部门的大量贷款也面临无法收回的风险。但秘鲁政府并未采纳该专家小组的建议，转而采取了较为积极的应对策略。在货币与金融方面，一是成立中央储备银行，并在该机构总体控制下增发货币。1931年，秘鲁成立中央储备银行（Banco Central de Reserva del Perú）以取代之前有私营部门参与经营的储蓄银行（Banco de Reserva），并在该机构的总体控制下实施增发货币与货币贬值策略，以增强国内市场的流动性与提高秘鲁出口产品的国际竞争力。[①] 1929年至1940年，秘鲁索尔从2.50索尔兑换1美元贬值到了6.50索尔兑换1美元。[②] 二是创建更具针对性的其他金融机构，以增强银行信贷支持。为弥补国外直接投资与国外贷款的不足，秘鲁政府创建了一些更具针对性的金融机构。如，1931年，秘鲁政府创建国家开发银行性质的农业银行，并将中央储备银行的部分储备资金注入该银行，以扩大其对棉花种植园主的信贷支持。1936年，秘鲁政府又创建工业银行，以促进秘鲁工业发展。所有这些新银行的创建，不仅降低了秘鲁对国外资本的依赖，更增强了本土银行对经济建设的融资性支持力度。三是强化金融监管。在此期间，秘鲁政府成立新的银行监管机构（Superintendencia de Banca），以强化金融事务监管。

---

① Alfonso W. Quiroz, "Domestic and Foreign Finance in Modern Peru, 1850 – 1950: Financing Visions of Development", (Pitt Latin America Series) Pittsburgh, Pa.: University of Pittsburgh Press, 1993, p. 83.

② ［美］克里斯蒂娜·胡恩菲尔特:《秘鲁史》，中国出版集团·东方出版中心2011年版，第204页。

但无论如何，新成立的银行监管机构听从国外咨询委员会的建议急于对秘鲁伦敦银行进行清算，由此避免了大批农业出口商的破产。这些积极的货币与金融政策的实施，取得了良好效果，极大地促进了秘鲁经济的复苏。到 20 世纪 20 年代，秘鲁棉花取代蔗糖成为主要的农业出口商品，并随着 1932 年以后棉花国际价格的上涨，成为国家外汇的重要来源。与此同时，秘鲁的轮胎、玻璃、肥料、建筑材料等行业也得到了较快的发展。[①]

（三）发展与扩张时期

到 20 世纪 50—60 年代，借助于西方国家黄金时代的经济繁荣，秘鲁经济也进入了发展与扩张时期。国外直接投资，特别是对秘鲁金融业的直接投资增长迅速。但随着直接投资的增加，外国资本对秘鲁经济与金融业的控制也在逐渐增强。1955 年至 1965 年，仅美国对秘鲁采矿业直接投资就增长了 379%，非采矿业投资增长了 180%。外国投资者垄断了秘鲁 100% 的石油产量、100% 的铁产量、80% 的铜产量、67% 的锌产量、23% 的蔗糖产量，62% 的货币量。[②] 其中，格雷斯公司（W. R. Grace Company）控制了秘鲁的蔗糖、纺织和商业部门，国际石油公司（International Petroleum Company）和罗比斯托油田（Lobitos Oilfields）控制了秘鲁的石油行业。在来自意大利和瑞士资金的支持下，意大利银行获得了快速发展，不仅其自身成为秘鲁居于主导地位的银行，而且也助力意大利第一代或第二代投资者进入了秘鲁具有较强垄断性与稳定收益的电力、电报、电话和广播等城市公共服务部门。第二次世界大战期间，为避免被列入黑名单，意大利银行于 1941 年改名为秘鲁信贷银行（Banco de Credito del Perú），其外国资本所占比例也从 50% 缩减到 30%，成为一家秘鲁本土银行。[③] 与此

---

① Alfonso W. Quiroz, "Domestic and Foreign Finance in Modern Peru, 1850 – 1950: Financing Visions of Development", (Pitt Latin America Series) Pittsburgh, Pa.: University of Pittsburgh Press, 1993, pp. 83 – 84.

② ［美］克里斯蒂娜·胡恩菲尔特：《秘鲁史》，中国出版集团·东方出版中心 2011 年版，第 227 页。

③ Alfonso W. Quiroz, "Domestic and Foreign Finance in Modern Peru, 1850 – 1950: Financing Visions of Development", (Pitt Latin America Series) Pittsburgh, Pa.: University of Pittsburgh Press, 1993, pp. 84 – 86.

相对应，第二次世界大战后秘鲁本土银行在名义上获得了快速发展，其数量和资产占银行业总资产的比例从 1935 年的 5 家和 26%，增加到了 1945 年的 147 家和 92%，1955 年的 269 家和 95%（见表 3）。但实际上，由于秘鲁允许外国资本投资本土银行，所以，外国资本在秘鲁本土银行资产中仍然占据相当大的比例。

四　军政府执政与结构化调整时期（1968—1990）

（一）军政府执政时期

军政府执政（1968—1980）十几年里，特别是在 1968—1975 年贝拉斯科（Juan Francisco Velasco Alvarado）执政期间，为了缓和社会矛盾、降低国外资本对本国经济的控制并促进本国工业发展，军政府进行了以土地改革、国有化和社会所有制为主要内容的"秘鲁革命"。在此过程中，军政府对秘鲁金融业也进行了多方面的改革，并产生了深刻影响。

一是国有企业与银行的国有化。军政府时期，秘鲁长期奉行的出口导向发展战略转为进口替代发展战略。国家对企业实施国有化，并加大对国内经济的干预与保护。通过国有化，政府建立了庞大的国有企业，海洋运输、航线、通信、能源、电话和铁路等大都成为国有或国有控制的产业部门，银行业中只有一家银行在此过程中免于被国有化。[①]

二是限制外国在金融业的直接投资。贝拉斯科政府在 1968 年 12 月修改了《中央储备银行章程》，强化秘鲁中央储备银行的职能。1969 年 1 月颁布的商业银行秘鲁化法令，规定商业银行中秘鲁本国资本不得少于 75%。1971 年又颁布法令，禁止外国机构直接投资于秘鲁的商业银行、保险业等金融部门，已经在这些部门投资的外国银行或保险公司必须在 3 年内将其至少 80% 的股份转售给秘鲁投资者。1978 年，军政府虽然重新允许外国资本直接投资于秘鲁的本国银行，但同时规定其股份不得超过 20%。所有这些法令的颁布，大大限制了外国资本对秘鲁金融业的投资，使得外国银行不得

---

① ［美］克里斯蒂娜·胡恩菲尔特：《秘鲁史》，中国出版集团·东方出版中心 2011 年版，第 233 页。

不缩减在秘鲁的经营规模与范围，甚至完全关闭。①

应当说，在最初的几年里，军政府的改革是比较成功的，秘鲁国民生产总值平均增长6.5%，通货膨胀率低于7%。但1974年后情况发生逆转，受铜等出口产品价格大幅下降的影响，秘鲁国际贸易与财政收入受到重创，经济陷入停滞。在这种情况下，军政府所采取的应对措施不是缩减支出等，而是大量印制钞票和向国外借债，从而使秘鲁陷入了严重债务危机，金融形势越发恶化。② 这主要表现在过多的货币流通量、货币贬值与外债成倍增长等多方面。1968年贝拉斯科刚上台时，货币流通量为130亿索尔，到1980年7月则达到6000亿索尔，货币的超量发行导致货币不断贬值。③ 1976年时，货币贬值了44%，消费者对石油、食品、公用事业和交通的补贴也被削减，人们实际工资大幅下降。④ 为应对不断增加的财政开支和巨额的财政赤字，军政府大量举借外债。1968—1978年间，秘鲁的外债规模增长了5倍，到1979年底，外债总额达到了93.6亿美元。⑤ 最终，秘鲁政府不得不求助于国际货币基金组织（IMF），申请债务重组。

（二）稳定与结构化调整时期

1980—1990年间，秘鲁实施了两种截然相反的稳定与结构化调整战略。

1. 贝朗德政府的正统调整战略与金融政策

1980—1985年，贝朗德政府实施了正统的调整战略与金融政策，其主要包括国有企业私有化、刺激私人投资、取消政府对价格和金融市场干预、降低关税和减少关税壁垒、适度货币贬值以提高产品出口国际竞争力等，其核心是私有化、市场化和自由化。

---

① 徐世澄：《试析秘鲁1968—1980年的经济发展战略》，《拉丁美洲研究》1986年第5期。
② Robinson, Paul, "The Failed Heterodox Experiment in Peru: Alan Garcia 1985 – 1990", Online at: http://www.cca-alberta.com/pdfs/paulrobinson_ paper.pdf.
③ 徐世澄：《试析秘鲁1968—1980年的经济发展战略》，《拉丁美洲研究》1986年第5期。
④ Robinson, Paul, "The Failed Heterodox Experiment in Peru: Alan Garcia 1985 – 1990", Online at: http://www.cca-alberta.com/pdfs/paulrobinson_ paper.pdf.
⑤ 徐世澄：《试析秘鲁1968—1980年的经济发展战略》，《拉丁美洲研究》1986年第5期。

由于政策间的矛盾冲突及缺乏现实性，这些正统调整战略与金融政策最终未能达到预期目的。具体表现在三个方面：一是在国有企业私有化与私人投资方面，国内购买力不足限制了国有企业的出售，不稳定的宏观经济形势、贸易自由化下各项出口优惠政策的取消和严重的国际债务危机等又制约了私人和国外投资者的投资积极性。由此，私人投资出现了下降趋势，私人投资占国民生产总值的比重从 1980 年的 18% 下降到了 1985 年的12%（见表 4），国外直接投资也降到了历史最低点。二是在贸易自由化与制造业方面，关税的降低和国外商品的大量涌入，加剧了秘鲁企业的亏损与贷款增加，众多企业陷入债务危机，产能下降。1980 年至 1983 年，秘鲁制造业的产出下降了将近 20%，60% 的产能处于闲置状态。三是在国家投资计划方面，因缺乏资金支持，1981 年至 1985 年国家计划中的 80 多个项目大多不是没能实现预期的产出，就是根本没能建成。由此，贝朗德政府下台时，秘鲁出现了严重的经济滞胀，经济增长停滞不前，通货膨胀上升了两倍，外债增加了 70%，实际工资下降了 35% 以上，工资总额占国民生产总值的比重降到了 3.4%，持续的通货膨胀更促使有限的资金转向了金融和商业投机，使经济更加混乱。[1]

表 4　　秘鲁固定资产总投资、私人投资和公共投资占国民生产总值
(GDP) 比重变化情况（1980—1989）

时间	固定资产总投资占 GDP 比重（%）	私人投资占 GDP 比重（%）	公共投资占 GDP 比重（%）
1980	24.2	18.0	6.1
1981	26.9	20.4	6.5
1982	26.3	18.8	7.5
1983	21.3	14.2	7.1
1984	19.1	13.2	5.9
1985	16.7	12.0	4.6
1986	18.2	13.8	4.4

---

[1]　Wise, Carol, and Manuel Pastor, "Peruvian Economic Policy in the 1980s: From Orthodoxy to Heterodoxy and Back", *Latin American Research Review* 27 (2): 83 – 118.

时间	固定资产总投资 占 GDP 比重（%）	私人投资 占 GDP 比重（%）	公共投资 占 GDP 比重（%）
1987	19.4	14.3	5.2
1988	18.5	14.5	4.0
1989	16.7	8.5	8.1

资料来源：Wise，Carol，and Manuel Pastor，"Peruvian Economic Policy in the 1980s：From Orthodoxy to Heterodoxy and Back"，*Latin American Research Review* 27（2）：83 – 118.

2. 加西亚政府的非正统调整战略与金融政策

1985—1990 年间，面对严重的债务危机和通货膨胀，加西亚（García）政府实施了一系列激进的非正统调整战略。

具体到金融上，这种非正统的政策主要包括四个方面：一是进行货币改革。1986 年，加西亚政府创造了一种新的货币"印地"（inti，1 印地相当于 1000 索尔），并为提供国际市场竞争力，将印地相对于美元贬值12%。二是实施多样化的汇率制度。在以冻结国内汇率控制进口成本的同时，以多样化的汇率制度刺激商品出口与创汇。三是推行 10% 的外债偿还政策。到 1985 年时，外债的偿付占到了秘鲁年度出口收入的 60%，延期支付变得不可避免。在这种情况下，加西亚政府宣布在秘鲁经济危机期间，将偿还外债额度限定在出口总额的 10% 以内。另外，加西亚政府还公开批评国际货币基金组织，视该组织为第三世界国家危机的创造者。这一实际拒绝偿还外债和公开抵制国际货币基金组织的做法，在使加西亚赢得秘鲁民众支持的同时，也恶化了秘鲁的国际融资环境。当 1986 年秘鲁政府拒绝偿还其 8 亿美元的债务时，国际货币基金组织立即宣布秘鲁为不合格借贷者。随后美洲开发银行和世界银行等国际组织也停止了向秘鲁的借贷。四是实行私人银行国有化。在其执政初期，加西亚采取多种措施来促进私人投资，希望借此实现其发展经济的庞大计划，并为此缩减了公共投资项目、开展了与大的商业集团的广泛协商谈判。但是，受国内反对派运动和国际投融资环境恶化等因素的影响，私人投资变得越来越谨慎，在其执政后的最初两年时间里，私人投资一直没有明显增加，再加上国外融资困境，秘鲁总投资规模远未达到实现经济繁荣所要求的水平（见表4），经济面临着滞胀的危险。所有这些，最终促使加西亚政府在1987年7月宣布实行私人银行国有化。加西亚政府认为，私人银行国有化不仅能够增加政府对秘鲁较大商业集团的影响力，阻止私人资本通过银行系统外流，更有助于促进信贷民众化和增加投资。

加西亚政府的非正统调整战略与金融政策的实施效果最初是非常成功的。仅一年时间，通货膨胀率从1985年的158.3%降到了1986年的62.9%，实际工资提高了7%，经济增长率从1985年的2.4%提高到了1986年的9.5%，农场主收入也增加25%，使秘鲁成为当时拉美国家经济中增长最快的国家。但从1987年开始，非正统经济政策走向了危机。1987年通货膨胀重新反弹到114.5%，1998年通胀率更是达到1722.3%。令人绝望的经济形势迫使政府实施更新的经济计划调整，施行货币贬值，上调公共部门服务价格等，但都未成功。到加西亚政府执政结束时，最低工资的购买力降低了49%，通胀率达到了2775.6%（见表5）。[1]

表5　秘鲁经济增长率、制造业增长率和通货膨胀率变化情况（1980—1989）

时间	经济增长率（%）	制造业增长率（%）	通货膨胀率（%）
1980	4.5	5.7	60.8
1981	4.4	0.7	72.7
1982	0.3	-1.0	72.9
1983	-12.3	-16.9	125.1
1984	4.8	5.5	111.4
1985	2.4	4.9	158.3
1986	9.5	16.8	62.9
1987	7.8	13.7	114.5
1988	-8.8	-13.9	1722.3
1989	-10.4	-19.2	2775.6

资料来源：怀斯、卡罗尔和曼纽尔·帕斯特（Wise, Carol, and Manuel Pastor, 1991）。

[1] Wise, Carol, and Manuel Pastor, "Peruvian Economic Policy in the 1980s: From Orthodoxy to Heterodoxy and Back", *Latin American Research Review*, 27 (2): 83–118.

五　新自由主义改革时期（1990—2003）

1990 年，藤森（Alberto Fujimori）担任秘鲁总统。面对当时严峻的经济形势，藤森政府实施了一系列新自由主义的改革措施。在金融方面，其改革措施主要包括以下四点。

一是放松管制。如，允许金融机构以外国货币创建账户与进行借贷，放开对资本账户的管制，不再对贷款利率进行限制，本土银行从国外获得的资金不受存款准备金要求限制，以及实行浮动汇率等。其中，实行浮动汇率和放弃固定汇率制，既是秘鲁新政府新自由主义改革的组成部分，也是当时秘鲁经济状况的现实选择。1990 年 7 月，秘鲁的外汇储备是负 1.05 亿美元，已无力维持真实的固定汇率。而放松对资本账户的管制和实行资本流动自由化则不仅为秘鲁银行业提供了更多的资金来源，也极大地促进了外国投资者对秘鲁银行业的投资。1994—1995 年，外国投资者占秘鲁银行资产净值的比例从 23% 上升到了 41%。

二是修改完善金融法。藤森政府分别在 1991 年、1992 年、1993 年和 1996 年对金融法进行了四次较大的修改，以增强对金融机构的监管、促进商业银行向全能银行的转变，并最终提高银行业的竞争力、公信力和偿付能力。其中，1991 年 4 月颁布的《金融与保险机构法》规定：赋予银行与保险监管机构以更多权利，以取消非正规银行并完善银行及其他金融机构的清算程序；银行要采取上市公司的组织形式，至少要有 10 个不相关的股东；由中央储备银行和其他金融机构共同出资构建存款保险基金，以用于金融机构破产清算时向个人和非营利性机构存款与投资的偿付。1992 年底批准实施的新中央储备银行组织法规定：中央储备银行的主要目标是保持货币稳定和与此相关的货币供给调节，禁止向公共部门进行融资（购买国债除外），禁止向国有银行发放贷款，禁止对私营银行投资组合业务进行干涉，并且只有在极特殊情况下才能对利率设定上下限。1993 年 10 月颁布的《金融与保险机构法》进一步区分了针对整个金融系统法规与针对个别金融领域法规之间的差异，并明确了政府在金融体系中的作用发挥。1996 年 12 月颁布的《金融与保险机构法》，在强调按《巴塞尔协议》框架进一步强化金融监管的同时，鼓励商业银行积极开展保理、期货和衍生工具等金融产品的创新。

三是实施国有银行私有化，鼓励外国资本投资金融业。私有化是藤森政府新自由主义经济改革的重要组成部分。到 1999 年底，秘鲁政府将大约 200 家国有企业进行了私有化改革，总计出售收入 81 亿美元，并附带承诺投资 78 亿美元。在银行业私有化方面，与加西亚政府相反，藤森推行国有银行私有化与鼓励外资投资金融业政策。这一政策的实施影响巨大，不仅使秘鲁几乎所有的商业银行都成为私营银行，并且使跨国银行在秘鲁金融业中占据了非常重要的地位。秘鲁的跨国银行大多是在 20 世纪 90 年代藤森政府实行金融自由化政策时期进入秘鲁的。在 1988—1998 年的十年间，投入秘鲁银行部门的国外直接投资占国外直接投资总额的比重从最初的 10% 上升到了 1998 年的近 90%（见图 1）。秘鲁六家大型跨国银行，即西班牙对外银行（BBVA）、加拿大丰业秘鲁银行（Scotiabank Peru）、金融银行（Banco Financiero）、泛美金融银行（Banco Interamericano de Finanzas）、花旗秘鲁银行（Citibank Peru）和汇丰秘鲁银行（HSBC Bank Peru），总计吸收了秘鲁存款的 50%。跨国银行的发展有助于提升秘鲁银行系统的整体

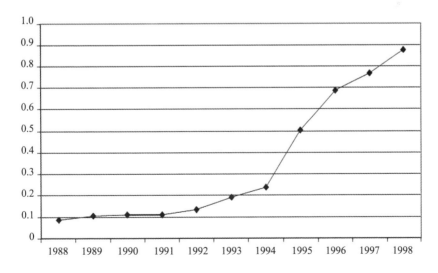

图 1　投入秘鲁银行部门的国外直接投资占国外直接投资总额的比重

资料来源：豪尔赫·爱德华多·易（orge Eduardo Yi, 2008）。

效率，但也对秘鲁政府对其经济的掌控能力造成了冲击。[①]

四是进行互补性改革。秘鲁金融业的改革与发展不单单来自金融部门自身，也与其他部门的改革密切相关。如，以更好反映成本与市场变化为目标的价格体制改革，以便利贸易自由化为中心的关税体制改革，以劳动力市场灵活化为核心的劳动力市场改革等。其中，劳动力市场解雇补偿与养老保险制度改革所要求的"强制性储蓄"，成为秘鲁银行业存款的重要来源。1991 年 8 月实施的解雇补偿法（compensación por tiempo de servicios or CTS）要求雇主按每年一个月薪资的标准将解雇补偿存入雇员指定的银行账户。在此之前，雇主只是将该解雇补偿列支在其公司资产负债表中。由此，解雇补偿费成为银行存款的一个重要来源，其占银行总存款的比例达到了 1995 年的 12.7%（定期存款的 29.7%），1999 年的 4.2%（定期存款的 7.8%）。1993 年实施的养老金制度改革也成为银行存款的又一个重要来源，1998 年养老基金存款占银行总存款的比例达到了 8.3%（3.8 亿美元）。[②]

六　普惠金融的发展（2003—2015）

2014 年，秘鲁制定实施的普惠金融国家战略（National Financial Inclusion Strategy，NFIS）将普惠金融定义为了为所有人与部门提供有价值的金融服务，[③] 并确定了数字支付、储蓄、信贷、保险、消费者保护、金融教育和弱势群体七个方面的主要内容。[④]

目前秘鲁是拉丁美洲国家乃至世界上成功发展普惠金融的国家之一。2009 年时，普惠金融已占秘鲁整个金融系统向私营部门贷款的 11.2%，城

① Jorge Eduardo Yi, "Multinational Banking in Peru", http://lanic.utexas.edu/project/etext/llilas/ilassa/2008/yi.pdf.

② Patricia Ledesma Liébana (2001), *The Peruvian Experience with Financial Liberalization, 1990 - 1999*, http://lasa.international.pitt.edu/Lasa2001/LedesmaLiebanaPatricia.pdf.

③ Sotomayor, N., Talledo, J., & Wong, S. (2018), Determinants of Financial Inclusion in Peru: Recent Evidence from the Demand Side, DT/06, Lima: SBS.

④ Vega, M. (2017), "Retail Payments Innovations in Peru: Modelo Peru and Financial Inclusion", *Journal of Payments Strategy & Systems*, 10 (4), 343 - 351.

市和农村小微企业贷款的三分之一来自普惠金融，普惠金融客户占全国总人口的比例上升到了近9%。在秘鲁普惠金融的初创阶段，政府扶持与国外资金捐助发挥了至关重要的作用，但在随后的发展中这些普惠金融机构都走上了自立与可持续的商业化发展道路。更为重要的是，秘鲁的普惠金融自创建以来经受住了多次严重的经济与金融危机。1997—1998年的亚洲与俄罗斯金融危机对秘鲁的金融业造成了严重冲击，其中5家银行和1家金融公司在此次金融危机中破产或被清算。但与此同时，秘鲁普惠金融不仅未发生如此灾难，而且获得了快速发展。如，新成立的普惠金融机构"我的银行"（Mibanco）在1999年其业务增长了60%，城乡储蓄与贷款机构的业务在1997年、1998年和1999年也分别增长了34%、12%和12%。[①] 由此，在秘鲁，普惠金融不仅成为社会的稳定器，促进了金融服务的公平与包容化，也成为金融业稳定发展与不断深化的重要保障。概括起来讲，在秘鲁普惠金融的成功发展中，以下因素发挥了至关重要作用。

一是对普惠金融的巨大需求。人们一般认为，秘鲁普惠金融的发展起始于20世纪80年代的经济动荡，以及由此所引起的大批农村人口向大城市的迁移。最初这些从农村转移到城市的人口除一部分从事小商小贩生意等自我就业外，大多就业于小微企业。2013年，小微企业雇佣了秘鲁74%的经济活动人口。由此，农村人口的迁移最终促进了城市零售业与小微企业的发展，并由此增加了对小额信贷与普惠金融的巨大需求。[②]

二是完善的普惠金融组织机构。秘鲁设有专门从事普惠金融的非银行金融机构。到2013年6月，秘鲁的非银行微型金融机构发展到了32家，其资产占秘鲁全部金融资产的6.3%，贷款的7.9%，存款的7.1%，成为秘鲁金融体系的重要组成部分（见表6）。概括起来讲，秘鲁的非银行微型金融机构可分为三种不同的类型：（1）城市储蓄与贷款机构（Municipal Savings and Loan Institutions，MSLIs）。该微型金融机构由地方政府创建于20世纪80年代初，其主要职能是向城市社区内的小微企业提供资金支持。

---

① Conger L., Inga, P. and Webb, R. (2009), *The Mustard Tree, A History of Microfinance in Peru*, Universidad de San Martin de Porres, Lima, 176p.

② Matthew A. Pierce, *Regulation of Microfinance in the United States: Following a Peruvian Model*, 17 N. C. Banking Inst. 201 (2013), Available at: http://scholarship.law.unc.edu/ncbi/vol17/iss1/9.

（2）乡村储蓄与贷款机构（Rural Savings and Loan Institutions，RSLI）。该微型金融机构的创建主要是为了填补 1992 年秘鲁农业银行关闭而导致的乡村金融机构的空缺。秘鲁农业银行曾是一家国有发展银行，专注于以优惠利率和特殊贷款条件向小农户提供信贷服务。（3）小微企业发展实体（Entities for the Development of the Small and Microenterprise，EDPYME）。与前两种微型金融机构相比，该微型金融机构在法律上只能以自有资金发放贷款，而不能吸收存款。① 当然，在秘鲁，从事普惠金融的组织机构不仅有非银行微型金融机构，大型商业银行、非政府组织等也都积极从事普惠金融业务。实际上，秘鲁的维萨银行（Banco Wiese）早在 1990 年就开始探索如何更好地向在其附近广场上从事零售业的小商小贩提供融资支持，泛美金融银行（Banco Interamericano de Finanzas）在 1996 年也已尝试实施针对小微企业的商业化信贷模式，而在此之前这些小商小贩和小企业因其不符合传统信贷条件大都被银行拒之门外。1998 年，为更好发挥银行业在普惠金融发展中的独特作用，秘鲁成立了专注于微型企业服务的金融机构"我的银行"。②

表6   **2013 年秘鲁的金融体系**

金融机构	数量（家）	资产		贷款		存款	
		金额（百万索尔）	占比（%）	金额（百万索尔）	占比（%）	金额（百万索尔）	占比（%）
银行	16	248491	81.7	155234	85.1	155723	80.3
金融机构	11	11078	3.6	8753	4.8	4613	2.4
非银行微型金融机构	32	19079	6.3	14382	7.9	13796	7.1
其中：城市储蓄与贷款机构	13	15684	5.2	11806	6.5	12157	6.3
乡村储蓄与贷款机构	9	2160	0.7	1509	0.8	1639	0.8

---

① Alfredo Ebentreich, *Microfinance Regulation in Peru: Current State, Lessons Learned and Prospects for the Future*, 4 ESSAYS ON REGULATION AND SUPERVISION 1, 1 (IRIS Center, University of Maryland, Apr. 2005).

② Conger L., Inga, P. and Webb, R. (2009), *The Mustard Tree, A History of Microfinance in Peru*, Universidad de San Martin de Porres, Lima, 176p.

续表

金融机构	数量（家）	资产		贷款		存款	
		金额（百万索尔）	占比（%）	金额（百万索尔）	占比（%）	金额（百万索尔）	占比（%）
小微企业发展实体	10	1236	0.4	1067	0.6	—	—
租赁公司	2	558	0.2	437	0.2	—	—
国民银行	1	24306	8.0	3114	1.7	19743	10.2
农业银行	1	619	0.2	528	0.3	—	—
总计	63	304131	100	182447	100	193874	100

资料来源：Superintendencia de Banca y Seguros AFP – SBS。

　　三是对普惠金融的严格监管。秘鲁的每一个普惠金融机构都是处于银行和保险监管部门（Superintendicia de Banca y Seguros，SBS）的严格监管之下的。严格的银行和保险监管被认为是秘鲁普惠金融成功的重要保障。银行和保险监管部门的主要职责是确保普惠金融机构偿付能力的不断提升与稳定发展。它要求每一个普惠金融机构都要定期向其提交一份内部审计报告，内容包括贷款利率、贷款业务量和每一项贷款的成本等。尽管普惠金融机构有着与普通银行不同的资本要求，但秘鲁政府要求每一家普惠金融机构都要遵守类似普通银行的许可程序。尽管秘鲁普惠金融机构可自由设定信贷的利率与其他相关费用，但为有效保护普惠金融客户的利益以及协调普惠金融机构与其客户之间的关系，2003年秘鲁银行协会创设了金融客户保护办公室（Financial Client Defender，FCD）。秘鲁还定期对普惠金融机构进行第三方独立评级，并对外发布评级结果，以作为外部投资者的投资参考。这种独立评级提高了国外投资者的积极性与信心，更拓宽了秘鲁普惠金融发展的资金来源。总之，严格而完备的监管体系与良好的经济发展前景，使得秘鲁不仅成为拉丁美洲国家微型金融监管与法律环境最好的国家，也成为国外金融投资基金的理想投资地。①

---

① Matthew A. Pierce, *Regulation of Microfinance in the United States: Following a Peruvian Model*, 17 N. C. Banking Inst. 201（2013）. Available at: http: //scholarship. law. unc. edu/ncbi/vol17/iss1/9.

结　语

　　秘鲁自独立以来金融业与经济发展的历史演进和当代转轨，是其跨越近两个世纪的政治经济与社会文化变迁的集中反应。其总体发展中所呈现的摇摆性与不连贯性，也有其内在的逻辑，是外部冲击与内部矛盾共同作用的结果，是摆脱殖民统治与迈向现代化的道路探索。秘鲁所取得的成就与经验教训，也值得我国及其他国家借鉴。从金融业的角度来讲，一是独立国家的金融独立至关重要。金融是现代经济的中心，对于一个从旧殖民统治中独立出来的发展中国家，只有构建起既融入全球化又保持相对独立性的金融组织与监管体系，才能真正获得不仅是政治上的而且是经济与金融上的独立，才能真正摆脱西方殖民者的经济与金融控制，并有效降低外部金融的不利影响和外部金融危机的负面冲击。二是国家主权债务危机是国家经济与金融业发展的巨大隐患。秘鲁鸟粪"虚假繁荣"时代的债务危机以及其后的历次债务危机，都通过一系列的传导机制最终给其金融业发展带来了几乎毁灭性的打击。因此，无论是在经济快速增长期还是在高质量发展期，都应将有效降低债务率和"去杠杆"作为防范金融风险的重要方面。三是普惠金融是金融业发展的必然选择。秘鲁普惠金融发展的成功之处就在于，它不仅优化了秘鲁的金融业结构，改变了秘鲁金融业的基因，更将金融业带入了经济社会变革的深层领域。普惠金融是发展中国家应对总体发展中城乡差别、市场主体强弱与社会群体共享等诸多不平衡问题的有效途径。

　　（作者戴建兵，河北师范大学教授、博士生导师与秘鲁研究中心主任；孔德威，河北师范大学马克思主义学院与秘鲁研究中心教授）

Finance and Economic Development in Peru: Historical Evolution and Contemporary Transition

Dai Jianbing and Kong Dewei

Abstract: Since its independence, Peru has experienced such important historical periods as guano boom, Pacific War, depression recovery and expansion, ruling by military government, stability and structural adjustment, and the reform of neoliberalism. Its financial industry has developed from the establishment, system perfection, to the deepening of inclusive finance. It also experienced the institutional changes such as pure free banking system, nationalization and foreign capital restriction, the transformation from orthodox to unorthodox and the liberalization reform, showing the overall development of the swing and discontinuity. Although the root cause is related to external shock, it is more closely related to the characteristics of Peru's economic development and the policies and strategies it has implemented. In recent years, the development of Peru's financial inclusion has taken the financial sector into deeper areas of economic and social transformation, changing the DNA of Peru's financial sector and helping to overcome this wobble and discontinuity. Peru's economy has experienced many financial and debt crises in its historical evolution and contemporary transition, and its lessons are worth summing up and thinking deeply.

Key words: Peru; Finance and economic development; Historical evolution and contemporary transition

国际大变局下中国与拉美国家农产品贸易潜力的影响因素及测算比较：基于引力扩展模型的实证分析*

宋树理　李　茵　陈明鑫

摘　要：国际大变局下中国与拉美国家的农产品贸易潜力对于我国有效防范粮食安全风险具有重要影响。本文基于一般引力模型的扩展研究，利用 UNCOMTRADE、世界银行、CEPII、中国外交部等数据库资源，采集 23 个拉美主要国家近 10 年的贸易相关数据，实证分析了中国与拉美国家农产品贸易潜力的影响分解因素，再进一步讨论了中拉双边农产品贸易的实际值和模拟值的比例，从而测算诠释了中国与拉美主要国家农产品贸易的潜力类型。分析表明，中国与拉美国家是否建交对双边农产品贸易的影响不显著，而其他影响因素的正向效应和负向效应都十分明显，更重要的是，根据潜力系数的比较，拉美主要国家的农产品贸易潜力分为巨大型、成熟型和成长型三大类。为了在双循环互促发展格局中提升我国粮食安全水平，有必要对农产品贸易不同潜力类型的拉美国家实施差异化异质性发展战略，不断优化进口目标市场的结构布局，增强出口农产品的国际竞争力。

关键词：引力扩展模型；拉美国家；农产品贸易潜力；潜力类型

---

* 基金项目：国家社会科学基金一般项目（20BKS017）。

一　引言

　　美国政府宣布，自 2019 年 5 月 10 日起，对从中国进口的 2000 亿美元清单商品加征的关税税率由 10% 提高到 25%，此举进一步加剧了中美贸易摩擦，并使美国对中国大豆的出口下降了 50%。但是，由于中国对农产品以及农产品生产要素的巨大市场需求规模以及对外部供给的较高依赖度，反而有效巩固且加快推动了中拉在农产品领域的长期贸易合作关系。尤其是 2014 年 7 月 17 日，中拉 "1 + 3 + 6" 合作新框架在中国—拉美和加勒比国家领导人的会晤上提出，旨在推进中国与拉美国家关系的进一步提升，实现双方长远利益，促进经贸领域全面合作发展。① 于是，2016 年以后，中国与拉美国家的农产品贸易总额呈现大幅增长，从 2016 年的 363.09 亿美元增长到 2019 年的 570.22 亿美元。但是，2020 年新冠肺炎疫情暴发，全球农业产业链布局及演变发生显著变化，疫情的蔓延使拉美国家成为疫情的新震中，经济受到重创，而我国自拉美国家农产品的进口额增幅大大低于往年同期水平。毋庸置疑，在后疫情时代，中拉农产品贸易要面临全球农业产业链变化以及拉美地区经济持续低迷的多重挑战。进一步来看，拉美各国经济贸易水平发展不平衡是一种常态现象，农业生产要素差异大，农产品贸易潜力也各不相同，而且中拉农产品贸易结构的集中程度相对较高。比如，2019 年中国对拉美国家出口的第 0 大类农产品中，占比最大的是 03 章鱼及鱼制品，达到 52%，因为中国为临海国家，同时是世界上最大的海产品出口国，因此鱼及鱼制品是中国对拉美国家出口最多的农产品；出口额占比第二大的是蔬菜和水果，占比 19%；而中国从拉美国家进口的 26 章纺织纤维的出口额占比达到 55%，原始动植物材料的出口额的占比也达到 36%，这与中国对拉美出口的第 0 大类农产品的结构几乎相同，其他一些农产品生皮及皮革等却只占了 1%。

---

　　① 需要说明，中拉 "1 + 3 + 6" 合作新框架的 "1" 是以实现可持续发展和增长为目标，进行合理规划；"3" 指的是贸易、投资、金融合作这三大引擎，联合推动中拉全面合作的发展；"6" 指的是能源、基础设施、农业、制造业、科技创新以及信息技术六个领域使中国与拉美在产业合作更加顺利。

从学界关于中国与拉美国家农产品贸易潜力研究来看，最早将引力模型应用于国际贸易问题研究的是 Tinbergen[①]，Poyhonen[②]，他们分析了在 20 世纪七八十年代，东亚发展中国家和地区如新加坡、中国台湾、韩国以及发达国家日本取得爆发式令人瞩目的经济增长的原因，与此同时对外贸易潜力巨大，认为贸易潜力很大程度上得益于外国资本和技术的注入。R. H. S. Samaratunga 运用扩展的引力模型，将收入、距离、相对价格、关税和非关税壁垒设为变量及影响因素，研究影响 APEC 与南亚贸易流量的因素，结果表明南亚若要进一步扩大对亚太地区的出口贸易潜力，政策改革是能够实现扩大出口贸易潜力目标的方法。[③] Houcine Boughanmi 在新兴优惠贸易安排的背景下研究海湾合作委员会国家的贸易潜力，运用引力模型，结果表明新签署的贸易安排是增进海湾国家贸易的重要影响因素。[④] Abdoulkarim Esmaeili 和 Fateme Pourebrahim 通过引力模型评估伊朗的农产品贸易潜力，先将伊朗的农产品主要市场国家分为 50 个发展中国家与 20 个发达国家，以 2002—2005 年出口溢价期间的数据为面板数据，进行方程回归，最后比较回归结果与贸易的实际值，结果表明伊朗与发展中国家的农产品贸易状况为过度贸易，需要适当的贸易政策来改善伊朗与不同国家之间的农产品贸易流动。[⑤] Surender Kumar 和 Prerna Prabhakar 使用随机前沿引力模型分析自由贸易协定和监管质量对提高印度出口贸易效率的影响，以 2000 年至 2014 年的数据为样本，结果表明印度双边自由贸易协定对提高进出口效率具有显著影响，并强调了提高监管质量对提高印度贸易

① Tinbergen J. , *Shaping the World Economy*: *Suggestions for an International Economic Policy*, New York: The Twentieth Century Fund, 1962.

② Poyhonen P. , "A Tentative Model for the Flows of Trade between Countries", *Economics and Finance Archive*, 1963, 90（1）.

③ R. H. S. Samaratunga, "Impact of the Enlargement of APEC on South Asia: An Analysis of Trade Potential", *South Asia Economic Journal*, 2001, 2（2）: 171 – 201.

④ 转引自 R. H. S. Samaratunga, "Impact of the Enlargement of APEC on South Asia: An Analysis of Trade Potential", *South Asia Economic Journal*, 2001, 2（2）: 171 – 201。

⑤ Abdoulkarim Esmaeili and Fateme Pourebrahim, "Assessing Trade Potential in Agricultural Sector of Iran: Application of Gravity Model", *Journal of Food Products Marketing*, 2011, 17（5）: 459 – 469.

效率的重要性。[1] V. R. Renjini 等人以 1995 年至 2014 年的数据为基础，运用显示比较优势指数来分析印度与东盟成员国家的出口农产品竞争力，并运用引力模型分析印度和东盟国家的农产品贸易潜力，结果显示，进行贸易合作的国家的 GDP 与自由贸易协定的签订对两方农产品的出口效率产生显著影响，并且强调了贸易便利化对增强两方贸易潜力的重要性。[2] Gul Nazia 和 Iqbal Javed 运用 PPML 的引力模型以及贸易潜力指数分析巴基斯坦在商品贸易方面与其他国家的贸易潜力，结果表明与巴基斯坦贸易潜力最大的是非传统贸易伙伴的国家，并提出巴基斯坦在维持与非传统贸易伙伴的贸易关系的同时，也要提升与传统贸易伙伴的贸易水平。[3]

　　国内也有许多学者采用贸易潜力指数以及引力模型对两国的农产品贸易潜力进行研究。曹芳芳、孙致陆、李先德运用时变随机前沿引力模型得出中国进口拉美国家农产品的主要影响因素：对其具有正向影响的有中拉人均 GDP 和人口规模；对其具有负向影响的有中拉地理距离和汇率，除此之外，自由贸易协定的签订，拉美各国的商业自由度、贸易自由度和投资自由度对降低贸易非效率具有显著的正向影响。[4] 刘春鹏利用 CMS 模型分析中拉双向农产品贸易波动的影响因素，结果得出拉美国家的进口需求，中国的出口竞争力带动中国对拉美国家的农产品出口，而出口结构的不合理则会给出口带来负向影响；中国的进口需求波动也影响着拉美国家农产品的出口。[5] 史沛然基于拓展的引力模型分析拉丁美洲与亚洲进行农产品贸易的影响因素，结果得出地理距离对拉丁美洲与亚洲进行农产品贸易的阻碍越来越小，影响双边贸易潜力的主要因素是基础设施的建设、各国参

　　① Surender Kumar and Prerna Prabhakar, "India's Trade Potential and Free Trade Agreements: A Stochastic Frontier Gravity Approach", *Global Economy Journal*, 2017, 17 (1).

　　② V. R. Renjini et al., "Agricultural trade potential between India and ASEAN: An application of gravity model", *Agricultural Economics Research Review*, 2017, 30 (1): 105 – 112.

　　③ Gul Nazia and Iqbal Javed, "Tapping Global Potential of Pakistan in Merchandise Trade: Evidence from PPML Based Gravity Model and Trade Potential Index", *Review of Pacific Basin Financial Markets and Policies*, 2021, 24 (02).

　　④ 曹芳芳、孙致陆、李先德：《中国进口拉丁美洲农产品的影响因素分析及贸易效率测算——基于时变随机前沿引力模型的实证分析》，《世界农业》2021 年第 4 期。

　　⑤ 刘春鹏：《中国与拉美国家农产品贸易波动成因分析》，《华南农业大学学报》（社会科学版）2017 年第 16 卷第 4 期。

与全球化的程度以及进口国的经济发展水平。[①] 杨桔、祁春节采用贸易引力指数（TPI），从收入角度分析了"丝绸之路经济带"沿线国家的农产品贸易潜力，通过构建包含了农业劳动生产率和农产品价格等变量在内的扩展随机前沿引力模型，估计和比较分析了沿线 21 个国家对中国的农产品出口贸易效率及其影响因素，并进一步测算出口贸易增长空间。研究结果显示与中国的农产品贸易有巨大增长空间的是中亚经济带国家，中国环中亚经济带国家次之，亚欧经济带国家最小。[②] 施锦芳、李博文以东北四省份与东北亚四国的贸易情况为基础，运用随机前沿引力模型测算这一区域相互之间的贸易效率，结果表明 GDP、人口规模以及其区位优势是提高贸易效率的重要因素。[③] 张惠、童元松以中国与"一带一路"沿线国家光伏产品贸易额为样本，运用引力模型说明技术创新与品牌建设对提高中国与"一带一路"沿线国家间贸易潜力的重要性，并且测算出我国对沿线国家在光伏产品贸易上的出口潜力类型;[④] 邵桂兰、胡新在研究中国与东盟水产品的贸易潜力时，用扩展的引力模型进行测算，结果显示人均 GDP 会影响两国之间的水产品贸易，而中国—东盟自由贸易区成立以来的零关税政策对中国—东盟的水产品贸易起到了很强的促进作用，人口规模与地理距离起到的影响并不显著。[⑤]

在梳理文献过程中发现，学者们关注更多的是中国与"一带一路"沿线国家的贸易研究，但随着中美贸易摩擦的展开，学者们越来越关注中拉之间的贸易，关于中拉贸易的文献越来越丰富。文献在研究中国与某一区域、国家贸易的影响因素时，采用的更多的是扩展的贸易引力模型和随机前沿引力模型，引入的变量更多的是人口、GDP、人均 GDP、地理距离、

[①] 史沛然：《拉丁美洲与亚洲的农产品贸易潜力分析》，《拉丁美洲研究》2021 年第 43 卷第 1 期。

[②] 杨桔、祁春节：《"丝绸之路经济带"沿线国家对中国农产品出口贸易潜力研究——基于 TPI 与扩展的随机前沿引力模型的分析框架》，《国际贸易问题》2020 年第 6 期。

[③] 施锦芳、李博文：《中国东北四省份与东北亚四国贸易效率及贸易潜力》，《财经问题研究》2021 年第 4 期。

[④] 张惠、童元松：《我国光伏产品出口"一带一路"沿线国家贸易潜力的实证研究》，《天津商业大学学报》2021 年第 41 卷第 2 期。

[⑤] 邵桂兰、胡新：《基于引力模型的中国—东盟水产品贸易流量与潜力研究》，《中国海洋大学学报》（社会科学版）2013 年第 5 期。

关税等。而在有关中拉贸易的研究文献中，学者更多研究的是中拉的整体贸易，不管是研究贸易潜力还是贸易的影响因素，综合研究中拉农产品贸易的影响因素和潜力的文献不多。基于此，本文计划在一般引力模型的基础上进行扩展研究，围绕中国与拉美国家农产品贸易潜力研究，实证分析比较中国与拉美国家农产品贸易潜力的影响分解因素，在影响因素中，本文添加两个变量，两国之间的技术性贸易壁垒和中拉两国之间是否建交，以此研究这两个新增变量对中拉农产品贸易规模的影响；再通过中拉两方农产品贸易的实际值和模拟值的比例，测度分析中国与拉美主要国家农产品贸易的潜力类型及成因，最后提出新发展格局下提升中国与拉美国家农产品贸易潜力的若干建议。

二　中国与拉美国家农产品贸易潜力的影响因素

（一）引力模型的扩展

引力模型已在学术界广泛使用，以研究影响双方之间双边贸易量的因素。贸易引力模型源自牛顿的万有引力定律，荷兰经济学家 Jan Tinbergen 根据万有引力公式延伸出贸易引力等式：

$$T_{ij} = A \frac{Y_i \times Y_j}{D_{ij}} \tag{1}$$

T_{ij} 表示 i 国和 j 国两边的贸易额，Y_i 与 Y_j 分别表示 i 国和 j 国的经济规模，D 为 "$distance$" 的缩写，D_{ij} 表示 i 国和 j 国之间的地理距离，A 为常数。从公式上看，两国的双边贸易规模与两国的经济规模是推动两国贸易额增加的正向因素，而地理距离则起到消极作用。

本文基于中国与拉丁美洲之间的农产品贸易影响因素的学理考量，具体分析经济规模（GDP）、人口规模、地理距离、进口关税、两国是否建交以及技术性贸易壁垒等因素对中拉农产品贸易影响。为方便计算，对数化整理公式后，最终确定的引力模型公式如下：

$$\ln T_{ijt} = a_0 + b_1 \ln GDP_{jt} + b_2 \ln PEOPLE_{jt} + b_3 \ln D_{ij} + b_4 TA_{jt} +$$
$$b_5 TEDT_{ij} + b_6 \ln GDP_{it} + b_7 TBT_{it} + u_0 \tag{2}$$

其中，被解释变量为 T_{ijt}，表示 i 国和 j 国在第 t 年的农产品贸易额，以下为解释变量：GDP_{jt} 表示 j 国在第 t 年的国民生产总值，$PEOPLE_{jt}$ 表示 j 国在第 t 年的人口数量，D_{ij} 表示 i 国和 j 国之间的地理距离，TA_{jt} 表示 j 国在第 t 年的进口关税，虚拟变量 $TEDT_{ij}$ 表示 i 国和 j 国是否有建交，用 0 表示没有建交，1 表示已建交，GDP_{it} 表示 i 国在第 t 年的国民生产总值，TBT_{jt} 表示 j 国在第 t 年向 WTO 关于技术性贸易壁垒的通报数，a_0 为模型的常数项，b_1、b_2、b_3、b_4、b_5、b_6、b_7 为各变量的系数，u_0 为误差项。模型的变量选取、数据来源以及预期符号如表 1 所示：

表1 **变量选取与数据来源**

变量选取	变量说明	数据来源	预期符号
T_{ijt}	i 国对 j 国在第 t 年的农产品贸易总额（亿美元）	UNCOMTRADE 数据库	
GDP_{jt}	j 国在第 t 年的国民生产总值	世界银行	+
$PEOPLE_{jt}$	j 国在第 t 年的人口数量	世界银行	+
D_{ij}	i 国和 j 国之间的地理距离（千米）	CEPII 数据库	−
TA_{jt}	j 国在第 t 年的进口关税率（%）	世界银行	+
$TEDT_{ij}$	i 国和 j 国是否有建交	中国外交部官网	+
GDP_{it}	i 国在第 t 年的国民生产总值	世界银行	+
TBT_{jt}	j 国在第 t 年向 WTO 的 TBT 通报数	中国 WTO/TBT – SPS 通报咨询网	−

以下为中拉农产品贸易影响因素与贸易潜力之间关系的说明：（1）GDP 代表一个国家的经济规模，GDP 数值越大，代表一个国家在需求和供给能力方面越强，说明一个国家的经济规模和购买能力强，因此预期 GDP 对于两方农产品贸易额而言起正向作用。（2）PEOPLE 代表一个国家的人口规模，人口规模越大，表示一国对产品的需求量越大，预测其对两方的农产品贸易额呈正相关。（3）D 为"Distance"，表示两国之间的地理距离，一般而言取两国首都之间的距离，两国地理距离越长，则贸易路途中发生阻碍的可能性越大，交通运输成本越高，因此预测其对两方农产品贸

易额的系数为负，呈负向影响。（4）虚拟变量两国是否有建交对两国农产品贸易额是否有影响：有部分拉美国家与中国尚未建交，而两国的建交使两国关系更加紧密，一定程度上会推动两国在经贸上的发展，因此预测两国有建交对两国的农产品贸易额起正向作用。（5）农产品的进口关税率对两国农产品贸易额的影响：农产品的进口关税率越高，表明一国向另一国进口农产品的贸易壁垒越高，有着阻碍两方农产品贸易的作用，因此预测农产品进口关税率对两方农产品贸易额起负向作用。（6）拉美国家在第 t 年向 WTO 的 TBT 通报数对中拉农产品贸易的影响：一国对 WTO 的 TBT 通报数越多，表明这个国家对进口商品设置的技术性壁垒越高，对进口商品提出的技术性标准越高，对这个国家出口商品的门槛越高。因此预测一国对 WTO 的 TBT 通报数对两方农产品贸易额起负向作用。

（二）数据说明与处理

本文参考胡静的研究，在时间距离上，选取的时间为 2010—2019 年；在样本选取方面，拉美国家包括 33 个国家，由于一些国家数据缺失较多，因此本文选取了 24 个拉美国家作为样本，包括安提瓜和巴布达、阿根廷、巴巴多斯、伯利兹、玻利维亚、巴西、智利、哥伦比亚、哥斯达黎加、古巴、多米尼加、厄瓜多尔、萨尔瓦多、圭亚那、海地、洪都拉斯、牙买加、墨西哥、尼加拉瓜、巴拉圭、秘鲁、苏里南、特立尼达和多巴哥、乌拉圭。由于拉美各个国家与中国的农产品贸易值以及拉美各个国家的GDP、人口、中国与拉美各国之间的距离还有中国在 2010—2019 年每年的GDP 数值较大，因此将这些数据进行对数化处理，缩小数据的绝对数值，将乘法计算转换为加法计算，能够更清楚地看到各个解释变量对被解释变量即中国与拉美主要国家的农产品贸易额的影响。首先使用 stata15.1 软件对各变量进行描述性统计，检查数据的合理性，各变量的描述性统计如表2所示。

表 2　　　　　　　　　　　　　　　变量的描述性统计

变量	样本数量	均值	标准差	最小值	最大值
$\ln T_{ijt}$	230	18.320	2.721	10.620	24.380
$\ln GDP_{jt}$	230	24.450	1.923	20.850	28.590
$\ln PEOPLE_{jt}$	230	15.670	1.866	11.390	19.170
$\ln D_{ij}$	230	9.633	0.130	9.426	9.858
TA_{jt}	230	8.152	3.941	0.620	26.470
$TEDT_{ij}$	230	0.782	0.414	0	1
$\ln GDP_{it}$	230	29.950	0.256	29.440	30.290
TBT_{jt}	230	0.826	1.868	0	18.000

　　为确保数据的平稳性，防止实证结果出现伪回归现象，因此本文对除虚拟变量的被解释变量与解释变量做单位根检验，而两国之间的地理距离并没有随时间的改变而变化，因此不用做单位根检验。本文采用了单位根检验中最常用的两种方法：一种是针对相同根的 LLC 检验，还有一种是针对不同根的 IPS 检验，两种检验的原假设为存在单位根。检验借助 stata15.1 软件，结果如表 3 所示，被解释变量与解释变量在单位根检验中均在 1% 的水平下显著，因此拒绝原假设，各时间序列平稳，本文使用的面板数据不存在单位根。

表 3　　　　　　　　　　　　　　　单位根检验

变量	LLC	IPS	是否平稳
$\ln T_{ijt}$	-4.6946 *** (0.0000)	-3.6442 *** (0.0001)	平稳
$\ln GDP_{jt}$	-38.1344 *** (0.0000)	-8.8286 *** (0.0000)	平稳
$\ln PEOPLE_{jt}$	-9.8995 *** (0.0000)	-3.1751 *** (0.0007)	平稳
TA_{jt}	-5.2097 *** (0.0000)	-12.3909 *** (0.0000)	平稳
TBT_{jt}	-10.7661 *** (0.0000)	-3.4665 *** (0.0003)	平稳

　　注：括号内为 p 值；***、** 和 * 分别表示 1%、5% 和 10% 的显著性水平。

（三）回归结果与分析

本文在参考相关文献的模型设计、数据处理以及模型选择的基础上，运用 stata15.1 软件分析了中国与拉美国家农产品贸易的影响因素。

从回归结果可看出，R^2 的值为 0.7608，表明回归方程的拟合程度较高，这与预期的结果相同。以下根据回归结果对各个变量进行回归分析。

1. 拉美主要国家的 GDP 对中国与拉美国家农产品贸易规模起着显著的正向作用，从结果可以看出，拉美主要国家的 GDP 系数为 0.282，意味着当拉美主要国家的 GDP 增长 1%，中国与拉美国家的农产品贸易额就增长 0.282%。一国 GDP 在一定程度上为一个国家的经济规模的衡量标准，拉美国家的经济规模越大，居民收入水平越高，消费水平越强，国家对高质量的产品的需求就越大，对农产品的进口能力和需求程度越强，进口量越多。拉美主要国家如巴西、阿根廷等为农业发达的国家，中国市面上更出现了许多从拉美主要国家进口的明星水果，如牛油果等，因此中国从拉美国家进口的农产品贸易额远远超过中国对拉美国家出口的农产品贸易额。拉美的大部分国家在经济上都还很落后，中国应与拉美国家开展经济合作，以此带动两方的经济发展。

2. 进口国的人口规模对中国与拉美国家进行农产品贸易起正向作用，但正向效果并不显著，说明人口规模并不是影响两方的农产品贸易的主要因素。但其系数为正，说明进口国的人口数量越多，进口需求也就越多。

3. 贸易两国的地理距离在引力模型的系数显著为负，说明两国地理距离对两国农产品贸易产生明显的负向影响，这与宋海英、胡静在研究中国与拉美国家农产品贸易的影响因素的结果一致。两国地理距离每增加 1%，两国的农产品贸易额便下降 6.237%，两国的地理距离涉及运输成本以及路途风险，当两国的地理距离相差越大，所要花费的运输成本就越多，在运输途中遇到风险的概率就越大。

4. 进口国政府对进口产品征收的关税率对两国的农产品贸易起着显著的负向作用。若进口国对其他国家农产品的市场准入度较高，对其他国家更为开放，那么两国之间的农产品贸易额就会增加。如回归结果所示，当拉美国家设定的关税率增加 1%，中国与拉美国家的农产品贸易额就会减少 0.046%。一国政府对进口特定产品所设置的关税在很大程度上会影响两国之间的贸易合作。当一国政府针对某个国家对某种产品设定较高的进口税，那么不论是进口国还是出口国都无意与两方合作，两国都要再次寻找可替代的进口来源与出口来源，不利于两方的经贸合作。中国可以与拉美国家建立自由贸易区，减轻关税对两国贸易带来的影响。

5. 中国与拉美国家是否有建交对两国之间的农产品贸易影响并不显著。两国的外交关系在某种程度上也影响两国的贸易合作，两国若有建交，贸易往来会更加频繁，但两国的外交关系并不是影响两国贸易的主要因素。

6. 拉美主要国家向 WTO 的 TBT 通报数对两国之间的农产品贸易额起着显著的负向作用。TBT 为技术性贸易壁垒，意味着要进入拉美国家的农产品门槛升高，一系列的有关安全、卫生的技术性标准越来越严格，一定程度上会减少中国对拉美国家农产品贸易的出口额。如回归结果所示，当拉美国家的 TBT 通报数每增加 1%，中拉两方的农产品贸易额就会减少 0.006%。

表4　　　　　　　　　　　　随机效应模型估计结果

变量	回归结果
$\ln GDP_{jt}$	0. 282 *** (0. 003)
$\ln PEOPLE_{jt}$	0. 796 ** (0. 042)
$\ln D_{ij}$	- 6. 237 *** (0. 025)
TA_{jt}	- 0. 046 *** (0. 001)
$TEDT_{ij}$	0. 729 (0. 873)
$\ln GDP_{it}$	0. 815 *** (0. 000)
TBT_{jt}	- 0. 006 ** (0. 046)
Cons	- 86. 481 *** (0. 004)
R-squared	0. 7608
Obs	230

注：括号内为 p 值；***、** 和 * 分别表示 1%、5% 和 10% 的显著性水平。

本文在得出回归结果的基础上，使用广义最小二乘法（GLS）对回归结果进行稳健性检验，如表5所示，虽然GLS的回归结果的系数与随机效应的不一致，但系数的正负以及显著性均与回归结果相同，因此本文回归结果具有稳健性。内生性检验为稳健性检验的一种，本文在使用GLS检测回归结果稳健的情况下，不再检测变量的内生性。

表5　　　　　　　　　　　　GLS 估计结果

变量	回归结果
$\ln GDP_{jt}$	0. 683 *** （0. 000）
$\ln PEOPLE_{jt}$	0. 315 ** （0. 038）
$\ln D_{ij}$	− 5. 24 *** （0. 000）
TA_{jt}	− 0. 053 *** （0. 002）
$TEDT_{ij}$	0. 382 （0. 186）
$\ln GDP_{it}$	1. 123 *** （0. 000）
TBT_{jt}	− 0. 065 ** （0. 032）
Cons	− 87. 359 *** （0. 000）
R-squared	0. 7805
Obs	230

注：括号内为 p 值；***、**和*分别表示1%、5%和10%的显著性水平。

三　中国与拉美国家农产品贸易潜力的测算比较

根据现有研究对贸易潜力的测算方法，本文依次将拉美主要的各个国家的 GDP，人口规模，中国与拉美各个国家之间的地理距离，还有拉美各个国家的进口关税率的值带入 stata15. 1 计算出的回归方程，得到中国与拉美国家农产品贸易的模拟值（T′），而中国与拉美国家农产品贸易的实际值（T）与模拟值（T′）之比为 t，记为贸易潜力系数，中国与拉美国家进行农产品贸易潜力的类型有三种：当 t < 0.8，两国贸易属于潜力巨大型；当 0.8 < t < 1.2，两国贸易属于潜力成长型；当 t > 1.2，两国贸易属于潜力成熟型。中国与拉美主要国家农产品贸易潜力测算结果如表 6 所示。

表 6　　　　　2019 年中国对拉美国家农产品贸易潜力测算　　　　　（单位：美元）

国家	实际值 T	模拟值 T′	实际值/模拟值（T/T′）	贸易潜力类型
阿根廷	6730637876	7918397501	0.85	潜力成长型
安提瓜和巴布达	650723	16268075	0.04	潜力巨大型
巴巴多斯	2946773	14733865	0.20	潜力巨大型
伯利兹	16074422	21150555	0.76	潜力巨大型
玻利维亚	39316156	8455087	4.65	潜力成熟型
巴西	34193678848	37992976498	0.90	潜力成长型
智利	5762704311	5649710109	1.02	潜力成长型
哥伦比亚	184397217	219520496	0.84	潜力成长型
哥斯达黎加	147865154	154026202	0.96	潜力成长型
古巴	242999162	264129524	0.92	潜力成长型
多米尼加	83715911	82074422	1.02	潜力成长型
厄瓜多尔	2362064521	2486383706	0.95	潜力成长型
萨尔瓦多	62918528	51998783	1.21	潜力成熟型
圭亚那	34285826	29813762	1.15	潜力成长型
海地	39340345	40143209	0.98	潜力成长型
洪都拉斯	21830891	29107855	0.75	潜力巨大型
牙买加	13871512	16513705	0.84	潜力成长型
墨西哥	1595105388	1563828812	1.02	潜力成长型
尼加拉瓜	33086645	29541647	1.12	潜力成长型
巴拉圭	24526224	23137947	1.06	潜力成长型
秘鲁	2032964550	2095839742	0.97	潜力成长型
苏里南	65643499	72135713	0.91	潜力成长型
特立尼达和多巴哥	18305735	19068474	0.96	潜力成长型
乌拉圭	2949825759	3138112510	0.94	潜力成长型

资料来源：根据 stata15.1 回归结果测算得出。

　　从表6的潜力计算结果看，中国与阿根廷、巴西、智利、厄瓜多尔、牙买加、秘鲁、乌拉圭等国家为潜力成长型，意味着两方的农产品贸易可以进一步开拓，还未达到极致。2011 年，阿根廷提出"铁路振兴计划"，改造升级运输体系，将中国与其地理上距离带来的高运输成本降低了许多，也帮助他们将更多的优质农产品运输到世界各地；而中国也在巴西建立了 7 个加工厂，在一些热点城市建立中转基地，2019 年底，中国对巴西农业投资了 17.32 亿美元，与巴西的农业合作建立了长久且稳定的关系；再来看秘鲁，瓦奴科至瓦杨柯公路扩建项目连接了秘鲁的山区与本国主要外贸中心，为货物运输减少了 50% 的通行时间，可以看出中国对与之的农产品贸易为潜力成长型的国家的当地产业的可持续发展做出了贡献。除了上面提到的国家之外，中国与厄瓜多尔、牙买加、墨西哥、乌拉圭等在资本、市场、技术管理方面，通过彼此的优势互补，建立了长久且稳定的关系。而对于这些潜力成长型的国家而言，中国可以对他们在基础设施上进一步投资，利用本国的技术优势去辅助他们，以此解决拉美一些国家虽自然环境优渥，但因经济落后所造成的农业技术缺陷，将两方的农产品贸易潜力进一步发掘。

　　中国与安提瓜和巴布达、巴巴多斯、伯利兹、洪都拉斯的农产品贸易潜力类型为潜力巨大型，意味着中国与这些国家的农产品贸易并不频繁。安提瓜和巴布达为农业自给自足的国家，在拉美地区的经济基础薄弱，农业在国民经济中的占比持续下降；巴巴多斯的种植技术落后；中国与伯利兹在 1989 年断绝外交关系，在经贸上的往来不多；洪都拉斯的咖啡在国际消费市场的知名度较低，因为没有生豆和运输的支持，但安提瓜和巴布达政府鼓励发展农业；巴巴多斯与巴西、阿根廷等国家一样有着优质的资源，其甘蔗种植和朗姆酒的酿造在世界处于领先地位，并且甘蔗的种植为其主要的经济支柱；而农业也是伯利兹主要的经济支柱，甘蔗、柑橘、香蕉、水稻、玉米、可可等是其主要的农作物。因此，中国与这四个国家在农产品贸易上，中国可对这几个国家进行农产品市场的调查，进一步挖掘出他们在农业上的潜力，如巴巴多斯的种植技术落后，可以对巴巴多斯的种植技术进行投资，以此实现双赢，对中国的农产品贸易而言，也可增加农产品的进口种类，分散风险。

玻利维亚与萨尔瓦多与中国的农产品贸易为潜力成熟型，意味着中国与这两个国家的农产品贸易为过度贸易，贸易已经达到顶峰。中国为玻利维亚最大的进口来源国，2018 年 12 月 19 日，中国与玻利维亚签订协议书，中国正式从玻利维亚进口大豆；中国同样也是萨尔瓦多最大的农产品进口来源国，对于这两个国家，应进一步探索能发展两方农产品贸易的其他因素，以此进一步推动两方农产品贸易的发展。

四　主要结论及启示

本文基于权威网站数据的采集处理，实证分析了影响中拉农产品贸易的主要因素，进而测算比较了中国与拉美国家农产品贸易的潜力系数，由此有效界定了双边贸易合作的潜力类型。研究的主要结论是：在影响中国与拉美国家农产品贸易的因素中，拉美国家的 GDP、人口规模对两方农产品贸易额都产生了显著的正向影响，而两国间的地理距离、拉美国家所征收的进口关税率以及拉美国家向 WTO 的 TBT 通报数对两方农产品的贸易额产生了显著的负向影响；两国是否有建交虽然也对两方农产品贸易额产生正向影响，但影响并不显著。进一步地讲，通过计算与研究中国与拉美主要国家农产品贸易潜力系数，大多数国家属于潜力成长型，中国与安提瓜和巴布达、巴巴多斯、伯利兹还有洪都拉斯的农产品贸易潜力类型为潜力巨大型，与玻利维亚以及萨尔瓦多属于潜力成熟型。说明中国需要调整与拉美国家进行农产品贸易的农产品结构，挖掘与拉美国家更大的贸易潜力。

基于此，本文认为有效提升中国与拉美国家贸易潜力的主要战略是，一是加大中国农业扶持力度。以农业科技创新为动力，推动中国农业转型，拉美一些经济比较发达的国家在农业方面的研究、技术、管理值得中国学习。以巴西为例，早在 21 世纪初，巴西就已经开发出大豆的转基因技术，并获得广泛利用，足以说明巴西的农作物生物技术方面在一定程度上是比较领先的。而当前我国的农产品质量差、技术含量低，是我国在农产品贸易中面临的一个重要问题，在质量上与国际市场要求相比还有一定的差距。因此农业科技的创新是提高农产品质量和数量的一个关键因素，而加大对农业生物技术人才的培养是农业科技创新的推动力。中国在部分农产品上过度依赖进口，只有在农业科技上不断创新，才能追上国际市场的步伐，增强我国农产品的出口竞争力，适应如今国际农产品市场的多样化。二是增加对拉美国家的投资。拉美农业资源分布不均，是中国与拉美国家农产品贸易的障碍之一，中国与进行农产品贸易的国家高度集中，拉美和加勒比地区共有 33 个国家，但真正与中国进行深入的农产品贸易合作的只有巴拉圭、乌拉圭、阿根廷、巴西、哥伦比亚等少数国家。中国应增加对拉美国家的投资，一些拉美国家因为经济落后而不能充分地利用国家的自然资源，以农业来提振自身经济。中国应增加对拉美一些经济落后的国家的投资，如设立科学联合实验室、示范农场、农业示范园等，而后增加农产品贸易市场的多样化，分散风险。三是重点开发潜力巨大的拉美国家。从计算的中国与拉美国家农产品贸易的潜力系数可以看出，中国与拉美国家的农产品贸易潜力存在空间差异特征，因此中国应对贸易潜力巨大的拉美国家进行科学的分析，并针对不同的国家制定贸易发展战略，对市场布局进行战略性调整，与拉美国家进行比较优势互补的农产品贸易。

（作者宋树理，浙江外国语学院国际商学院教授；

李茵，深圳大学经济学院硕士研究生；

陈明鑫，浙江工商大学经济学院博士研究生）

Influence factors and Calculation comparison of Agricultural trade potential between China and Latin American countries under the International Great Changes：An empirical analysis based on gravity extension model

Song Shuli，*Li Yin and Chen Mingxin*

Abstract：The potential trade of agricultural products between China and Latin American countries has an important impact on China's effective prevention of food security risks under the international situation of great changes. Based on the extended research of the general gravity model, this paper collects the trade-related data of 23 major Latin American countries in the past 10 years by using database resources such as UNCOMTRADE, The World Bank, CEPII and The Ministry of Foreign Affairs of China, and empirically analyzes the factors affecting the decomposition of agricultural trade potential between China and Latin American countries. Furthermore, the ratio between the actual value and the simulated value of the bilateral agricultural trade between China and Latin American countries is further discussed, so as to estimate and interpret the potential types of agricultural trade between China and major Latin American countries. Analysis shows that China's relations with Latin American countries is no significant impact on bilateral agricultural products trade, and other factors affecting the positive effect and negative effect is very obvious, and more importantly, according to the comparison of potential coefficient, main countries of Latin America's agricultural products trade is divided into potential type, mature type and growth three categories. In order to improve China's food security level in the double-circulation and mutually promoting development pattern, it is necessary to implement the differentiated and heterogeneous development strategy for Latin American countries with different potential types of agricultural trade, optimize the structure of import target market, and enhance the international competitiveness of export agricultural products.

Key words: Gravity extension models; Latin American countries; Agricultural trade potential; Potential types

中国的减贫经验及其对拉美国家的启示[*]

宋海英　余　璐

摘　要： 贫困问题一直是人类社会发展中无法规避的问题。中国针对贫困采取了多项政策，其中许多减贫经验对拉美国家具有参考价值。笔者首先回顾中国的减贫历程，并将中国扶贫的经验概括为：通过产业扶贫提高自我发展能力、加大对教育的财政投入、旅游扶贫以及电商扶贫、整合社会力量等。接着，列举了中国创业扶贫、光伏扶贫、生态扶贫三个成功案例。同时，将拉美贫困的原因归结为：收入分配不公、受教育程度不高、缺乏社会保障、严重的不平等现象。最后，通过对比拉美与中国的贫困现象，为拉美提出了减少贫困的对策建议：旅游扶贫、教育改革、促进就业、利用国际援助以及现金转移支付等。

关键词： 贫困；扶贫；拉美；中国

贫困问题一直备受关注，无论是历史上还是当今时代，贫困也是长期困扰拉丁美洲和加勒比（以下简称拉美）地区的棘手问题之一。从 20 世纪 80 年代到 21 世纪初，拉美社会贫困化越来越严重，据世界银行的统计，1981 年到 1990 年，拉美地区的贫困率①由起初的 27.9% 上升到 29.7%；之后的十年间拉美的贫困现象有所缓解，贫困率在 1997 年回落至 27.9%，随后几年拉美的贫困率趋于平稳；但到了 20 世纪后期，拉美的减贫进程遭遇瓶颈，2002

　＊ 本文系国家社科基金项目"逆全球化背景下保障粮食贸易安全的供应链协同治理机制研究"（编号：22BJY086）的阶段性成果。

　① 　每天 3.20 美元的贫困人口比率（2011 年购买力平价）（占人口的百分比）。资料来源：世界银行，由 EPS DATA 整理获得。

年，拉美地区的贫困率又一度达到 24.7%。与之对应的是，中国在减贫方面的卓越成就得到了世界的公认。20 世纪 80 年代初，中国的贫困人口占总人口的比重超过 90%，但通过改革开放以来采取的减贫措施，中国的贫困人口占比降低了一半多，2005 年仅为 43.2%；到 2016 年，中国贫困人口占比进一步降至 5.4%①。因而，分析中国的减贫经验对拉美国家具有参考价值。

　　国内外学者对拉美地区的贫困问题进行了大量的研究。江时学指出，收入分配不公、下层民众贫困化加剧已成为拉美地区突出的社会问题之一。② 高庆波分析了南美洲国家贫困问题的发展进程与反贫困政策的发展演变，认为南美洲国家 20 多年来贫困问题明显改观，反贫困动力主要来自经济增长、社会保护与社会福利政策、一体化组织的努力。③ 郑秉文等认为，拉美地区长期存在"增长性贫困"，当经济增长速度较慢时，贫困率就会较快增长，只有在经济增长率超过 3% 时，才会明显地降低贫困率。经济快速增长有助于减贫，但顺周期的社会支出和不平等的收入分配使减贫的效果欠佳。④ 吴孙沛璟和赵雪梅提倡用多维贫困测量方法对拉美国家的贫困状况进行观测，发现拉美各国多维贫困状况不容乐观，尤其中美洲国家多维贫困更为严重，而在经济发展较好的南美洲国家贫困状况较为缓和。⑤ 郭存海则从表现与动因两方面专门针对拉美中产阶级的贫困化问题进行了分析，指出失业、就业不足和就业质量下降是拉美中产阶级贫困化的主要原因。⑥ 房连泉从社会结构脆弱性的视角对新冠肺炎疫情冲击下拉美国家的贫困进行了阐释，发现2020 年新冠肺炎疫情的暴发给拉美经济社会带来巨大冲击，在贫困率大幅攀升的同时，收入不平等状况加剧，整个社会阶层收入结构向下移动。⑦ 巴蒂

---

① 资料来源：国家统计局的年度数据，www. stats. gov. cn/。
② 江时学：《论拉美国家的社会问题》，《国际问题研究》2011 年第 1 期。
③ 高庆波：《南美洲贫困与反贫困政策发展演化探析》，《拉丁美洲研究》2016 年第 3 期。
④ 郑秉文、于环：《拉丁美洲"增长性贫困"检验及其应对措施与绩效》，《经济社会体制比较》2018 年第 4 期。
⑤ 吴孙沛璟、赵雪梅：《多维视角下的拉美贫困及扶贫政策》，《拉丁美洲研究》2016 年第 3 期。
⑥ 郭存海：《拉美中产阶级的贫困化（1982～2002 年）：表现与动因》，《拉丁美洲研究》2014 年第 2 期。
⑦ 房连泉：《新冠疫情冲击下拉美国家的社会贫困和不平等：社会结构脆弱性视角》，《拉丁美洲研究》2021 年第 5 期。

斯顿等考察了 1992—2006 年阿根廷、巴西、智利、萨尔瓦多、墨西哥和乌拉圭的多维贫困，发现户主被剥夺获得适当卫生设施和教育机会是造成拉美多维贫困的最大原因。① 艾玛等结合货币和非货币因素提出了一个新的衡量拉美多维贫困的指标，并对 2005 年和 2012 年 17 个拉美国家进行了评估，发现在分析期间拉美大多数国家的贫困发生率和严重程度显著下降，但农村和城市之间存在较大差距。②

在中国的减贫方面，学者们结合实践展开研究。李小云等指出，自1949 年新中国成立以来，中国的减贫实践经历了广义性减贫、发展性扶贫、精准脱贫三个阶段；改革开放之后，中国发展性减贫实践主要关注工业化、城市化发展和农业经济的发展，同时由政府主导进行开发式扶贫；近期提出的精准扶贫战略则是强调社会公平和在原有扶贫基础上的改革创新。③ 白增博对中国共产党消除绝对贫困的百年辉煌实践进行了总结，认为中国共产党的百年奋斗史就是一部消灭贫困的斗争史。④ 向德平和梅莹莹总结了中国绿色减贫的经验和实践模式，认为根植于"两山理论"的绿色减贫为贫困地区脱贫攻坚、实现经济与环境协调发展提供了一条可行的可持续发展思路，推动了贫困地区全面脱贫同乡村振兴有效衔接。⑤ 从不同地区的实践来看，胡鞍钢和童旭光通过对 17 个贫困指标的分析得出青海省减贫成功一方面源于实现了贫困人民的收入增长，构建了良好的社会减贫氛围，另一方面来自政府的大力支持和扶贫战略的实施。⑥ 王永厅以马克思主义贫困治理理论为基础，研究得出绿色发展是解决西南喀斯特山区

① D. Battiston, et al. , "Income and Beyond: Multidimensional Poverty in Six Latin American Countries", *Social Indicators Research*, 2013.

② Emma, et al. , "A Multidimensional Poverty Index for Latin America", *Review of Income and Wealth: Journal of the International Association for Research in Income and Wealth* 64.1 (2018): 52–82.

③ 李小云、于乐荣、唐丽霞：《新中国成立后 70 年的反贫困历程及减贫机制》，《中国农村经济》2019 年第 10 期。

④ 白增博：《从贫穷到富裕：中国共产党消除绝对贫困百年辉煌实践》，《南京农业大学学报》（社会科学版）2022 年第 1 期。

⑤ 向德平、梅莹莹：《绿色减贫的中国经验：政策演进与实践模式》，《南京农业大学学报》（社会科学版）2021 年第 6 期。

⑥ 胡鞍钢、童旭光：《中国减贫理论与实践——青海视角》，《清华大学学报》（哲学社会科学版）2010 年第 4 期。

贫困问题的最佳方法。① 蒙塔尔沃和拉瓦雷运用计量经济模型对省级面板数据的模拟发现，中国经济的快速增长是 1980 年以来中国贫困率大幅下降的直接原因。② 有研究认为，中国农村的贫困呈现明显的空间集聚特征，贫困主要集中在中西部偏远的深部岩石山区、边境地区和少数民族地区，并逐渐向西南地区聚集，患病、缺乏自然禀赋、恶劣的地理条件和脆弱的生态环境是持续贫困的主要驱动力。③

综上所述，学者们在中国减贫实践及拉美贫困问题上都取得了丰富的研究成果，但是，将拉美的贫困状况与中国的减贫举措结合起来的研究却并不多见。所以，以最新的数据资料为支撑，深入总结中国的减贫经验，并结合拉美国家的贫困状况及贫困产生的根源，为拉美国家减贫提供借鉴，具有重要的理论和现实意义。

一 中国的减贫经验分析

（一）中国的减贫历程

1. 改革开放前

1978 年前，根据收入和消费性贫困标准衡量，中国一直位居世界贫困人口数量的首位。国家统计局的数据显示，1978 年中国的贫困人口高达 2.5 亿人④。对于当时而言，中国的贫困问题迫在眉睫，主要表现为普遍性贫困和绝对贫困，当时处于贫困状态的农村人口占总人口的 80% 以上，农民整体的消费水平低下，温饱问题得不到解决。

因此，针对新中国成立之初的贫困，中国采取了土地改革的方式，贫

---

① 王永厅：《西南喀斯特地区贫困成因及对策分析——以贵州为例》，《贵州师范大学学报》（社会科学版）2018 年第 2 期。

② Montalvo, J. G., and M. Ravallion, "The Pattern of Growth and Poverty Reduction in China", *Journal of Comparative Economics*, 38. 1 (2010): 2 – 16.

③ Liu, Y., J. Liu, and Y. Zhou, "Spatio-temporal Patterns of Rural Poverty in China and Targeted Poverty Alleviation Strategies", *Journal of Rural Studies*, 52 (2017): 66 – 75.

④ 按 1978 年的标准，1978 年中国的贫困人口为 25000 万人，均集中在农村地区；如果按照 2010 年的标准，1978 年中国的贫困人口高达 77039 万人。资料来源：中国宏观经济数据库，由 EPS DATA 整理。

穷农民被分配大约占全国耕地面积43%的土地以及大部分的生产和生活资料。同时，自1949年到1978年，中国实施了依托农业的原始积累发展工业的战略。

2. 改革开放时期

1978年之后，中国系统地针对消除贫困做出努力。首先，在农业发展驱动的减贫方面，中国在农村地区实行家庭联产承包责任制推动农业经济增长，1978—1985年，中国农林牧渔业总产值由1397亿元提高到3619.50亿元，年均增长14.57%。同时，农村居民的人均收入也从134元提高到398元，达到历史最大增幅16.83%。① 其次，在工业化与城镇化驱动的减贫方面，主要举措有：（1）农地使用制度更加具体化；（2）大批迅速发展的乡镇企业为农村减贫做贡献；（3）大批农村人口涌向城镇，农村居民的收入不断增长，改善了留村父母、子女的生活条件。最后，在国家主导的农村开发式扶贫方面，为提升贫困地区的自我发展能力，国家进行开发性生产建设，并实施信贷扶贫。

总体而言，在1978—2013年的改革开放时期，虽然中国的扶贫方式新潮迭起，但还是以区域开发为主、兼顾贫困群体的模式展开，中国的农村贫困状况得到明显改善，表现为农村贫困人口占比大幅下降（见表1）。

表1　　　　　　　改革开放以来中国农村贫困状况

年份	农村贫困人口 （万人）	全国总人口 （万人）	农村贫困人口占比 （%）
1978	77039	96259	80.03
1980	76542	98705	77.55
1985	66101	105851	62.45
1990	65849	114333	57.59
1995	55463	121121	45.79
2000	46224	126743	36.47

① 资料来源：国家统计局的年度数据，www.stats.gov.cn/。

续表

年份	农村贫困人口 （万人）	全国总人口 （万人）	农村贫困人口占比 （%）
2005	28662	130756	21.92
2010	16567	134091	12.36
2011	12238	134735	9.08
2012	9899	135404	7.31
2013	8249	136072	6.06

资料来源：民政部，由 EPS DATA 整理。

3. 精准脱贫攻坚阶段

进入 21 世纪以来，中国扶贫面临新的挑战，在精准脱贫攻坚阶段（2014 年以来），政府创新了扶贫的策略。由于不同贫困地区的环境不同，贫困住户的情况也千差万别，政府对扶贫区域与对象实施精准脱贫。例如，为了确保扶贫的效果，政府对不同致贫户的致贫原因进行分析，与此同时，一大批创新的扶贫方式如雨后春笋般冒出来：为了缓解劳动力的就业与留守的矛盾，政府采取"扶贫车间"的方式；旅游扶贫促进了农村新

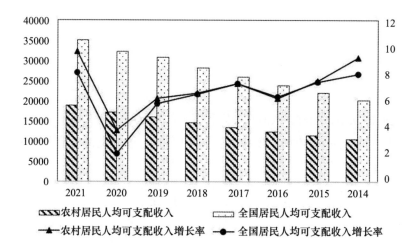

图 1　2014 年以来中国居民人均收入水平及其增长率（元、%）

资料来源：国家统计局网站，http://www.stats.gov.cn/tjsj/。

产业的发展，如农家乐；电商扶贫带动了农村经济的发展，解决了农产品滞销的难题。精准脱贫是新形势下的一种创新，促成了中国扶贫实践新体系的建立。

经过全国上下一心的不懈努力，中国农村居民及全国居民的人均可支配收入都在不断提高。2014 年，农村居民及全国居民人均可支配收入分别为 10489 元和 20167 元；2021 年的收入水平分别增加至 18931 元和 35128 元。无论是农村居民的收入水平还是全国居民的收入水平，均呈现出连年提升的良好态势，且大多数年份农村居民人均收入的增长速度快于全国平均水平（见图 1）。在收入水平不断提高的推动下，中国的贫困人口数量不断减少。2014 年，中国的贫困人口数量为 7017 万人，2019 年则减少至 551 万人，中国的贫困发生率也由 2014 年的 7.2% 降至 2019 年的 0.6%①。

（二）中国的减贫案例

1. 创业扶贫

在创业扶贫方面，浙江义乌是一个典型的例子。30 年前，义乌被认为是浙江省极度贫困的地区，但通过创业创新，义乌成功打了一场翻身仗。

义乌的企业家与贫困之间的斗争可分为三个阶段。（1）鸡毛换糖阶段：由于缺乏资源且区域环境不适合发展农业生产，义乌许多贫困的农民被迫从事贸易活动，通过"沿街叫卖"的方式，利用颠覆性的以家庭为基础的创新商业模式创造赚钱的机会，同时也带来了农民相互之间提供商品和服务的好处。（2）路边摊阶段：义乌的农民通过摆路边摊的方式建立起了农户与外部市场之间的联系，同时，政府在一定程度上的容忍为义乌农民创业留下了发展空间。（3）小商品市场阶段：20 世纪 80 年代，政府支持当地农民从事商业活动，在高度信任的环境下，企业发展起来，义乌第三产业所占的比重逐渐提高，1988 年超越第一、二产业，产业结构发生根本性转变。

义乌脱贫的经验在于，当地农民主要依靠自己的能力去发现和利用商业机会，而不是依靠跨国公司投资或寻求政府的支持来扶贫。通过改变贫困人口的态度和行为，变被动减贫为主动减贫。

---

① 这是按 2010 年贫困标准计算的结果，资料来源：国家统计局，由 EPS DATA 整理获得。

义乌的经验强调创新和创业的作用，创造了可信的市场。对于外国人来说，好的商业环境使他们能够在中国从事创业和商业活动，为中国和本国的减贫事业献力献策。就农民企业家而言，他们的优势在于对当地市场的深刻了解，这有助于发现和利用当地的创业机会。义乌扶贫的关键要素是掌握了打开穷人购买力的钥匙，以他们负担得起的价格提供更简单、更小或更便宜的商品。

2. 光伏（PV）扶贫

近年来，光伏扶贫已成为精准扶贫的主体工程之一。中国光伏产业以出口为主，并提出了项目试点、补贴和优惠招标等强化扶持政策，以扩大国内光伏市场。因此，太阳能的发展得到了地方政府、大型能源公司和制造企业的支持。2014 年，中国政府决定用 6 年时间推动 PV 扶贫，将光伏的发展与扶贫结合起来。2015 年，中国政府计划到 2020 年建设年装机容量为 3GW（千兆瓦）的光伏扶贫项目，覆盖 60 万户贫困家庭，帮助 300 万户贫困家庭脱贫。

考虑到贫困地区的分布情况，中国政府提出将村级光伏电站作为 PV 扶贫项目的主要模式。为有效促进光伏项目投资，充分发挥金融杠杆的作用，国家开发银行提供信贷支持，期限长达 15 年。同时，中央政府还支持地方政府建立专项资金，为地方政府提供信贷；地方政府制定配套政策应对光伏扶贫项目融资难的问题，如企业要投资商业光伏电站，必须同时投资一定比例的光伏扶贫电站。

光伏扶贫作为中国可再生能源利用与扶贫的创新整合项目，使中国成为其他发展中国家的典范，并且从中央政府到地方政府制定了完善的配套政策，形成了 PV 扶贫推广的激励机制。

3. 生态扶贫

云南省贡山独龙族怒族自治县独龙江乡，依托高黎贡山国家级自然保护区和"三江并流"的世界自然遗产核心区，闯出了一条既保护自然环境又脱贫致富的生态扶贫之路，成为"两山理论"的真实写照。[1]

---

① 罗春明、赵普凡、潘越：《林业扶贫 | 云南独龙江生态脱贫闯新路》，新华网，https://m. thepaper. cn/baijiahao_ 7119784。

独龙江乡凭借丰富的林业资源，瞄准以草果为主的林下特色产业，在"领头人"高德荣的带领下，大面积推广草果种植，同时扶贫、林业、农业等部门合力，通过免费发放果苗、送科技到家等方式帮助贫困户种植草果。从一户到几户、从一个小组到几个小组、从一个村到几个村，使红彤彤的小草果成了独龙江乡民脱贫致富的"金果果"。此外，乡里还通过"林＋菌""林＋畜禽""林＋蜂"等模式，带动贫困农户发展羊肚菌、独龙牛、独龙鸡、独龙蜂等林下种养业，极大地提高了林地利用率和产出率。

独龙江还开展特色旅游，开发出生态农业旅游、独龙美食文化体验、原生态民俗体验等特色项目；并发挥森林资源优势，开发了科考探险、人马驿道等生态旅游项目，有效带动村民脱贫致富。

（三）中国的减贫经验

诺贝尔经济学奖获得者舒尔茨的理论思想与中国的减贫经验不谋而合，他提出：通过引进现代生产要素，改造"穷"传统农业，使现代农业为经济增长和财富积累、消除农村贫困做贡献。从中国多年来的扶贫实践可以得出：提高贫困地区的自我发展能力，重视贫困地区的教育，通过多种扶贫方式、工业化与城镇化驱动等能有效解决贫困问题。

1. 提高贫困地区的自我发展能力

对于千差万别的贫困地区而言，提高其自我发展能力的核心就是发展特色产业。各地区的资源条件迥异，因此，需因地制宜，遵循产业与市场的发展规律，并结合贫困户的经营能力与需求，通过土地托管、鼓励农民将土地经营权进行投资入股，带动贫困户的收入增长，从而发挥利益联合机制的最大效用。同时，健全金融服务体系和市场支撑体系，发掘当地特色产业，支持电子商务的发展，建立健全网络营销的配套体系，如农产品的销售、运输以及配送，形成品牌效应。

2. 重视贫困地区的教育

教育是解决一个地区社会经济发展的重要手段，中国通过加大对贫困地区教育的财政投入，提升了贫困地区人民的知识水平和文化素质。民众在获得更多劳动技能的同时，也在为社会经济发展做贡献。教育方面的扶贫可分为两方面：从宏观的角度，中国成功协调了教育扶贫政策与其他扶贫政策之间的矛盾；从微观的角度，针对家庭贫困的差异性，政府科学分配扶贫资金，促进贫困家庭人力和社会资本的积累。

3. 电商扶贫、旅游扶贫

改革开放以来，中国政府改变传统单一的救济方法，通过开发式扶贫，为贫困地区创造新的生产力。其中，电商扶贫成为农村扶贫的亮点之一。

第一，通过互联网与农业的融合发展，中国农村电子商务市场规模快速扩大。据商务部电子商务司发布的《中国电子商务报告 2020》数据显示，2020 年，中国农村网络零售额达 1.79 万亿元，比 2019 年提高 8.9%（见图 2）。其中，农村实物网络零售额达 1.63 万亿元，占全国农村网络零售额的 90.93%，同比增长 10.5%。2020 年，中国农产品网络零售额达 4158.9 亿元，同比增长 26.2%。截至 2020 年末，中国贫困村通光纤比例从"十三五"初期的不足 70% 提升至 98%，深度贫困地区贫困村通宽带比例从 25% 提升到 98%，提前超额完成"十三五"规划纲要中宽带网络覆盖 90% 以上贫困村的目标①。

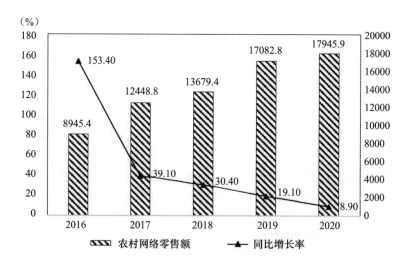

图 2　中国农村网络零售额及其增长率

资料来源：商务部：《中国电子商务报告 2020》，中国商务出版社 2021 年版。

---

①　中国互联网信息中心：第 47 次《中国互联网络发展状况统计报告》，2022 年 2 月 3 日，www. cac. gov. cn/2021 – 02/03/c_ 1613923423079314. htm。

截至 2020 年末，中国国家级贫困县网商总数达 306.5 万家，比 2019 年增加 36.6 万家，增长 13.7%。2020 年，中国电子商务进农村综合示范实现 832 个国家级贫困县全覆盖，对 102 个县给予第二轮提升性支持，村级电商站点覆盖率达 70%。

在带动贫困地区农民增产增收方面，2020 年阿里巴巴平台上 832 个国家级贫困县网络销售额达 1102 亿元，在 75 个国家级贫困县诞生了 119 个淘宝村、106 个淘宝镇；拼多多农业相关商品交易总额超过 2700 亿元；苏宁易购全渠道累计实现农产品销售 140 亿元。

第二，农村创业与就业不再是梦想。贫困地区的年轻人被电子商务的良好发展势头所吸引，纷纷回乡创业，部分农民主动学习电商技能，实现本地化就业。同时，贫困人群的消费方式也因电商扶贫发生了改变。一方面，贫困人群通过互联网销售当地的农产品，收入不断增长；另一方面，他们通过互联网进行各项消费，接触到了缴费、理财、订票等互联网服务，推动了国家经济的发展。电商扶贫使中国探索出新的商业发展模式，为国家的经济增长推波助澜。

中国的电商扶贫模式在国际上也备受瞩目，联合国世界粮食计划署的凯琳·里格若表示：电商平台的发展打通了农民和市场之间的联系，农民通过销售农产品从中获取利益，提高了生产的积极性。她非常支持电商扶贫在未来推广到全世界。

第三，旅游扶贫在精准扶贫中占据重要地位。中国是一个多民族的国家，研究发现，大多数少数民族地区都相对贫困，因此，中国政府采取措施帮助少数民族地区解决贫困问题，旅游扶贫就是其中的一项。虽然一些少数民族地区经济发展滞后，但由于他们长期居住在自己的村落，与外界隔绝，很难想到去利用当地独有的自然资源，发扬当地的历史文化。因此，旅游扶贫在这些地区就更容易获得成效。政府大力拓展少数民族地区的旅游业，吸引来自全国及海外的游客，促进这些地区的经济发展，给当地人民创造更多的就业机会。因此，少数民族地区的贫困发生率明显降低（见表 2）。国家民委经济发展司的数据显示，2012—2018 年，中国民族八省区贫困人口从 3121 万人减少到 603 万人，贫困发生率从 20.8% 下降到 4%，民族地区的脱贫攻坚在旅游业的带动下取得重要突破。

表2　　　　　　　　　　中国民族八省区贫困发生率　　　　　　　单位：%

	2010	2012	2014	2016	2018
内蒙古	19.7	10.6	7.3	3.9	1.0
广西	23.9	18.0	12.6	7.9	3.3
贵州	45.1	26.8	18.0	11.6	5.0
云南	39.6	21.8	15.5	10.1	4.8
西藏	49.2	35.2	23.7	13.2	5.1
青海	31.5	21.6	13.4	8.1	2.6
宁夏	18.3	14.2	10.8	7.1	2.2
新疆	44.6	25.4	18.6	12.8	5.7

资料来源：国家民委经济发展司：《2015 年民族地区农村贫困情况》，国家民委网站，http：//www. seac. gov. cn/art/2016/4/11/art_ 31_ 251389. html？from = timeline&isappinstalled = 0。

国家民委经济发展司：《2018 年民族地区农村贫困监测情况》，国家民委网站，https：//www. neac. gov. cn/seac/jjfz/202001/1139406. shtml。

4. 社会力量的参与

中国减贫的成功还缘于充分整合社会力量参与贫困治理。社会力量的集聚一方面带来了大量的资金和资源，减小国家财政的压力，另一方面为政府扶贫工作的改革提供模板。具体的扶贫措施包括：第一，组织东部发达地区对应地帮扶西部贫困地区，在项目援助、企业合作、人才交流、资源共享等方面双方进行合作，效果显著。第二，党政机关，各大型企业、事业单位定点帮扶贫困地区。按照中共中央办公厅、国务院办公厅印发的《关于进一步做好定点扶贫工作的通知》，到 2002 年，实现了 481 个国家扶贫开发重点县被 272 个事业单位以及政府定点帮扶。第三，"希望工程""春蕾计划""文化扶贫""幸福工程""贫困农户自立工程"等由民间力量组织的扶贫项目层出不穷。最后，一些金融机构也在扶贫工作中贡献力量。通过这种方式不仅减轻了政府的负担，还提高了国家的经济发展水平。

二　拉美贫困问题及其原因分析

（一）拉美贫困的现状

从 20 世纪 70 年代开始，拉美地区的贫困问题就拉开了帷幕。通过

图3可见，拉美地区的贫困经历了四个阶段：（1）1980—1990年，贫困人口增加、贫困差距拉大阶段。拉美地区按每人每天低于1.9美元衡量的贫困人口占比从1980年的13.5%波动式提高到1990年的15.5%，贫困差距也由5.4%扩大到6.5%，说明这一阶段贫困人口有所增加、贫困差距有所拉大。[①]（2）1990—1999年，贫困化程度减弱阶段。这一时期，拉美地区的经济得以增长，贫困差距逐渐减小，贫困人口比例由15.5%下降到13.9%。（3）2003—2013年，逐步减贫阶段。这个时期拉美在减贫方面取得了相对稳定的进步，贫困差距逐年缩小，贫困人口所占的比例由2003年的11.4%下降到2013年的4.1%，贫困差距也从4.6%持续缩小到1.5%。同时，拉美各国的贫困状况差异较大。2004年之前的十年，9个拉美国家的贫困率与赤贫率都呈上升趋势，其中多米尼加和巴拉圭贫困率的增幅较

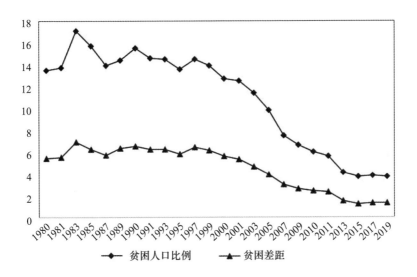

图3 拉美地区的贫困人口比例和贫困差距（元、%）

注：所有指标均按2011年购买力平价（PPP）折算。资料来源：世界银行，由EPS DATA整理。

---

① 世界银行对贫困的界定随着时间的推移及情况的变化不断更新，主要有三个标准：一是极端贫困，每人每天生活费低于1.9美元；二是中等偏低收入贫困线，每人每天生活费不足3.2美元；三是中等偏高收入贫困线，每人每天生活费在5.5美元以下。为了便于与世界其他国家进行对比，我们使用极端贫困作为拉美地区贫困状况的标准，即每人每天生活费低于1.9美元。如果读者对其他标准的统计结果感兴趣，可向作者索取。

大，贫困问题比较严重。2004 年以后，拉美各国都为减贫制定对策，使贫困率与赤贫率都有一定程度的下降，其中秘鲁贫困治理成效显著，贫困率下降了 24.3%。但是，大部分拉美国家的贫困问题依然严峻，如巴拉圭、墨西哥以及多米尼加等国的贫困率仍高于 30%（见表 3）。（4）2014 年以来，返贫阶段。2014 年之后，拉美经济陷入逆周期，贫困率呈现上升趋势，贫困人口也有所增加。如表 4 所示，拉美地区的贫困率由 2014 年的 28.2% 提高至 2020 年的 33.0%、贫困人口的数量也从 168 百万人增加至 204 百万人。

表 3　　　　2004 年前后 9 个拉美国家的贫困率和赤贫率变动情况　　　　单位：%

	年份	贫困率变动	赤贫率变动
阿根廷	1990—2002	16.2→ 31.6	3.5→ 12.0
	2003—2006	31.6→ 14.7	12.0→ 4.9
	2009—2012	14.7→ 3.4	4.9→ 1.7
玻利维亚	1990—2004	48.9→ 56.4	21.9→ 29.9
	2005—2013	56.4→ 28.4	29.9→ 13.6
巴西	1996—2003	29.0→ 30.7	11.0→ 10.4
	2004—2014	29.8→ 12.6	9.0→ 3.9
巴拉圭	1990—2004	36.8→ 57.1	10.4→ 29.2
	2005—2014	57.1→ 36.9	29.2→ 17.2
秘鲁	1997—2002	37.0→ 46.8	18.0→ 20.1
	2004—2014	44.1→ 19.8	15.6→ 3.5
乌拉圭	1994—2005	5.8→ 11.8	1.1→ 2.2
	2006—2014	11.8→ 2.9	1.9→ 0.6
墨西哥	1990—1996	39.0→ 43.0	14.0→ 16.0
	2006—2014	24.6→ 33.2	6.0→ 12.1
多米尼加共和国	1997—2004	37.0→ 50.4	13.0→ 26.1
	2005—2014	43.7→ 33.5	22.4→ 16.6
厄瓜多尔	1990—1999	55.8→ 58.0	22.6→ 27.2
	2004—2014	44.2→ 25.6	18.4→ 7.8

资料来源：联合国拉美经委会，历年的 Social Panorama of Latin America。

表4　　　　　　　1980年以来拉丁美洲贫困率及贫困人口数

年份	赤贫率（％）	贫困率（％）	赤贫人口（百万人）	贫困人口（百万人）
1980	18.6	40.5	62	136
1990	22.6	48.4	95	204
1999	18.6	43.8	91	215
2002	19.3	43.9	99	225
2008	12.9	33.5	72	186
2010	12.1	31.1	69	177
2011	11.7	29.7	67	171
2012	11.3	28.2	66	164
2013	11.9	28.1	70	166
2014	11.8	28.2	70	168
2015	12.4	29.2	75	175
2018	10.4	29.8	63	181
2019	11.4	30.5	70	187
2020	13.1	33.0	81	204
2021	13.8	32.1	86	201

资料来源：联合国拉美经委会历年 Social Panorama of Latin America，根据18个拉美国家（阿根廷、委内瑞拉、巴西、智利、哥伦比亚、哥斯达黎加、多米尼加、厄瓜多尔、萨尔瓦多、危地马拉、洪都拉斯、墨西哥、尼加拉瓜、巴拿马、巴拉圭、秘鲁、玻利维亚、乌拉圭）的家庭调查数据加权平均计算获得。2021年的数据为预测值。

当前，叠加新冠肺炎疫情对经济发展的负面冲击，拉美地区的贫困问题变得异常严峻。联合国拉美经委会的资料[①]显示，2020年，拉美地区33.0%的人生活在贫困之中，13.1%的拉美人处于极端贫困状态。这意味着大约2.04亿拉美人没有足够的收入满足他们的基本生活需要，其中8100万人甚至没有经济能力满足日常的食物购买需求。

（二）拉美贫困的原因

1. 收入分配不公

贫困的恶化在一定程度上总是与收入分配不公息息相关。收入分配的

---

① 资料来源：联合国拉美经委会，Social Panorama of Latin America 2021。

公平程度可用基尼系数表示，基尼系数在 0.3—0.4 之间比较合理；如果基尼系数达到 0.4—0.5，表明收入差距过大；如果基尼系数大于 0.5，表明收入悬殊。2020 年，大多数拉美国家的基尼系数在 0.4 以上，意味着拉美地区的收入差距较大。而且，基尼系数高的国家，如哥伦比亚（0.55），也拥有极高的贫困水平（其贫困率高达 40%）；而基尼系数相对较低的国家，如乌拉圭（0.4），其贫困率也比较低（贫困率仅为 5%）①。

因此，从某种程度上看，收入差距过大将降低贫困对经济增长的弹性，也就是说，当经济增长不明显时，减贫效果也不突出。收入分配不公导致经济发展低迷，贫困人口所获得的经济增长福利较少，从而导致贫困问题难以有效地解决。

2. 受教育程度不高

联合国教科文组织的数据表明，拉美国家对教育的重视程度较低，要实现教育平等仍然任重道远（见表 5）。1998 年，拉美地区小学、初中、高中各阶段的失学人数及其占世界总失学人数的比重均为历史峰值。此外，2013 年和 2014 年小学失学儿童的人数及其占世界的比重，以及初中失学人数占世界的比重都比较高。较多的失学人数表明，拉美地区的受教育程度较低，这不仅无法提高自身的收入水平，也不利于国家的经济增长，进而导致贫困问题得不到有效缓解。

表5　　　　　　　　拉美地区各阶段失学人数及其占世界的比重

	小学失学		初中失学		高中失学	
	总人数（百万人）	占世界的比重（%）	总人数（百万人）	占世界的比重（%）	总人数（百万人）	占世界的比重（%）
1998	3.60	3.24	3.95	4.08	9.94	5.76
2000	2.51	2.51	3.74	3.81	9.39	5.33
2002	2.23	2.52	3.26	3.54	8.79	4.91
2004	2.70	3.53	3.23	3.94	9.05	5.05
2006	3.19	4.47	2.64	3.49	8.85	4.99

---

① 贫困率为联合国拉美经委会的估计，基尼系数和贫困率的资料来源于联合国拉美经委会：Social Panorama of Latin America 2021, 2022, p. 83。

续表

	小学失学		初中失学		高中失学	
	总人数（百万人）	占世界的比重（%）	总人数（百万人）	占世界的比重（%）	总人数（百万人）	占世界的比重（%）
2008	2.53	4.11	2.06	2.97	8.33	5.09
2010	2.28	3.72	2.19	3.40	7.89	5.10
2012	2.52	4.28	2.69	4.43	7.32	4.99
2013	3.01	5.01	2.59	4.25	7.36	5.13
2014	3.02	5.04	2.39	3.92	7.39	5.21
2015	1.95	3.34	2.24	3.66	7.28	5.17
2016	1.93	3.36	2.20	3.60	7.08	5.09
2017	1.83	3.18	2.62	4.33	7.11	5.17
2018	1.72	2.95	2.39	3.94	6.63	4.81
2019	1.67	2.86	2.35	3.84	6.42	4.67

资料来源：联合国教科文组织，由 EPS DATA 整理获得。

　　与此同时，世界银行的数据（见表6）进一步表明，拉美国家约有五分之一，甚至四分之一的年轻人不接受教育、工作或培训，部分国家的情况更为糟糕。而且，随着时间的推移，这个比例不仅没有下降，反而在最近的年份出现了升高的苗头，这对于拉美地区的减贫是极为不利的。年轻人是未来的希望，也是未来的主人。如果很大一部分年轻人既不工作，也不接受教育，还不参加培训，那么，拉美地区缓解贫困的希望只会越来越渺茫。

表6　　　　　**部分拉美国家不接受教育、工作或培训的年轻人比重**　　　单位：%

	巴西	哥伦比亚	多米尼加	墨西哥	洪都拉斯	萨尔瓦多
2006	19.28	27.43	19.44	21.30	26.84	—
2008	18.35	25.44	19.07	21.91	25.82	—
2010	—	23.56	20.83	22.18	26.21	27.21
2012	20.03	22.48	20.17	21.14	28.67	26.03
2013	20.39	22.09	20.82	20.47	26.81	25.35
2014	20.09	21.39	19.47	20.28	28.67	28.50

续表

	巴西	哥伦比亚	多米尼加	墨西哥	洪都拉斯	萨尔瓦多
2015	21.49	20.94	25.23	19.75	26.96	28.54
2016	23.24	20.98	25.37	19.55	27.82	28.22
2017	24.33	21.78	24.34	18.73	27.72	28.40
2018	24.15	22.59	24.50	18.43	26.68	27.15
2019	23.52	23.95	24.72	18.30	28.11	27.94

注：一表示数据缺失。

资料来源：世界银行，由 EPS DATA 整理获得。

3. 社会保障不完善

不完善的社会保障制度也是导致拉美贫困的重要原因之一。一方面，社保低覆盖率往往和高贫困率脱不了关系。世界银行的统计数据①显示，2005—2012 年，智利、乌拉圭、哥斯达黎加的全部社会保护和劳动覆盖率分别平均达到 83.75%、79.82%、67.43%，其按每人每天生活支出低于 1.9 美元衡量的贫困人口比例也比较低，分别仅为 1.13%、0.30%、2.24%。相反，洪都拉斯、玻利维亚、哥伦比亚、危地马拉等拉美国家的社保覆盖率较低，其贫困人口的比例均达到 10% 以上。这种负相关的现象在拉美地区是显而易见的。另一方面，社会保障对低收入群体是不切实际的。低收入人群缴费能力弱，往往是最需要社会保障的，但他们却无法参加社会保障，或者说即使参加也无法正常缴费，从而导致恶性循环。收入高的人不以为然，而对于收入低的人来说，他们在社会保险、医疗保健、养老等方面均受到限制，同时他们在能力上的差距导致其在社会保障指标上被严重剥夺。

2014 年拉美经委会的报告显示，拉美国家的公共社会支出占总公共支出的比重超过 50%，大部分的公共支出用于社会养老保险，因此用于社会救济的支出就受到挤压。同时，由于拉美地区 70% 的社会养老保险支出流向最富有的 40% 的人群，导致 20% 的社会最贫困的人只能分得 6% 左右的

① 世界银行，由 EPS DATA 整理。

社会保障福利。这种情况不仅不利于贫困的减缓，反而拉大了贫富差距，进而反向加重了贫困人群的负担。

4. 不平等现象严重

在许多拉美国家，贫困问题源于历史遗留的种族问题和严重的不平等现象。拉美地区的不平等现象与拉美公民的族群划分紧密相关，在贫困的发生率方面，原住民（土著）和非洲后裔的贫困率明显高于其他人口，这种差距在厄瓜多尔、哥伦比亚和巴西表现得尤为明显（见图4）。这种突出的不对称性导致贫困问题的解决更加困难。

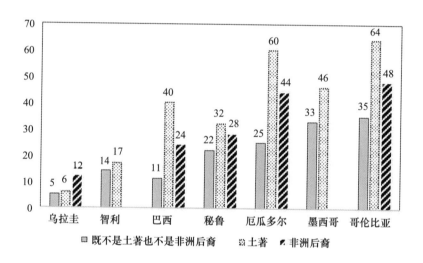

图4　2020年部分拉美国家按种族划分的贫困率（%）

资料来源：联合国拉美经委会，Social Panorama of Latin America 2021。

拉美的不平等现象还表现在男女不平等与性别歧视上。男女不平等现象在人类历史上并不陌生，拉美也普遍存在着女性人力资本严重浪费及各种女性受歧视的问题。事实上，贫困问题与男女不平等问题息息相关。在拉美地区，女性对土地、信息、资金等生产资料的使用都受到限制；无论在家庭还是社会，女性的决策力被限制，从而造成女性无法获取相应的资源和政治资本以克服贫困，导致在大多数拉美国家女性的贫困率普遍高于男性（见图5）。对于一个家庭而言，家里的收入来源主要来自男性，单一的经济来源导致家庭收入增长缓慢，贫困问题的解决也越加困难。

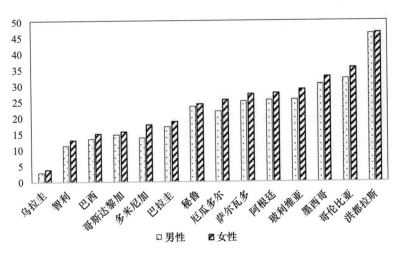

图5　2020年部分拉美国家按性别划分的贫困率（%）

资料来源：联合国拉美经委会，Social Panorama of Latin America 2021。

三　中国的减贫经验对拉美的启示

（一）中国与拉美贫困的可比性

与发达国家相比，发展不平衡、收入差距大、居民生活水平低等问题在发展中国家普遍存在，拉美和早期中国的贫困问题在许多方面具有相似性（见表7）。

表7　　　　　　　　　　　　　中国与拉美贫困问题的相似性

	早期的中国	拉美
收入	收入分配不均和生产要素发生变化，在社会财富一定的条件下，一部分人占有太多，从而导致贫富悬殊	收入分配不公，贫困人口所获得的经济增长带来的利益过少，从而导致扶贫问题越来越严重
教育	农村教育设施缺乏，居民受教育程度低	教育资源缺乏，失学人口数目较大
社会保障	国家财政收入水平低，公共投入和基础投入不足，大部分人缺乏社会保障	社会保障不足，社会救济支出受到限制
就业	失业现象严重	一部分农民处于亦工亦农的边缘地带，类似于中国的农民工群体
基础设施	农村贫困人口绝大多数属于绝对贫困，其衣食住行等基本生活很难保证	拉美城市化问题严重，出现了贫民窟（没有上水和下水、缺乏基本生活设施的住宅）现象

（二）拉美贫困的应对策略

1. 旅游扶贫

拉丁美洲历史悠久，传统文化资源丰富，多元的拉美文化造就了多样的传统文明。悠久的拉美文明史孕育了玛雅文化、印加文化以及阿兹特克文化，还有各种富有民族特色的民间活动。因此，拉美国家可借鉴中国民族地区的做法，充分利用当地的资源发展旅游业，以解决贫困问题。在旅游业的开发中，政府可通过立法、规划、投资、协调等引领旅游业的发展，同时提供必要的基础设施，保障旅游业的顺利发展。

发挥国家或地区的比较优势对于旅游业的快速发展至关重要。可充分利用拉美国家的特殊节日，如巴西狂欢节，利用文化资源促进经济产业如餐饮业、娱乐业等的发展，地区收入水平的提高将缓解贫困。

2. 促进教育改革

人民群众的受教育水平很大程度上影响国家的经济发展，因此，要解决贫困问题，教育改革必不可少。首先，拉美需要制定公平、公正的教育政策，实现上学机会的平等：无论是贫民的孩子还是贵族的孩子，都拥有同等的上学机会；学校条件平等：学校平等对待每一位学生；教育效果平等：老师平等教授每一位学生，不收受贿赂，不排斥、看轻学习能力低下的学生等。其次，在全球化的形势下，支持学生学习其他国家的知识，并加强与其他国家在教育人才方面的交流与合作。最后，政府要加大对教育的投入，制定教育扶贫方案，支援因贫困无法上学的家庭。

总之，在经济全球化的趋势下，拉美不但不能轻视公共教育，反而应该更加重视公共教育，更好地发展公共教育；教育的发展不能走极端，必须走市场经济同公益教育相结合的现代化道路。

3. 促进就业

拉美国家可以把更多的目光放在初次分配上，如积极促进就业及减少失业。拉美国家可通过职业技术培训和二次教育的方式，使赤贫人口、贫困人口获得职业技能，提高知识水平；支持自主创业、创造更多工作职位以及间接推荐工作岗位，解决劳动力需求问题；通过劳动中介，使需求与劳动力相匹配，更好地促进就业。同时，拉美国家还可以出台鼓励创业的政策，使国家的行业部门向多元化发展。

4. 利用国际援助

在全球发展援助对象中，中低收入及贫困国家一直处于接受发展援助的地位，因此，拉美地区可以充分利用国际上的各种援助力量来缓解贫困。同时，美欧等传统援助方与拉美国家有悠久的历史渊源，现实利益的联系也较为紧密，援助是其重要的合作工具之一。另外，中国一贯致力于对拉美的外援，并做出相应的调整，以适应拉美政治、经济和社会发展的需要。

5. 有条件现金转移支付

"有条件现金转移支付"在拉美减贫方面也能发挥很大的作用。这种方式可以摆脱传统的社会救助方法，并结合减贫和促进人力资源的发展。这种手段是通过受益人履行相应的义务从而得到政府提供的援助，可在一定程度上增强受益人的责任感，在扶贫的同时还可以促进其他方面的综合发展。

同时，有条件现金转移支付计划强调女性的作用，使女性不再处于黑暗的底层，在其中扮演着家庭监督的角色，也可以成为直接受益人。通过这种方式，可以促进群众知识水平的提高、激励失业人员寻找工作从而降低失业率，对消除拉美国家贫困具有积极的推动作用。

（作者宋海英，浙江外国语学院国际商学院教授；

余璐，浙江外国语学院国际商学院学生）

China's Experience in Poverty Reduction and its Enlightenment to Latin American Countries

Song Haiying and Yu Lu

Abstract：Poverty has always been an unavoidable problem in the development of human society. China has adopted several policies against poverty, many of which are of reference value to Latin American countries. First, we review the process of poverty reduction in China and summarize China's experience of poverty alleviation as follows: improving self-development ability through industrial poverty alleviation, increasing financial investment in education, poverty alleviation through tourism and e-commerce and integrating social forces. At the same time, we find that the causes of poverty in Latin America are: unfair income distribution, insufficient education, lack of social security and serious inequality. Finally, by comparing the poverty phenomenon between Latin America and China, we put forward suggestions for Latin America to reduce poverty: poverty alleviation through tourism, education reform, promoting employment, using international assistance and cash transfer payment.

　　Key words: Poverty; Poverty Alleviation; Latin America; China

数字经济对中国—巴西双边贸易的影响研究[*]

吕宏芬　王科程　雷　赟　柯贯闳

摘　要： 随着数字经济在国民经济中的表现越来越突出，各国陆续出台相应的数字经济促进政策，争取在新一轮数字化浪潮中抢占先机。数字经济的发展已渗透至包括国际贸易在内的诸多领域，中国和巴西都有着良好的数字经济发展基础，双边贸易往来密切，因而探究数字经济对中—巴双边贸易的影响有着重要的现实意义。本文首先研究数字经济对双边贸易影响的机理，发现数字经济能降低交易成本、改变贸易模式、优化贸易结构。其次，通过 2015 年到 2020 年的双边贸易数据，实证分析数字经济对中国和巴西两国贸易往来的影响，并对中巴双边货物贸易进行进一步实证分析，通过这些分析验证了数字经济发展能促进双边货物与服务贸易。最后，提出利用数字经济促进中国—巴西双边贸易发展的相关对策和建议，并为其他国家利用数字经济促进双边贸易发展提供参考借鉴。

关键词： 数字经济；双边贸易；中国；巴西

一　引言

目前世界处在大发展、大调整的"百年未有之大变局"中，保护主义和单边主义上升，但新一轮的产业革新和科技改革正在蓬勃兴起，数字经

---
* 课题信息：成都大学泰国研究中心 2022 年度课题《我国与新兴经济体数字经济合作路径探析——基于对泰国和巴西的对比研究》（编号：SPRITS202204）阶段性成果。

济在全球经济低迷时逆势上扬，对国民经济的贡献越来越大。得益于互联网、大数据、云计算等新一代信息技术的发展，数字经济规模持续上涨。2020 年，全球数字经济规模达到 32.61 万亿美元，同比名义增长 3.0%，占 GDP 比重为 43.7%。[①]

数字经济最早由被誉为"数字经济之父"的新经济学家唐·泰普斯科特（Don Tapscott）于 1996 年在《数字经济时代》中正式提出。[②] 数字经济具有数字化、虚拟化、分子化、知识化、互联互通、消费者同时也是生产者等多个明显的特征。自 20 世纪末伊始，随着数字技术的快速发展与应用，数字经济及其相关产业以无可比拟的速度在全球范围内扩张渗透。[③] 发展至今，数字经济已成为社会经济运行中至关重要的一部分，数字技术的飞速发展将整个世界带入了全新的数字经济时代，并同时产生了巨大的数字红利。数字经济与诸多产业融合，同样也促进了跨境交易的发展。[④] 利用自身特有的数据化信息共享的优势，数字经济能够迅速找到潜在的市场和贸易机会，并通过降低交易成本、提供贸易便利等，促进国与国之间的双边贸易。

中国数字经济规模持续扩大，中国信通院的数据显示，2020 年我国数字经济规模达到 39.2 万亿元，占 GDP 比重为 38.6%；数字经济增速达到 GDP 增速 3 倍以上，成为稳定社会经济增长的关键动力。受疫情影响，全社会数字化意识大幅提高，线上招聘、线上办公成为新常态，工作场景突破了空间限制，有利于数字社会的生态建设。[⑤] 当然，尽管我国数字经济基础较好、对国民经济增长的贡献不断增强，但相较于发达国家数字经济在 GDP 中占比超过 50% 的主导地位而言，我国的数字经济还有巨大的发

---

① 中国信息通信研究院：《2020 中国数字经济白皮书》，北京大学出版社 2020 年版。

② D. Tapscott, *The Digital Economy: Promise and Peril in the Age of Networked Intelligence*, McGraw-Hill, New York (1996).

③ Marcel Matthess, "Stefanie Kunke, Structural Change and Digitalization in Developing Countries: Conceptually Linking the Two Transformations", *Technology in Society*, 17 October 2020, Volume 63 (Cover date: November 2020) Article 101428.

④ 苏晓：《数字经济成为驱动我国经济增长的核心关键力量》，《人民邮电》2020 年 7 月 6 日。

⑤ United Nations Conference on Trade and Development (UNCTAD), 2019a, "Value Creation and Capture: Implications for Developing Countries", *Digital Economy Report*, New York, September 4.

展空间。

　　巴西地大物博，国土面积和人口总量均位居世界第五位，巴西拥有丰富的自然资源，是拉美最大的经济体，在互联网普及率、通信基础设施、人口结构、商业环境、法律规范、政府政策等方面均有较大的优势。巴西和中国于 1947 年建交，长期保持着良好的经贸关系。2020 年巴西数字经济规模达到 3112 亿美元，名列世界第十二位，数字经济发展领先拉美各国。① 巴西人口半数以上都是年轻人，对于新生事物接受速度快，具有庞大的数字人口红利。尤其是巴西的电子商务市场才刚刚起步，虽然尚未成熟，但发展速度十分迅速。巴西正大力推进数字城市项目、农业 5G 技术、工业技术 4.0 和 "智慧巴西" 国家宽带发展计划等数字基础设施建设，这样的新兴市场无疑是巨大的蓝海市场，发展潜力大、后劲足。②

　　尽管疫情在一定程度上冲击了传统合作，但中巴两国已充分认识到数字经济正推动各产业创新发展，成为促进世界经济增长的重要动力。中巴双方应在新一轮技术革命浪潮中把握先机，加强数字经济发展战略对接，推动虚拟经济同实体经济融合发展，在经济发展新模式上探索合作新前景。

　　本文聚焦于数字经济对中国—巴西双边贸易的影响，研究 "后疫情时代" 数字经济这一新兴的经济形态从哪些方面获取数字红利？如何影响中国—巴西双边贸易的持续稳定发展？如何借此优化中巴双边贸易结构，等等，并为其他国家在数字经济时代进行经贸合作往来，提供相关的经验借鉴。

二　中国—巴西数字经济发展现状

　　数字经济发展至今时间尚短，而且科技发展日新月异，也使数字经济不断展现新的特征。因此，国内外学者对数字经济的含义及其范畴始终未

---

　　①　楼项飞、杨剑：《拉美数字鸿沟消弭与中拉共建 "数字丝绸之路"》，《国际展望》2018 年第 10 期。

　　②　顾欣：《拉美数字经济发展现状研究》，硕士学位论文，北京外国语大学，2020 年。

能达成共识，对数字经济规模的测度是世界各国的机构和学者所面临的一大难题。

（一）数字经济的测度与选择

现代信息网络是数字经济的重要载体，数字化的知识和信息是数字经济发展的关键生产要素。[①] 数据网络是数字经济得以发展的基本前提，而信息基础设施是数字化的地基，因此，有关信息基础设施的指标是衡量一国数字经济发展的基础测度，这对于广大发展中国家数字经济的发展与评估更是至关重要。该指标的测量相较于其他指标更为直观与简单，在世界范围内更易达成共识，是各国和世界组织进行统计的常用指标，具有很高的比较价值。本文主要参考世界经济论坛（WEF）发布的《全球信息技术报告》中的"网络就绪度指数"（NRI）与国际电信联盟（ITU）发布的ICT发展指数（IDI）为细分指标。[②] 当然，对于数字经济而言，有关信息基础设施的直观指标，仅仅是数字经济规模测度的一方面，更广泛的数字经济领域的测度在各国与国际组织之间还存在较大的分歧。[③]

本文旨在研究中国和巴西数字经济发展对双边贸易的影响，对两国数字经济发展的数据收集和最新发展情况的掌握是研究的基础。但由于统计具有一定的难度，并且数据相对滞后，本文会采取多个考察角度和指标，尽可能获得最新的数据来进行分析。

（二）中国—巴西数字经济评估

本文以华为"全球连接指数"（GCI）、联合国发布的数字经济报告和中国信通院全球数字经济新图景均为参考标准，通过对这些报告和指数的研究，选取信息通信基础条件、电子商务、信息通信技术产业（ICT）为测量指标。

---

① H. S. Kehal, V. P. Singh（Eds.），*Digital Economy: Impacts, Influences, and Challenges*, IGI Global, Hershey, PA（2005）.

② 王思瑶：《数字经济的统计界定及行业分类研究》，《调研世界》2020年第1期。

③ 李相龙：《美国数字经济核算理论与实践》，《中国统计》2019年第4期。

1. 信息通信基础条件

中国和巴西的信息通信基础条件均已超世界平均水平，但是两国的信息通信基础水平指标仍存在一定的差距，如表1所示。

使用互联网的个人比例是网络运用水平的一项基础指标。2020年，这一指标中国为70.4%，巴西为70.2%，均高于59.6%的全球平均值。这说明中巴两国互联网的发展基础良好，数字经济合作和发展的前景非常广阔。

从信号网络的用户范围来看，巴西的固定网络用户虽略高于全球平均水平，但远低于中国；而移动网络用户巴西虽略低于世界平均水平，但与中国差距较小。对于网络质量，中国在固定宽带速度和移动宽带速度上均表现出巨大的优势，远高于全球平均水平。全球固定宽带平均下载速率为110.2Mbps，移动宽带平均下载速率56.7Mbps，而巴西固定宽带平均下载速率仅为49.96Mbps，移动宽带平均下载速率24.45Mbps，可见巴西在移动宽带平均速率和固定宽带平均速率方面，和世界平均水平均有巨大的差距，但同时也说明巴西提高网络基础条件的空间很大。

网络支出费用的高低是影响网络使用的重要影响因素之一。2019年的数据表明，中国在固定宽带和移动宽带上的费用均略低于巴西，但是在固定宽带费用GNI占比中，全球的占比为39.2%，远高于中国2.17%和巴西2.41%。从移动宽带费用GNI占比来说，中国和巴西均略低于全球，说明中国和巴西在固定宽带费用方面有着巨大优势，而在移动宽带费用上的优势不够明显。

表1　　　　　　　　　　信息通信基础水平指标

指标	时间（年）	巴西	中国	全球
使用互联网的个人比例（%）	2020	70.20	70.40	59.60
安全服务器数量（每百万人口）	2020	3087	949	11502
每百位居民固定宽带签约用户数	2019	14.91	28.21	14.10
固定宽带平均下载速率（Mbps）	2021	49.96	120.92	110.20
每百位居民蜂窝移动电话签约户数	2019	98.84	110.00	104.00
每百位居民活跃移动宽带签约户数	2019	90.20	82.46	61.96

续表

指标	时间（年）	巴西	中国	全球
移动宽带平均下载速率（Mbps）	2021	24. 45	84. 68	56. 70
移动信号覆盖占人口比例（%）	2019	95. 83	99. 00	96. 19
固定宽带费用 GNI 占比（%）	2019	2. 41	2. 17	39. 20
移动宽带费用 GNI 占比（%）	2019	1. 58	1. 10	3. 40

资料来源：世界银行、国际电联、中国通信院、Okla Speedtest Global Index。

2. 电子商务

电子商务是目前数字经济发展中最为集中、最有活力的表现形式之一，正引领着全球数字经济的发展，企业拓展电子商务对数字经济的全面发展有着极其重要的作用。目前，全球最大的电子商务市场在中国，巴西位列第九，电子商务市场发展潜力巨大。

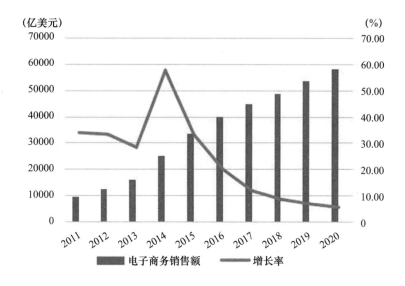

图 1　2011—2020 年中国电子商务销售额

资料来源：国家统计局。

图 1 是中国的电子商务销售额。近十年来稳步增长，2020 年中国电子商务销售额达到 37. 21 万亿元（58381 亿美元），同比增长 4. 5%。图 2 是

巴西电子商务销售额。2019 年之后呈井喷式增长，2020 年全年电子商务销售额达 1060 亿雷亚尔（246 亿美元），同比增长 80.15%。

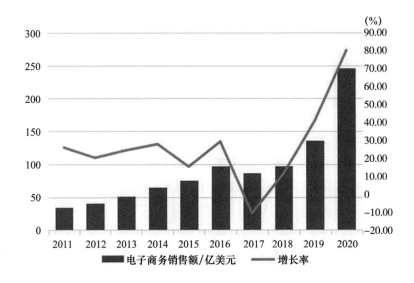

图2　2011—2020 年巴西电子商务销售额

资料来源：E-bit 报告。

显然，尽管中巴两国的电子商务销售额都在增长，但是中国近几年来的增速明显放缓；巴西除了 2017 年电子商务销售额有所下降外，近年来一直保持高速增长的良好势头。由此可见，巴西作为新兴经济体的代表国家，其电子商务市场具有非常大的发展潜力。

3. 信息通信技术产业

以数字化的知识和信息、现代网络为特征的信息通信技术（ICT）是数字经济发展的核心技术及载体。[1] 信息通信技术通过产业数字化、数字产业化、数字化治理等方式推动数字经济的高质量发展，因此数字经济与信息通信技术产业紧密相关，信息通信技术产业发展状况也是衡量数字经济发展的重要内容之一。

---

① 荆文君、孙宝文：《数字经济促进经济高质量发展：一个理论分析框架》，《经济学家》2019 年第 2 期。

如表 2 所示，不管是从 ICT 产品出口、进口，还是从 ICT 服务出口来看，中国的 ICT 产业发展都远高于世界平均水平，中国的数字经济基础雄厚。[①] 而巴西在信息通信技术产业的水平则低于世界平均水平，以 2020 年为例，巴西的 ICT 产品出口占货物出口总额的比重仅为 0.4%，远低于11.5% 的世界平均水平；ICT 产品进口占货物进口总额的比重为 9.0%，也低于 12.9% 的世界平均水平，ICT 产品的进出口逆差很大。在 ICT 服务出口占服务贸易出口比重方面，巴西也低于世界平均水平，与中国的差距则更为明显。

表 2　　　　　　　　　　　　ICT 产品进出口占比

指标	时间（年）	中国	巴西	世界
ICT 出口占货物出口总额（%）	2020	26.5	0.4	11.5
ICT 进口占货物进口总额（%）	2020	22.5	9.0	12.9
ICT 服务出口占服务贸易出口（%）	2019	12.7	6.3	10.4

资料来源：世界银行。

（三）中巴两国数字经济发展规模

表 3 是 2020 年主要国家数字经济排名与 GDP 排名表。2020 年，中国数字经济规模为 53565 亿美元，位居世界第二。巴西数字经济规模为 3112亿美元，位居世界第十二。纵观表 3 数字经济排名前十二的国家可以看出，各国数字经济的发展与其 GDP 的规模呈显著的正相关关系，除韩国、墨西哥与巴西数字经济与 GDP 排名相差四个位次之外，大多数国家两者的排名只相差一两位，因此，一般来说 GDP 规模较大的国家，在发展数字经济方面也具有优势。

从另一方面来说，数字经济也促进了 GDP 的增长，特别是近年来全球经济持续低迷，世界各国大力推行数字经济发展战略，使之成为疫情后新的经济增长点。目前，中国的数字经济规模虽然已是世界第二，但数字经

[①]　罗以洪：《大数据人工智能区块链等 ICT 促进数字经济高质量发展机理探析》，《贵州社会科学》2019 年第 12 期。

济占 GDP 的比重仅为 34.44%，相较于美国、德国、英国等数字经济占 GDP 比重超过 60% 的数字强国来说，中国的占比显然偏低，同时数字经济的质量也还需要进一步提升。而巴西数字经济全球位列第十二，数字经济占 GDP 的比重则更低，仅为 12.99%，中巴两国的数字经济还有很长的道路要走，需不断优化 GDP 结构，扩大数字经济的占比。

表 3 　　　　　　　　2020 年主要国家数字经济排名与 GDP 排名

国家	数字经济排名	GDP 排名	数字经济排名提升	数字经济占 GDP 比重（%）
美国	1	1	0	62.25
中国	2	2	0	34.44
德国	3	4	1	60.30
日本	4	3	−1	46.91
英国	5	7	2	63.78
法国	6	6	0	39.90
韩国	7	11	4	48.78
印度	8	5	−3	16.80
意大利	9	9	0	20.21
加拿大	10	10	0	19.80
墨西哥	11	15	4	25.28
巴西	12	8	−4	12.99

资料来源：中国信通院①、世界银行②。

三　数字经济发展对双边贸易影响的机理分析

数字经济发展对双边贸易的影响机理，主要体现在数字经济能降低交易成本、改变传统的贸易模式、优化贸易结构以及提高贸易效率等。③

----

① 中国信通院，http://www.caict.ac.cn/。
② 世界银行，https://www.worldbank.org/。
③ 高敬峰、王彬：《数字技术提升了中国全球价值链地位吗》，《国际经贸探索》2020 年第 11 期。

（一）数字经济能降低交易成本

科斯（Coase）于 1937 年提出，交易成本是指做成一笔交易所需要花费的所有成本，具体指在交易过程中所需要的所有货币成本和时间成本。数字经济的发展相较于传统的贸易，大大降低了双边贸易的成本，主要包括以下方面：

1. 降低信息成本

信息成本是指获取与之相关交易对象的信息并与交易对象交换信息所需要的成本，包括信息搜索成本、信息匹配成本等。在传统的贸易模式下，磋商过程通常包括询盘、发盘、还盘、接受和签订销售合同等，这一系列的环节都需要花费大量的时间和金钱，交易双方的信息交换成本非常高。而随着以大数据、互联网为代表的数字技术的普及和应用，加之疫情的影响，双方的交易方式发生了巨大的变化，贸易谈判、沟通、议价等过程已经从线下走向线上。与此同时，亚马逊、速卖通、阿里巴巴国际站等跨境数字平台的蓬勃发展，也为潜在的交易各方提供了有效的搜索、匹配和购买方式，大大减少了市场信息的不对称性。

2. 降低贸易成本

在传统贸易方式下，一个完整的双边贸易过程往往包含众多的交易环节，而随着数字技术运用于双边贸易，使得原本在传统贸易中必不可少的交易环节，可以删减或者由线下转为线上，例如原本的线下商务谈判可以转化为线上视频会议，由此可以大幅减少磋商成本，以及由商务谈判带来的员工差旅费等；另如政府审批等一些传统贸易中规则性的环节，也随着"最多跑一次"等数字化改革的推进而被简化，从而大幅降低了传统贸易规则下的附加成本。

（二）数字经济使得贸易模式发生改变

数字经济的发展给传统贸易带来了许多新的变化，打破了旧有的交易模式，尤其是大幅削弱了以往对实力不够雄厚的中小型出口企业而言必不可少的贸易中介的作用，推动了与消费者进行直接的交易。

1. 削弱贸易中介在双边贸易中的作用

在传统的出口贸易中，许多企业最初往往会以出口者身份进行全球战略扩张，这种模式大多数是以在国外设立出口机构或国际部的形式向外国的中间商出口商品，或与国外大型的零售商进行合作。因此，在传统的双边贸易活动中，贸易中介对于企业来说是非常重要的，甚至某些商品的出口渠道会被一些贸易中介机构垄断。同时，在传统贸易模式下，对于出口企业自身的资质或实力也有很高的要求，否则无法与这些贸易中介进行合作或者无法承受高额的佣金。而随着数字技术的不断成熟，原本异常重要的贸易中介的作用被弱化，取而代之的数字平台成为连接交易双方的强大工具，不仅仅是企业与企业之间（B2B）、企业与消费者之间（B2C），甚至个人与个人（C2C）之间都可以通过数字平台进行交易。数字平台中的大量信息，提高了交易信息的透明度，削弱了交易中介在信息传递中的作用。因此，数字经济所带来的数字平台的普及，改变了传统贸易的运营模式，也降低了企业开拓海外市场和对外出口的门槛。

2. 增加直接与消费者接触的机会

在传统的双边贸易过程中，交易主要以企业与企业（B2B）为主，所以商品通常以大规模运输的形式运往进口国来降低运输成本，然后进口商再选择合适的批发商或零售商把商品卖给消费者，从而实现商品的价值，在这整个过程中有许多中间环节。而在数字经济时代，企业与消费者（B2C）的模式逐渐兴起，消费者可以直接与出口商交换信息。因此，通过小规模运输和定制化生产，商品可以直接从出口国转移到消费者手中。同时，消费者需求的差异也可以直接反馈给企业，使企业能获得海外第一手的消息，从而生产更加迎合消费者需求的产品。这是企业不断创新生产技术的重要动力来源，有利于企业商品质量的提高和商品结构的优化。

（三）数字经济优化贸易结构，提高贸易效率

数字经济的发展不仅仅催生了新型的数字化产业，同时传统贸易与数字经济的融合，能使传统双边贸易的结构得以优化，贸易效率得以提高。

1. 整合和优化产业链，提高货物贸易效率

根据赫克歇尔—俄林理论（H-O理论），各国以相对丰裕要素生产的

产品出口，进口稀缺要素密集的产品。一般来说发达国家资本充裕，即出口资本密集型产品，发展中国家普遍自然资源禀赋优越、劳动力成本低，即出口劳动密集型产品，然后发达国家和发展中国家进行贸易交换。数字经济的不断发展，使信息和数字技术逐渐成为更加关键的生产要素，自然条件或资源禀赋对双边贸易的作用大大减弱。一方面，数字经济可以利用数字技术改变传统的生产模式，整合或形成新的产业链，提高制造商品的生产率，为企业创造更多的利润；另一方面，通过信息和数字技术可以建立一个统一有效的数字管理平台，来整合上下游企业资源，使产业链各个环节能更好地运行，并减少因信息失真而产生的资源浪费。

2. 扩充服务贸易内容，提高服务贸易效率

在传统的双边贸易中一直是货物贸易占主导，服务贸易由于其特殊的无形性、技术含量高等特点，除了少数发达国家，大多数国家双边贸易交易额很少，但是服务贸易的附加值高，一直是各国争先发展的目标，随之各国政策的倾向和世界经济的发展，服务贸易的比重会在双边贸易的比重不断上升的。数字经济将成为推动服务贸易交易额上升的有力助手。数字经济首先打破了原本贸易中的诸多壁垒，增强了服务贸易的可交易性，使得许多以前不可交易的内容通过数字技术实现了跨境交易，从而纳入服务贸易所属的范围，扩大了原有的服务贸易。同时数字经济也提高了服务贸易的效率。一般来说在生产制造的过程中，生产设备对于效率的提高极其重要，只要采取了更加先进的生产设备，生产效率就会提高，但是对于服务产业的培养仅仅采用先进的生产设备并不能提高服务贸易的效率，需要的是更加高级的生产要素。数字经济则是更加高级的经济形式，服务贸易可以通过数字技术形成的数字平台，更加快速、更加多样地进行贸易，使得效率相较于之前得到提高。

四　数字经济对中国—巴西双边贸易影响的实证分析

本部分基于中国—巴西两国货物贸易和服务贸易的历年数据，分析数字经济对中国—巴西双边贸易的影响，并尝试对具体的影响进行实证分析。

（一）数字经济对中国—巴西双边贸易的影响

中国与巴西两国于 1947 年建交，长期保持密切合作的关系，经贸合作不断深化。中国作为巴西第一大贸易伙伴国，是巴西第一大进口来源国和第一大出口目的地国；巴西则是中国第十大贸易伙伴国，是中国在拉美国家及加勒比区域中最大的贸易伙伴国和最大投资目的地国。多年来，中国与巴西两国间的经贸合作已成为南南合作的典范。

1. 中巴双边货物贸易和服务贸易波动上升

图 3 是中国—巴西两国近几年的双边贸易进出口情况。可见，中国和巴西两国的货物贸易和服务贸易，总体来说是螺旋波动上升态势，2016 年和 2019 年由于受世界经济的影响，双边货物贸易和服务贸易进出口均有大幅下降，2016 年，双边货物贸易进出口额下降幅度甚至超过 11.80%，双边服务贸易进出口额下降幅度为 5.46%，但在 2018 年双边货物贸易和服务贸易进出口额均呈大幅增长态势，服务贸易增速 14.92%，货物贸易增速更是超过 32.20%。

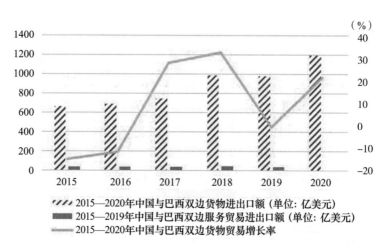

图 3　2015—2020 年中国—巴西双边贸易进出口情况

资料来源：国别数据网、WTO—OECD 平衡服务贸易（BaTIS）。

同时显而易见的是，中巴两国之间仍以货物贸易为主，服务贸易整体规模偏小，与货物贸易相比尚有较大的差距，而且由于受疫情的冲击，中

巴服务贸易在 2020 年受到巨大阻碍，服务行业进出口额下降幅度普遍超过
10%，如表 4 所示。

表 4　　　　　　　　2020 年中巴服务行业进出口贸易额

指标	进出口额（亿美元）	下降率（%）
货物相关	4013.40	14.70
运输	2893.20	12.47
旅游	55.87	32.00
建筑	43.47	3.65
保险与养老服务	62.04	12.25
金融服务	53.91	13.96
个人、文化和娱乐服务	9.14	32.00
知识产权使用费	21.10	21.95
电信、计算机和信息服务	150.84	3.01

资料来源：WTO—OECD 平衡服务贸易（BaTIS）。

2. 中巴双边贸易结构逐步优化

从中巴两国货物贸易结构来看，近几年来巴西向中国主要出口矿物产品
等初级产品。以 2020 年为例，仅"矿物产品"的出口金额就高达 541.4931
亿美元，占巴西向中国出口商品总额的 25.81%。巴西向中国出口的商品中初
级产品、资源类产品比例超过 70%，整体出口产品科技含量不高。

表 5　　　　　　　　2020 年巴西对中国出口主要商品

商品类别	交易额（亿美元）	占比（%）
矿物产品	541.4931	25.81
植物产品	423.6974	20.19
食品饮料	228.1014	10.87
活动物	171.9855	8.20
贱金属	125.4310	5.98

资料来源：国别数据网。[1]

---

① https：// countryreport. mofcom. gov. cn/record/index. asp.

　　表 6 是 2020 年巴西自中国进口的主要商品类别。巴西自中国进口的商品以工业制成品为主，2020 年，机械器具占巴西从中国进口商品总额的 25.43%，机械器具、化学产品等五类工业产品出口总额占比超过了贸易总额的 75%。与巴西出口中国以初级产品为主不同，巴西自中国进口的商品科技含量较高。

表 6　　　　　　　　　　2020 年巴西自中国进口主要商品

商品类别	交易额（亿美元）	占比（%）
机械器具	404.2034	25.43
化学产品	356.1405	22.41
运输设备	194.6949	12.25
矿物产品	153.8439	9.68
贱金属	129.6550	8.16

资料来源：国别数据网。

　　尽管巴西是拉美最大的经济体，工业发展基础较好，也是全球拥有较大影响力的国家之一，但从两国的进出口商品贸易结构来看，巴西以初级产品和资源类产品为主，科技含量较低，而从中国进口的商品是具有一定科技含量的工业制成品。可见，中巴两国间的货物贸易互补性较强，数字经济的发展基础也存在一定的鸿沟。

　　3. 中巴跨境电商交易额稳步增长

　　跨境电商是指分别属于不同关境的交易主体，应用新兴的电子商务平台进行交易、采用电子支付手段进行结算，并且通过跨境电商物流和异地仓储交付货物、实现交易的一种新型的国际商业活动。跨境电商是国际贸易的一种特殊形式，与数字经济的发展也有着密不可分的关系。电子商务是数字经济的重要组成部分之一，相较于传统贸易，数字经济的发展助力数字平台的便利化、支付体系的简洁化和物流体系的快速化，为双边新兴的跨境电商注入了活力，优化了双边贸易结构，给双边贸易带来新的发展机遇。

　　由于中国与巴西之间的跨境电商交易，以中国向巴西跨境电商出口顺差为主要特征，因此，中巴两国跨境电商数据选取中国出口巴西电商交易额，如图 4 所示。可见，近年来中国出口巴西跨境电商交易额总体呈上升态势，2018 年受逆全球化浪潮影响，中巴跨境电商交易额呈下降态势，但在 2019 年这一数额又迅速上升，增幅高达 31.28%。而 2019 年中国数字经济规模为 51954 亿美元，同比增长 9.86%；巴西数字经济规模为 3901 亿美元，同比增长 1.80%。中巴跨境电商交易额的增长，在一定程度上得益于同期两国数字经济的快速发展。

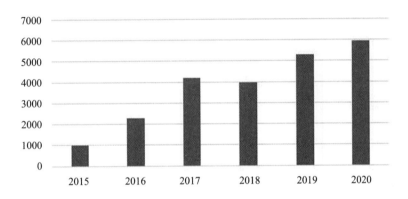

图 4　2015—2020 年中国出口巴西跨境电商交易额（单位：亿美元）

资料来源：中国电子商务研究中心。

2020 年突如其来的疫情，在给全球经济带来巨大冲击的同时，也给全球跨境电商的发展带来了前所未有的发展机遇。疫情促使更多的消费者在网上购物，并导致那些已经习惯网络购物模式的消费者增加互联网消费的频次。根据巴西电子商务协会（ABComm）的数据，仅在 2020 年 4 月至 9 月期间，巴西就有 1150 万人首次在网上购买。研究还显示，2020 年 1 月至 2020 年 12 月，在线商务交易数量增长了 80%，收入比 2019 年同期增长 75.5%。而同年中巴跨境电商贸易额实现历史性的 12.2% 的增长，达到 5950 亿美元的规模。

（二）数字经济对中国—巴西双边贸易影响的实证分析

1. 模型的建立

在本文研究中，假设数字经济的发展与中国—巴西进出口贸易额的变化是一致的，即解释变量之间存在着长期均衡的关系。考虑到信息通信技术产业的发展情况是衡量数字经济发展的重要内容，换言之，一国的信息通信技术产品进出口情况可以体现其数字经济发展的情况，因此，本文选择的自变量是中国信息通信技术产品进出口额（即 ICT – C）、巴西信息通信技术产品进出口额（即 ICT – B）；选择的因变量主要包括中巴双边货物贸易总额（即 TRADE）、巴西对中国出口货物额（即 EXP）、巴西自中国进口货物额（即 IMP）等。实证研究模型的构建主要参考孙穗、朱顺和（2020）两位学者的研究成果①。

通过对数处理可降低变量的尺度，使数据更加平稳直观。本文对上述变量 $ICT – C$、$ICT – B$、$TRADE$、EXP 和 IMP 分别选取自然对数，由此获得全新变量 $\ln ICT – C$、$\ln ICT – B$、$\ln TRADE$、$\ln EXPM$ 与 $\ln IMP$，实证研究使用的回归模型如下：

$$\ln TRADE = \alpha 1 + \beta 1 \ln ICT – C + \gamma 1 \ln ICT – B + Z1 \tag{1}$$

$$\ln IMP = \alpha 3 + \beta 3 \ln ICT – C + \gamma 3 \ln ICT – B + Z3 \tag{2}$$

$$\ln EXP = \alpha 2 + \beta 2 \ln ICT – C + \gamma 2 \ln ICT – B + Z2 \tag{3}$$

上述式中，α_1、α_2、α_3 表示截距，β_1、β_2、β_3 分别表示中国信息通信技术产品对中巴双边货物贸易总额、巴西对中国出口货物贸易额、巴西自中国进口货物贸易额的影响变化，γ_1、γ_2、γ_3 分别表示巴西信息通信技术产品对中巴双边货物贸易总额、巴西对中国出口货物贸易额、巴西自中国进口货物贸易额的影响变化，Z_1、Z_2、Z_3 表示其余未考虑进的干扰项。

2. 数据的来源与处理

实证研究所需的数据来源于国别数据网、世界银行等公布的历年数据，以 2012 年至 2020 年中国信息通信技术产品进出口额（即 ICT – C）、巴西信息通信技术产品进出口额（即 ICT – B）、中巴双边货物贸易总额（即 TRADE）、巴西对中国出口货物贸易额（即 EXP）、巴西自中国进口货物贸易额（即 IMP）为原始数据，再对数据进行对数化处理。

---

① 孙穗、朱顺和：《基于数字经济背景的 ICT 对贸易与经济增长影响研究——以中国和东盟国家为例》，《商业经济研究》2020 年第 13 期。

（1）数据来源

表7 数据来源

变量类型	变量名	变量解释	来源
因变量	*TRADE*	中巴双边贸易额	国别数据网
	EXP	巴西对中国出口货物贸易额	
	IMP	巴西自中国进口货物贸易额	
自变量	*ICT – C*	中国通信信息技术产品进出口交易额	世界银行
	ICT – B	巴西通信信息技术产品进出口交易额	

（2）数据处理

对原始数据取对数有一个显著的特点：不会改变原始数据本身所具有的相关关系和性质，能缓解原始数据可能存在的异方差性的影响，并且能防止随机误差项具有不同的方差，从而能使得到的实证结果更加直观平稳。因此，对所需要检验的原始数据包括中国、巴西信息通信技术产品进出口额、中巴双边货物贸易总额、巴西对中国出口货物贸易额、巴西自中国进口货物贸易额作为原始数据，进行对数化处理。

表8 变量对数化数据 单位：亿美元

年份	ln*TRADE*	ln*EXP*	ln*IMP*	ln*ICT – C*	ln*ICT – B*
2012	6.6477	6.0938	5.7927	9.0141	5.3799
2013	6.6265	6.0218	5.8363	9.1875	5.3479
2014	6.7260	6.1319	5.9216	9.1837	5.3875
2015	6.6588	6.0068	5.9227	9.0951	5.3477
2016	6.4972	5.8752	5.7275	9.2063	5.0291
2017	6.3716	5.8616	5.4536	9.1412	4.8148
2018	6.6645	6.1631	5.6102	9.2414	5.0767
2019	6.8971	6.4647	5.8502	9.3616	5.1243
2020	6.8890	6.4437	5.8656	9.3322	5.1228

3. 实证结果分析

（1）平稳性检验

对时间序列 $\ln TRADE$、$\ln EXP$、$\ln IMP$、$\ln ICT-C$、$\ln ICT-B$ 进行分析前，需要检验每个指标的平稳性，于是采用 $EVIEWS$ 8 软件进行平稳性检验。

表9　　　　　　　　　　　　原始数据 ADF 检验结果

变量	单位根检验 T 值	P 值	1%	5%	10%
$\ln TRADE$	-3.133129	0.0696	-4.803492	-3.403313	-2.841819
$\ln EXP$	-2.451773	0.1617	-4.803492	-3.403313	-2.841819
$\ln IMP$	-4.899703	0.0337	-6.292057	-4.450425	-3.701534
$\ln ICT-C$	-2.783505	0.2460	-5.835186	-4.246503	-3.590496
$\ln ICT-B$	-2.451773	0.1617	-4.803492	-3.403313	-2.841819

由表9可以看出 $\ln IMP$、$\ln TRADE$ 分别通过了5%、10%显著水平下的平稳性检验，所以数据是平稳的，但是 $\ln EXP$、$\ln ICT-C$、$\ln ICT-B$ 均未通过1%、5%、10%显著水平下的检验，数据并不平稳，但是一阶差分能够有效消除单位根，所以继续对 $\ln EXP$、$\ln ICT-C$、$\ln ICT-B$ 进行一阶差分。

表10　　　　　　　　　　　一阶差分后变量 ADF 检验

变量	单位根检验 T 值	P 值	1%	5%	10%
$D\ln EXP$	-3.705467	0.1220	-7.006336	-4.773194	-3.877714
$D\ln ICT-C$	-5.174438	0.0377	-7.006336	-4.773194	-3.877714
$D\ln ICT-B$	-2.101045	0.0424	-2.006292	-2.006292	-1.598068

如表10所示 $\ln ICT-C$、$\ln ICT-B$ 一阶差分后均通过了5%显著水平下的检验，数据平稳，但是 $\ln EXP$ 一阶差分后仍为未通过1%、5%、10%显著水平下的检验，所以剔除该指标，基于此，本文检验的模型调整为以下两个：

$$\ln TRADE = \alpha 1 + \beta 1 \ln ICT - C + \gamma 1 \ln ICT - B + Z1 \tag{4}$$

$$\ln IMP = \alpha 2 + \beta 2 \ln ICT - C + \gamma 2 \ln ICT - B + Z2 \tag{5}$$

（2）计量回归

根据上述分析，通过 EVIEWS 8 进行最小二乘法多元线性回归分析。

表11   计量回归结果

变量	$\ln TRADE$	$\ln IMP$
$\ln ICT - C$	1. 297930 *** （4. 246765）	0. 638513 ** （2. 574875）
$\ln ICT - B$	0. 5798450 ** （3. 558237）	0. 767488 *** （5. 5624156）
截距	− 8. 372054 ** （− 2. 598229）	− 4. 072603 * （− 1. 557746）
R 方	0. 792367	0. 842257
调整后的 R 方	0. 723157	0. 789676

如表11所示，不管是 $\ln TRADE$、$\ln IMP$ 的 R 方和调整后的 R 方都超过 70%，说明模型的整体拟合度较好，而且模型可以较好地反映出自变量和因变量之间的关系。从回归结果可以看出，中国通信信息技术产品进出口交易额、巴西通信信息技术产品进出口交易额对中巴双边贸易额、巴西自中国进口货物贸易额均具有正向作用。

（3）回归结果分析

通过对 $\ln TRADE$ 模型的实证结果分析，中国 ICT 进出口交易额的增长会促进中巴双边贸易额的增长，在其他条件不变时，$\ln ICT - C$ 每增加一单位，$\ln TRADE$ 增加 1. 297930 单位。巴西 ICT 进出口交易额的增长也促进了中巴双边贸易额的增长，在其他条件不变时，$\ln ICT - B$ 每增加一单位，$\ln TRADE$ 增加 0. 5798450 单位。同时，$\ln ICT - C$ 对 $\ln TRADE$ 的影响比 $\ln ICT - B$ 大，这说明中国数字经济的发展对中巴双边货物贸易总额的影响更大。

通过对 $\ln IMP$ 模型的实证结果分析，中国的 ICT 进出口交易额的增长会促进巴西自中国进口货物贸易额的增长，在其他条件不变时，$\ln ICT - C$ 每增加一单位，$\ln IMP$ 增加 0. 638513 单位。巴西 ICT 进出口交易额的增长也促进了中巴双边贸易额的增长，在其他条件不变时，$\ln ICT-B$ 每增加一单位，$\ln IMP$ 增加 0.767488 单位。同时，$\ln ICT-B$ 对 $\ln IMP$ 的影响比 $\ln ICT-C$ 大，说明巴西数字经济发展对巴西自中国进口货物贸易额的影响更大。

（三）实证分析总结

数字经济是一种新的经济形态，是比传统的农业经济和工业经济更高级的经济形态。数字经济的发展包括产业数字化和数字产业化两大分支，数字产业化催生了新的经济业态，扩大了行业的分类和内容；产业数字化则将新兴数字技术应用到传统行业，从而带来产出的增加和效率的提升。当前，全球经济无一例外受到疫情的巨大冲击和影响，在国内外经济形势持续低迷、国际贸易局势紧张的不利环境下，数字经济成为推动国际贸易、促进经济增长的新的动力来源，也成为未来经济发展的必然趋势。

本文选取中国和巴西这两个具有代表性的国家，基于对两国数字经济的发展基础和两国近年来双边贸易往来情况的分析，选取 2015—2020 年中巴双边货物贸易和服务贸易的进出口总额、中巴两国主要初级产品和工业制成品贸易额以及近年来中国出口巴西跨境电商交易额等事实数据进行研究，从而明确数字经济能促进中巴双边贸易的增长、优化双边贸易结构，并扩大两国跨境电商交易额。在数字经济对中国—巴西货物贸易影响的实证分析中，验证了中国数字经济发展、巴西数字经济发展对中巴双边货物贸易总额、巴西自中国进口货物贸易额中具有正向作用，同时，在对巴西自中国进口货物贸易额的影响中，巴西数字经济发展相较于中国数字经济发展的影响更大，这也意味着要更加重视对巴西数字经济的发展。

五 利用数字经济促进中国—巴西双边贸易的建议

前文的分析证明，数字经济的发展对中巴双边贸易、巴西自中国的进口货物贸易都能起到一定的正向促进作用，但是目前这一促进作用相对有限。因此，在数字经济时代，如何充分利用数字技术，进一步发挥数字经济对双边贸易持续稳定增长的作用，是两国都要认真考虑的问题。本部分

从政府和企业两个层面，探讨如何利用数字经济促进中国—巴西双边贸易
的持续增长。

（一）对政府的建议

1. 加快信息通信基础设施建设

信息通信基础设施是数字经济发展的根基，如果没有良好的信息通信
基础设施，那么数字经济的发展都是空谈。中国是全球数字经济第二大
国，同时也是目前商用移动通信技术 5G 的领导者，拥有世界上最多的 5G
基站，掌握了最多的 5G 专利技术。但是，巴西在信息通信基础设施建设
方面还远远不如中国，巴西需要与中国加强合作，加快信息通信设施的建
设，逐步缩小两国在数字经济发展领域的"数字鸿沟"。目前中国已经在
巴西进行数字基础设施的投资布局，致力于完善巴西当地通信网络基础设
施。一旦数字基础设施得到良好的建设，那么巴西的数字经济发展将会更
上一层楼，这将为两国的经贸往来创造更好的条件。

2. 加强中巴数字经济政策合作

中国和巴西同为世界贸易组织（WTO）、二十国集团（G20）和金砖
国家（BRICS）多个世界组织等成员，因此中国与巴西的数字经济合作也
多以组织形式为主。尤其在金砖国家中，中国和巴西在数字经济领域的合
作中发挥着举足轻重的作用。巴西于 2012 年提出了在金砖国家之间建立网
络互联互通道路的"金砖国家光缆"（BRICS Cable）计划，中国也在 2015
年提出加强云技术、互联网、5G 通信标准等方面的国际合作，但是中国和
巴西两国之间直接的数字经济政策合作比较少。今后两国应注重加强顶层
政策的设计，出台有利于两国数字经济合作的政策，共同致力于数字经济
的发展。

3. 创造数字经济合作制度环境

在跨境数据流动、跨境投资交流、跨境电商合作等方面，中国和巴西
两国政府还应积极协调政策，消除两国经贸合作中存在的制度性障碍，避
免陷入数字保护主义。同时还要加强两国的数字治理沟通，不停完善尚存
缺陷的对话协商机制，就数据流动、网络安全、金融投资、隐私保护等法
律法规政策寻求共识，并有效管控双方的分歧，为中巴数字经济发展建立

良好的制度环境。借助数字经济的良性发展，进一步促进双边贸易的持续发展，并努力开拓新的贸易模式和领域。在此基础上，把中巴两国在数字经济领域的合作再扩展到拉美各国，从而推动中拉之间数字经济合作。

4. 培养数字经济领域专业人才

数字经济作为一种超越农业经济和工业经济的新经济形态，其从业人员需要掌握高深的专业知识，简单的体力劳动不能较好地掌握数字技术，从而会限制数字经济的发展。因此，进行数字经济合作的各国必须加强数字化专业人才的培养，特别是加强数字经济科研机构和企业之间的人才交流，注重产学研的融合。中巴两国面临数字化人才短缺和发展不均衡问题，两国之间应更积极参与研发中心和人才培养项目，加强数字经济平台的合作，以此来缩小两国的数字鸿沟，从而带动两国数字经济的共同发展，促进双边贸易的增长。

（二）对企业的建议

1. 审时度势选择适宜运营模式

随着数字经济的广泛应用，国际贸易产生了跨境电商或数字贸易这一新的模式。数字贸易以其独特优势正强烈冲击着传统外贸，使众多传统外贸公司面临着前所未有的巨大挑战。得益于数字技术这一数字经济的核心，使对外贸易的行业门槛大幅降低，给众多中小微企业带来发展机遇。同时，消费者购物模式也更多转为线上，新兴市场也不断扩大。因此，企业应审时度势，牢牢把握数字经济给予的历史发展良机，在传统贸易和数字贸易之间选择合适的运营模式，这对于企业自身的发展而言，显得尤为重要。

2. 因势利导提高数字技术效率

随着数字经济时代的到来，不仅催生了数字化产业，同时数字经济与传统产业相互融合之后，也促成了一系列产业的数字化。跟传统产业不同，作为新兴的数字产业公司，不能故步自封、因循守旧，而要积极采用数字技术，需因势利导，紧跟数字经济的发展浪潮，加大数字要素的投入，不断加强数字化创新，逐步提高数字技术的生产效率。在此基础上不断扩大双边贸易的规模，增加双边贸易中的数字化元素，优化双边贸易结构，推动中巴两国双边贸易取得更好的发展。

3. 顺应潮流促进数字内容消费

巴西人口结构年轻，对新兴事物接受能力强，随着互联网的普及，巴西线上消费者的规模日益扩大。同时，除了线上购物外，数字内容消费也是巴西逐渐扩大的商业领域。中国企业在数字内容消费领域走在世界前列，已积累丰富的经验，相比较而言，巴西在这一领域还处于发展起步阶段。随着全球数字经济的快速发展，中国企业应带动巴西企业共同促进数字内容消费，中国企业可充分发挥其在技术和平台方面的先发优势，巴西企业则在深度了解巴西市场需求的基础上，主要负责数字消费内容方面的构思，通过双方通力合作与优势互补，以为两国市场提供更加优质、更加契合消费者的产品和服务为契机，促进中巴双边贸易的发展。

（作者吕宏芬，浙江外国语学院国际商学院教授；

王科程，浙江外国语学院国际商学院学生；

雷赟，浙江外国语学院国际商学院学生；

柯贯闳，浙江外国语学院国际商学院学生）

Research on the impact of digital economy on bilateral trade between China and Brazil

Lv Hongfen, Wang Kecheng, Lei Yun and Ke Guanhong

Abstract：With the increasing contribution of digital economy to the national economy, various countries have introduced digital economy policies in order to seize the opportunity in the new round of digital wave. Therefore, it is of great significance to study the impact of digital economy on bilateral trade between China and Brazil. Firstly, through the mechanism analysis of the impact of digital economy on bilateral trade, the theoretical results are drawn that digital economy can reduce transaction costs, change trade patterns and optimize trade structure. In addition, through the bilateral trade data from 2015 to 2019, this paper further analyzes the impact of digital economy on bilateral trade between

China and Brazil, and carries out further empirical analysis on bilateral trade in goods between China and Brazil. Through these analyses, it is verified that digital economy development can promote bilateral trade in goods and services. Therefore, it puts forward relevant countermeasures and suggestions to promote the development of bilateral trade by using digital economy, and provides experience for other countries to use digital economy to promote the development of bilateral trade.

Key words: Digital economy; Bilateral trade; China; Brazil

中国在拉美地区油气投资的
风险对策研究

刘芷彤　李　兰

摘　要： 拉美地区拥有丰富的油气资源，对保障中国能源安全具有重要的战略意义。但中国与拉美地区资源国油气资源的投资与合作仍存在许多风险，大致分为政治、经济、社会、法律和债务五大类。本文运用层次分析法和1—9标度法分析比较各类风险对中国投资拉美油气项目效益的影响程度。同时，以委内瑞拉MPE3项目为例具体分析项目实施过程中遇到的风险并借鉴风险控制的经验。最后根据上述分析总结出可以有效控制风险的对策建议。

关键词： 拉美国家；油气资源；委内瑞拉MPE3项目；风险对策

一　引言

能源作为国民经济的基础产业，对促进经济持续快速健康发展和改善人民生活具有十分重要的作用。然而，现阶段我国经济发展对能源的需求不断增加，高耗能产业的快速发展加剧了能源短缺。能源利用效率低、浪费大，勘探和生产出的能源达不到国民经济的需要，都是造成能源供应不足的原因。据统计，2021年中国全年能源消费总量52.4亿吨标准煤，比上年增长5.2%，创历史新高。① 全球大宗商品进入涨价周期更是对能源消费和能源投资提出了巨大挑战。

---

① 资料来源于《中华人民共和国2021年国民经济和社会发展统计公报》。

拉美地区石油资源丰富，对中国能源安全具有重要的战略意义。20 世纪 90 年代以来，拉美地区的能源市场正在影响着世界能源分布情况，逐渐成为世界能源市场的重要储量区。随着中国与拉美地区间双边经贸投资合作的不断增加，拉美地区作为保障我国石油进口的重要来源地的同时，也是我国石油公司对外油气投资的战略区域。为了促进中国与拉美地区的油气投资合作，更好地推进"走出去"战略的实施，中拉间油气投资合作的规模不断扩大，有利于促进国际能源合作的开展。①

然而，中国与拉美地区油气资源的投资与合作仍存在着诸多风险：资源国政治动荡，投资环境复杂多变；资源国经济衰退使石油收益降低；拉美地区社会治安不够完善；拉美地区油气产量低等。2021 年更是拉美地区的"选举之年"，左右翼博弈在"后疫情时代"更趋复杂，拉美地区政局不确定性增加。疫情导致的拉美地区贫富分化加剧、政治治理失效等问题不断加剧社会斗争，对中国石油企业对外能源合作提出了新的挑战。

基于以上背景，本文将对中国与拉美地区间油气资源的投资与投资风险进行研究。在分析中国投资拉美油气资源项目及其存在的各方面风险现状基础上，通过层次分析法和 1—9 标度法比较不同方面风险对中国投资拉美油气项目效益的影响程度。再以委内瑞拉 MPE3 项目举例分析借鉴应对投资风险的措施。本文研究中国在拉美地区油气资源投资的风险及其应对措施，对于推动中拉间油气资源的投资合作，促进中拉双方经济共同发展，进一步实施"国际能源合作"和"走出去"战略有深刻意义，能够为相关政策研究提供理论借鉴。

二 文献综述

能源投资是国际经济学领域的重要议题之一。国外学者大多关注国际能源投资的发展形势和国际能源安全问题，对中国能源投资的问题较少提及，已有研究也将重点放在能源安全问题上。国内学者对中国能源

---

① 赵春珍、龚伟：《关于中国与拉美能源关系发展问题的若干思考》，《国际论坛》2009 年第 6 期。

投资的研究则相对宽泛，包括资源冲突、能源合作发展，等等。国际能源投资风险对能源投资的成功与否起决定性作用，因而众多学者对这一问题进行了研究。

（一）拉美地区能源投资研究

有关其他国家对拉美地区能源投资的相关研究，国外学者的讨论大多集中在能源投资对拉美各国经济增长的影响以及能源投资的国家集中度比较分析上。François Lafargue 在研究中国在拉丁美洲的石油投资中提到，中国是拉丁美洲第三大石油进口国，也是第二大石油消费国。[1] Rafael Alvarado 等人分析了 19 个拉丁美洲国家和地区 FDI 对其经济增长的影响，面板数据研究表明 FDI 对其经济增长的影响在统计上并不显著。但是，如果考虑到该区域各国所取得的发展水平，就会发现能源投资对各国经济发展的不同影响。[2] Ceron. Pilar V. 在研究拉美国家能源投资时提到，目前投向拉丁美洲的外国能源项目主要集中在两类东道国：一是能源储备丰富的国家，投资的主要目的是用于石油、天然气和煤炭的勘探和开采；另一类是发电行业发展较为迅速的国家，投资的主要目的是分享该国的电力资源。[3] 对于中国在拉美地区的能源投资研究，Barbara Kotschwar 等人的研究表明，中国与拉美地区签订了诸多石油和矿产长期采购合同，以维持其高经济增长所需的能源供应。[4]

与国外学者将研究重点放在能源投资的经济增长效应和地区分布上不同，国内学者还对中拉能源投资的冲突和能源合作发展问题做出了诸多研究。金燕在研究拉美能源"资源冲突"时表明，拉美油气、水电资源开发

[1] François Lafargue, "China's Presence in Latin America Strategies, Aims and Limits", *China Perspectives*, 2006.

[2] Rafael Alvarado, Maria Iñiguez and Pablo Ponce, "Foreign Direct Investment and Economic Growth in Latin America", *Economic Analysis and Police*, 2017 (12).

[3] PV Cerón, "The Protection of Foreign Energy Investment in Latin American Countries: A Comparative Analysis", *Maris Bv*, 2011 (9).

[4] Barbara Kotschwar, Theodore H. Moran and Julia Muir, "Chinese Investment in Latin American Resources: The Good, the Bad, and the Ugly", *Peterson Institute for International Economics Working Paper*, No. 12 –3, 2012 (2).

引起的冲突包括政治、社会和环保等多个方面，根据发生的范围分为地区范围内的、国家范围内的和地方性的三类。[①] 与金燕关注资源冲突不同，丁宁认为，国外区域能源投资的负面影响可能会推动中国的能源投资。[②] 丁宁在研究美国能源政策走向时指出，美国对中拉能源市场独立性的预期提高也将会继续加速拉美两国能源相关产品出口市场布局的持续调整，中拉双边贸易关系有望迎来一个极具全球性的快速增长和新契机。美国新增的能源补贴政策对拉美国家能源项目投资的一种重要负面影响，甚至可能会直接影响促进未来中国对拉美国家能源项目投资的高可持续性快速发展和其资源多样性。冯贺等在回顾与展望 2021 年上半年海外油气投资环境风险中提出新冠肺炎疫情造成拉美国家经济衰退，加剧了社会动荡。[③]

（二）拉美地区能源投资风险研究

投资是属于高风险高收益的活动，国际间投资合作比起国内投资合作的风险更大，也更具研究性。ZuXin Li 等人在研究海外投资的风险补偿时指出海外油气投资评估是油气公司海外投资的核心任务之一，其中风险评估和效益评估是最重要的。海外油气投资评价不仅要考虑开发效益，还应探讨投资开发过程中的风险因素，避免高估效益和决策错误。[④] 对于投资风险，国外学者集中于分析投资合作中的政治风险与政策风险。[⑤] Mona Verma Makhija 在对委内瑞拉石油业投资风险的研究中指出，政治风险的管理也是投资环境研究的一部分，一些不可预见的商业活动限制，也将在一定程度上影响投资

① 金燕：《国际能源合作研究》，财政部财政科学研究所 2011 年版。

② 丁宁：《特朗普政府的美国能源政策动向：中拉能源合作的新机遇》，《太平洋学报》2018年第 10 期。

③ 冯贺、徐金忠等：《2021 年上半年海外油气投资环境风险回顾与展望》，《国际石油经济》2021 年第 8 期。

④ ZuXin Li, JianYe Liu et al. , "Study of Evaluation Method for the Overseas Oil and Gas Investment Based on Risk Compensation", *Petroleum Science*, 2020（17）.

⑤ Duncan Freeman, Rhys Jenkins and Jonathan Holslag, "China's Resources and Energy Policy in Latin America", Report for the Development Committee of the European Parliament, Vrije University, *International Affairs*, 2015, 91（5）.

环境的有效性和可行性。① Bao-Jun Tang 等在研究中国对海外油气投资风险时指出税收政策的变化已经成为油气投资风险的重要因素。②

国内学者对投资风险的研究重点与国外学者一致，主要集中于政治风险，但国内学者还研究了经济、社会、国际形势变化等方面，多角度多方面地分析了我国在拉美地区能源投资会面临的风险与挑战。钟文新等人提出：近年来，拉美政治总体保持稳定。油气行业对外合作政策逐步放宽。油气行业的投资吸引力也将逐步增强。但部分资源国因受美国的制裁，油气产量持续下降，中国石油企业在拉美地区的投资也面临诸多风险和挑战。③ 王双等人强调在“逆全球化”肆虐的背景下，拉美地区“非常规油气革命”对国际能源投资产生了许多负面影响。非常规天然油气利用企业的生产投资管理风险泛指由于包括非常规利用油气企业生产的基本特质而导致的各种风险如金融与资本市场经营管理风险、科学信息技术和生态环境管理风险，以及由各个不同地区复杂的经济政治与社会经济诱发的各种外源性质如政治经济审计、地缘经济政治、相关经济政策和国际法律、社会主义运动和政治舆情管理风险。在“逆全球化”和“非常规油气革命”的双重形势冲击下，中国对拉美天然能源的直接投资将还会继续面临遭遇巨大而又复杂的投资风险和发展机遇。④ 此外，孙依敏等人在研究拉美左翼崛起与油气对外合作政策风险时指出拉美多国右翼政府公信力下降，左翼力量呈现复苏态势。如果拉美左翼势力大规模崛起，在其执政理念和现实经济压力的双重作用及左翼强势领导人推动与国家间的传导效应影响下，拉美地区可能会出现新一轮的对外合作政策收紧甚至国有化风险。⑤

---

① Mona Verma Makhija, "Government Intervention in the Venezuelan Petroleum Industry: An Empirical Investigation of Political Risk", *Journal of International Business Studies*, 1993 (24).

② Bao-Jun Tang, Xiao-Tong Song, Hong Cao, "A Study on Overseas Oil and Gas Investment to Avoid the Risk of the Changes in Tax Policies: A Case in China", *Journal of Petroleum Science and Engineering*, 2018 (160).

③ 钟文新、孙依敏等：《拉美地区油气投资环境及中拉合作建议》，《世界石油工业》2019年第3期。

④ 王双、周云亨：《"逆全球化"风潮下中国在美洲非常规油气投资风险分析》，《南京工业大学学报》（社会科学版）2019年第4期。

⑤ 孙依敏、钱铮等：《拉美左翼崛起与油气对外合作政策风险探析》，《国际石油经济》2021年第9期。

从上述文献来看，国内外学者对中国在拉美地区的能源资源投资研究是不断完善的。国外学者的研究大多关注油气投资在拉美各国的分布以及对各国经济增长的影响，对于中国在拉美地区投资风险的研究也主要集中在政治风险上。国内学者在国外研究的基础上，进一步研究了中国对拉美能源投资的资源冲突问题和能源合作发展问题，对于投资风险的研究角度也较为丰富。然而，当前对于中国投资拉美的研究并没有同时关注投资风险问题，且在研究投资风险时并没有形成系统性的分析方法。因此，有必要在研究中国对拉美能源投资的同时分析投资风险，且运用相关分析方法对风险进行系统性的研究。

三　中国投资拉美油气项目的风险研究

（一）中国投资拉美油气项目面临的风险

拉美地区具有丰富的油气资源，是我国进行油气资源投资与合作的重要战略合作伙伴。随着中国与拉美地区双边投资与合作的不断增多，拉美地区作为保障我国石油进口的重要源地的同时，也是我国石油公司对外油气投资的战略区域。尽管如此，拉美地区资源国政治、经济、社会矛盾等问题出现，造成油气投资环境复杂多变。复杂的投资环境使中国与拉美地区国家间油气资源的投资与合作仍存在诸多风险。中国与拉美地区间油气资源的投资与合作存在着的风险大致分为政治、经济、社会、法律等方面。

从政治方面来看，资源国政治动荡，派系斗争不断，左右翼博弈在"后疫情时代"更趋复杂，拉美地区政局存在不确定性。[①] 加剧动荡的政局和变幻莫测的政治环境使投资风险在无形之中不断加剧。[②] 例如，自委内瑞拉的查韦斯总统开始，为了逐步实现政府对石油资源的全面控制，中国在委内瑞拉的油气投资就受到了不断调整的对外石油政策的重创。

---

① 郭瑶、任重远等：《拉美油气投资环境新特点及合作建议》，《国际经济合作》2017 年第 3 期。

② 赵春珍、龚伟：《关于中国与拉美能源关系发展问题的若干思考》，《国际论坛》2009 年第 6 期。

从经济方面来看，拉美地区资源国经济衰退使油气投资的收益降低，给中国投资拉美油气项目的效益造成了一定的负面影响。动荡的政治环境使拉美的经济结构极为脆弱，经济增长进入了缓慢增长区。通货膨胀压力加大，拉美部分国家出台经济保护政策制约了境外企业的投资与合作。且拉美石油资源进口国财税相关条款不稳定及区域经济社会组织治理结构的高度单一性等都使得该资源区域的国际经济紧张局面更为严峻。巴西、阿根廷、委内瑞拉等发达国家的国际货币大量大幅贬值，汇率市场表现显示出剧烈的动荡，债务风险承担者的压力进一步加大，地区性的国际经济危机风险也在明显增强。①

在社会风险方面，部分资源国社会治安不够完善，社会风险会对投资合作产生巨大损失。拉美国家面临严峻的社会环境、派系争斗、政治波动，境内的社会治安堪忧，公共安全问题一直以来都是拉美国家亟须解决的问题。② 从油气投资的社会环境角度而言，不同的人文环境和社会环境无疑增加了油气投资的社会风险。社会治安问题会造成油气投资项目难以在当地推进，如在秘鲁就发生过印第安人地质油气开发的暴力冲突事件，使当地的油气投资项目难以继续进行，跨国公司投资因此不得不承受相当大的损失。③ 上述情况并不是个案，这类由于社会治安问题对油气投资造成影响的暴力事件时有发生，境外油气投资公司处境极为困难，由于社会风险造成的投资损失也无法估量。

从法律方面来看，拉美国家不断提高税收，导致油气资源产量大幅降低，极大地制约了双边油气投资与合作。例如，委内瑞拉一直奉行 65.5% 的高税率，在总统查韦斯的领导下，大幅提高了对外国石油公司的税收。此外，截至 2016 年 9 月，委内瑞拉近一年产量减少了 11% 左右，预计产量会继续下滑。

总体来看，拉美国家税收的增加和石油产量的减少，对中国企业与拉

---

① 段英文：《中国对拉美油气投资合作面临的障碍及推进对策》，《对外经贸实务》2017 年第 1 期。

② 孙洪波：《拉美油气投资环境：政策、市场及风险》，《国际石油经济》2014 年第 22 期。

③ Genaro Arriagada, "Petro Politics in Latin America", *Inter-America Dialogue Working Paper*, 2006 (12).

美的油气投资合作产生了一定的负面影响。目前，拉美地区严重的债务危机不利于拉美双边在油气资源领域的合作投资和交流①，如 2016 年底，委内瑞拉国家石油公司 PDVSA 欠债约 48 亿美元，当前拉美地区一些国家的债务危机会在一定程度上限制我国与其油气资源的投资与合作。

（二）用层次分析法比较分析投资风险

层次分析法作为一种多层次、多因素、多目标的决策分析方法，可以应用在对国际投资环境风险的判断中，能够为投资决策提供科学的依据。根据层次分析法构建的层次结构模型见图 1。

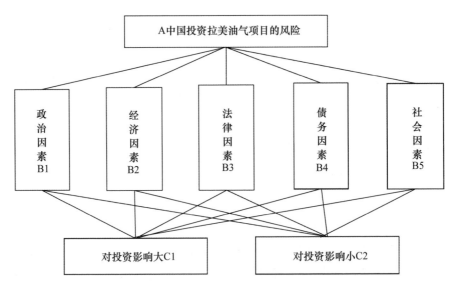

图 1　中国投资拉美油气项目的风险层次分析模型

在研究中国与拉美地区国家油气资源的投资与合作时，我们的目标是研究中拉间油气投资合作的风险情况，这是目标层。对此产生较大影响的因素包括：政治因素、经济因素、社会因素、法律因素、债务因素。这五个因素构成准则层，也即中间层。最终可能做出的决策，也即最终结果会

---

① 孙洪波：《中国与拉美油气合作：战略融入与业务成长》，《国际石油经济》2011 年第 19 期。

产生的影响——对投资影响大、对投资影响小，这是方案层。

判断矩阵的标度法则，主要依据萨蒂（Thomas L. Saaty）教授在 20 世纪 70 年代提出的"1—9 标度方法"，根据两种因素相对重要程度量化打分。标度（B_{ij}）的含义：B_i 比 B_j 时由决策者回答下列问题所得。

表1　　　　　　　　　　　　　1—9 标度法

1	表示两个元素相比，具有同等重要性
3	表示两个元素相比，一个元素比另一个元素稍微重要
5	表示两个元素相比，一个元素比另一个元素明显重要
7	表示两个元素相比，一个元素比另一个元素强烈重要
9	表示两个元素相比，一个元素比另一个元素极端重要

根据上述标度法则结合文献研究，对政治因素 B_1，经济因素 B_2，法律因素 B_3，债务因素 B_4，社会因素 B_5 进行两两比较，形成对于目标层 A 设计的因素判断矩阵，如表2所示。其中，两个因素纵横相连的空格表示横向因素相对于纵向因素的重要程度。如第二行第四列的数字是3，表示政治因素 B_1 比法律因素 B_3 稍微重要；相应地，第四行第二列的数字是1/3，表示法律因素 B_3 比政治因素 B_1 稍微不重要，两者是倒数关系。表格中的数值 2 表示重要程度介于 1（同等重要）与 3（稍微重要）之间。表格中的数值 4 表示重要程度介于 3（稍微重要）与 5（明显重要）之间。

表2　　　　　　　　　　目标层 A 设计因素判断矩阵

A	B_1	B_2	B_3	B_4	B_5
B_1	1	2	3	4	7
B_2	1/2	1	3	2	5
B_3	1/3	1/3	1	1/2	1
B_4	1/4	1/2	2	1	3
B_5	1/7	1/5	1	1/3	1

将表 2 中每个因素对应的每一行数字相乘，算出各因素对应的重要性系数矩阵 M̃ = （168，15，1/18，3/4，1/105）。将重要性系数矩阵的元素开五次根号，然后对矩阵计算权重向量，可以得出各因素对中国投资拉美油气资源的风险权重系数，具体如表 3 所示。

表3   中国投资拉美油气项目的政治风险评估

权重分布	中国投资拉美油气项目的政治风险
政治因素	0.491
经济因素	0.232
法律因素	0.092
债务因素	0.138
社会因素	0.046

针对上述结论可以得出，在这个评价体系中，政治因素的权系数最大，为 0.491，其次是经济因素 0.232。也就是说，在中国与拉美地区油气资源的投资与合作风险研究中，政治因素和经济因素对投资拉美油气项目的效益影响较大。而社会因素对于中国与拉美地区间油气资源投资与合作风险的影响最小。

其中，政治因素包括拉美资源国动荡的政治环境和对外投资合作政策的不断调整。经济因素包括通货膨胀压力加大，财税条款的不稳定以及部分拉美资源国出台的经济保护政策。这些因素从不同程度上影响了中国对拉美油气的投资，无论是动荡的政治环境还是复杂的经济形势都不利于中国在拉美地区投资发展项目，都在一定程度上制约了地区间的投资与合作。而社会因素中的社会治安不够完善和不同的人文社会环境等虽对中国投资拉美油气项目的效益有一定影响，但影响相对较小。

先前的研究得出在中国与拉美地区油气资源投资与合作中，政治方面因素的影响较大，且前人研究该问题时大多从政治方面进行分析。本文得出的结论也是政治因素与经济因素对中国投资拉美油气项目的效益影响较大，与先前的研究大致相同，但也从经济因素方面对中国投资拉美油气项目的效益影响进行了分析。

四　中国投资拉美油气案例分析——以委内瑞拉 MPE3 项目为例

（一）案例背景

拉美公司中标委内瑞拉 SINOVENSA 公司 MPE3 油田地面改造、新建项目。该项目包括 7 个工作包，包括井口安装、管线敷设、电力安装、井场改造等。该项目是中委高级混合委员会第十六次委员会后授标中石油企业的首个项目，是中委合资公司 SINOVENSA 实现石油上产的重要举措，也是公司重返委内瑞拉后的首个 EPC 项目，该项目对于公司在委内瑞拉服务中石油拉美地区上下游一体化战略具有至关重要的意义。

MPE3 是由 PDVSA 的国家石油对外合作公司（CVP）和中国石油勘探开发有限公司（CNPC BV）的全资子公司，持股比例设定为 60∶40，期限一般为 25 年。当时全球原油平均日产量 10 万桶。根据该项目的开发计划，2017 年产量提高到 16.5 万桶/天，所有必要的资金都将由借钱人通过银行贷款来解决。2014 年 7 月，MPE3 项目累计产量首次突破 15.7 万桶/天，是委内瑞拉上产速度最快的项目。MPE3 作为集团最大的"金融与能源一体化"工程，它不仅依靠自主创新促进了技术的快速发展，也给海外油气工程项目的运营开辟了新的道路。

为了保障 MPE3 项目投产所需的资金充足，中石油、PDVSA 和国家开发银行共同建立创新了项目的运行管理机制，在 2013 年 6 月正式签署了 MPE3 项目的融资协议，国家开发银行根据该项目的投产率和规模提供了贷款，为该项目的推进和产能快速扩张工程提供了资金和技术支持。中石油、国开行和 PDVSA 合理运用各自优势开展了全产业链的合作，实现多赢。

（二）MPE3 项目风险分析

委内瑞拉 MPE3 项目主要涉及油气投资风险中的经济和政治风险，该项目由 CVP 与 CNPC BV 合资运营，在实施过程中需要大量资金投入，但拉美地区委内瑞拉等国近年来经济形势不容乐观，经济增长缓慢及政治动荡造成的经济结构脆弱给 MPE3 项目的推进增加了不少难度。且美国开始介入委内瑞拉事务，委内瑞拉多年来的政治和经济危机更加严峻，民不聊生，近期美国对委内瑞拉的制裁逐渐生效，更为项目执行增加了困难。该项目所产生的风险体现在政治和经济两个方面。

一是委内瑞拉债台高筑，还款能力减弱。自 2007 年以来，委内瑞拉通过查韦斯时代的"石油换贷款"协议，累计获得 500 亿美元来自中方的金融支持。委内瑞拉目前拥有全球最重要的石油资源和储备，目前正与货币贬值和投资萎缩作斗争，而国家石油公司因拖欠了对石油服务公司的付款，导致石油产量因现金短缺而下降。委内瑞拉的经济低迷使中国石油公司的利益受到侵害。委内瑞拉国家石油公司（PDVSA）因为低油价而陷入瘫痪，欠债 350 多亿美元。同时上市公司收入大幅下滑，中小股东的分红权益被占有、中小股东无法及时获取分红等问题加剧了公司拖付服务费的现象。虽然中国石油公司委内瑞拉的计划正努力按照规定推进，但 PDVSA 控制了所有的企业生产与建设，而且由于其缺少发言权，使得合资方在市场中处于相对弱势。在低油价的时期，PDVSA 的总体收入大大下降，石油的投资也受到压缩。无法及时获取配套的资金，在很大程度上影响了项目施工的进程以及合资企业的生产运作等活动。

二是委内瑞拉汇率变动，通货膨胀加剧。委内瑞拉汇率的大幅度贬值和物价水平的飞速上涨导致该地区通货膨胀加剧。2015 年委内瑞拉货币兑换美元汇率为 1∶175，但仅仅不到一年时间汇率就变为 1∶1000。货币的大幅贬值使项目合同无法按原计划执行，同时缺乏资金支持成了整个委内瑞拉石油行业面临的重要问题。汇率风险导致的项目成本不断上升，项目执行的服务费用变为原先的几倍甚至几十倍，但委内瑞拉石油公司仍按照 6.3 玻利瓦尔兑换 1 美元的汇率计入成本，造成项目操作成本虚高。同时委内瑞拉因为资金短缺无法支付美元而暂停了大量以美元签署的合同，大大限制了国外公司的投资与合作。委内瑞拉 MPE3 项目在实施过程中也因为资金问题遇到了一系列困难，从而影响了项目的推进。

三是委内瑞拉政治动荡，投资环境复杂。当前，国际油价稳中有升，但委内瑞拉原油产量却大幅下跌，委方急切需要提升原油产量，SINOVENSA 合资公司作为中委在委内瑞拉的重要合资公司之一，对于油田上产稳产的愿望十分迫切。主动抢上服务合资公司油田上产是符合集团公司拉美地区石油服务加金融一体化战略，符合全产业链高质量发展的要求。然而，委内瑞拉因为低油价以来导致的政治动荡和经济萧条还在持续发酵，西方石油公司已经寥寥无几，面对美欧制裁的风险，大多数公司都在观望、等待。

（三）MPE3 项目风险控制经验借鉴

一是合理调整融资结构，保障项目还款安全。基于上述所提到的委内瑞拉 MPE3 项目执行过程中会遇到的经济风险，要合理调整融资结构和融资方式，保障贷款和金融安全，实现项目互利共赢。在有效地保证偿付还款的资金安全性方面，鉴于 PDVSA 在国际融资中承担担保的特殊条件和约束，委内瑞拉不能对 MPE3 项目的贷款采取任何可以提供资产质押、股权质押等担保的措施，必须采取以现金流或者其他的权益方式提供偿付的担保。应为海外贷款项目提供资金，以资源国在华出口和卖特定的石油产品为其还款资金的主要来源，由于目前我国的能源和消费市场庞大，还款能力可以从根本上得到保证，既可以确保外汇资金的安全，又可以提高项目收益率。

二是充分发挥融资的作用，带动金融企业"走出去"。在委内瑞拉 MPE3 项目中，融资工作与其他有关的商务洽谈工作同步开展，互为辅助。该项业务的相关规定在贷款合同以及担保协议中有所约定，以期尽可能最大限度地维护集团企业有限公司在委内瑞拉的经济和社会利益。[1] 贷款方式解决了 MPE3 项目的生产过程所需的资金，促进了项目按发展规划实施。集团子公司与 PDVSA 按持股的比例分别提供了母公司的担保及竣工后的担保，MPE3 项目的顺利进行为该集团公司在美国大陆地区的实现策划打下了坚实的基础。通过与中国金融企业和能源企业的合作，为能源项目的海外能源或中国原油项目融资提供贷款，既保证了外汇储备的安全，又实现了较高的收益率。[2]

---

① 林杉杉：《深化中国与拉美国家经贸合作的对策研究》，《国际贸易》2021 年第 1 期。
② 孙洪波：《中国油企应"加码"拉美》，《中国石油石化》2011 年第 7 期。

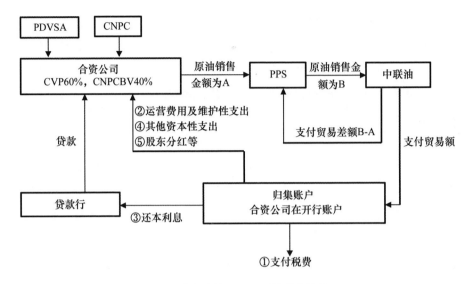

图 2　委内瑞拉 MPE3 项目付款流程

三是加强中拉地区间交流与合作，建立风险预防机制。资源国政府和其他合作伙伴的扶持，是项目能够成功进行的重要外部环境。中国石油企业仍然应该继续努力地建立、优化或者进一步完善自己与之相互沟通的渠道和手段，加强与资源国和地区的交流与合作，争取使资源国的政府和其他合作伙伴对于中国石油企业的发展和进入及其所带来的一系列社会变化有更深刻的理解和支持，为整合创造良好的外部环境。中国石油企业应在中拉合作投资决策之前做好经济效益和风险评估，建立完善的风险预防管理机制，提升风险应对能力，在不同的风险区域探索相应的合作模式，确保中国石油企业在拉美地区油气项目的长期安全运营和稳定发展。[①]

（四）小结

委内瑞拉 MPE3 油田开发是中国与拉美地区油气资源投资的合作，也是中方"走出去"战略实施的成果。虽然该项目在执行过程中遇到了经济风险，存在项目贷款资金安全问题，但通过调整融资结构和方式，使能源与金融紧密结合，保证了项目资金，促进了 MPE3 项目的顺利进行。MPE3 项目

---

① 　吴白乙：《中拉能源合作：经验、问题与未来选择》，《当代世界》2013 年第 4 期。

投资抵押信托投资贷款，是基于中国所有能源与海外金融投资企业长期开展合作的一种新型金融模式，通过我国能源产业投资金融企业与海外能源金融投资企业的长期紧密战略合作，破解海外投资项目正常经营的实际难题，支持海外投资项目的正常运营，有利于海外金融企业以强做大或者以弱较强，利于实现中国的所有能源投资企业在海外的最大经济利益，有助于中国能源产业金融投资企业在未来能够走得远，促进其能源金融安全，实现更高的能源投资风险收益率，实现利于我国的能源金融杠杆效应。

五 推动中国投资拉美油气效益的对策建议

拉美油气资源丰富，是全球油气行业最具投资吸引力的地区之一，也是中国石油企业海外战略的重要组成部分。但中国投资拉美油气项目仍不可避免地存在许多风险。其中，政治风险和经济风险对中国投资拉美地区油气资源影响较大，以委内瑞拉 MPE3 项目为例，该项目中出现的经济风险对于中国投资拉美油气项目的效益影响高于政治风险。而社会方面的风险如社会治安问题等对中国投资拉美油气项目的效益影响相对较小。拉美地区资源国政治局势动荡、投资环境复杂和经济衰退使油气收益降低项目贷款资金困难，社会治安混乱及社会问题频发等对中国与拉美地区油气资源投资合作产生了许多负面影响，不利于双方互利共赢。拉美地区是中国石油企业开拓发展的重要市场，认识和发现拉美地区的投资机遇和挑战以及解决中国企业开拓拉美油气投资市场将要面临的实务问题，成为中国石油企业"走出去"并获得成功的重要因素。

基于此，本文提出以下对策建议：第一，经济因素是对中国与拉美地区油气资源投资与合作风险研究中较为重要的因素，拉美资源国经济衰退使油气投资的收益降低，甚至对其他因素都有一定程度的影响。因此，为了降低各种经济因素所带来的风险，有必要扩大中拉石油投资伙伴关系的融资范围。根据当前中国的油气公司和拉美国家的市场经济现状，充分地拓宽中拉国家与油气公司进行投资协同合作的环境和融资途径，开放许多融资服务平台，推动中国与拉美和加勒比海沿岸地区之间的油气资源和投融资合作。同时，应加强对经济风险的控制，力争将国际油价变化带来的风险降到最低。

鉴于委内瑞拉外汇短缺和石油公司收入下降的情况，应合理控制合资公司中方注资的使用；重审风险高回报率低的项目，合理承包因资金不足无法提供技术支持的服务，引入第三方稀释股权实现风险转移，最终降低风险。

第二，加大美元合同占比，加强合资公司内部审核。为了保护经济利益，委内瑞拉政府规定，在石油工业与外国合作时，必须以本国货币玻利瓦尔签订合同。但随着委内瑞拉通货膨胀加剧和货币大幅贬值等问题丛生，以玻利瓦尔签订合作合同将严重影响项目的推进和实施。因此，在与拉美地区进行投资与合作时要努力协商加大美元合同所占比例，这有利于降低委内瑞拉项目金融汇率的风险。同时，加强合资公司内部的财务审核，尤其是审核提交的发票金额是否采用准确的美元汇率，防止委方将玻利瓦尔以高汇率方式增加操作费用，从而进一步规避因资金不足和汇率动荡等带来的经济风险。

第三，时刻关注合作国家政局信息，回避高风险的项目。资源国政治动荡，派系斗争不断，拉美政治环境复杂多变。作为国外投资者，虽无法改变委内瑞拉潜在的政治风险，但可以通过及时制定风险管理对策来规避可能的政治风险。例如通过大使馆积极收集拉美地区政局的相关信息，咨询国内外的知名企业进行风险分析，与国内外大型公司共同制定风险规避对策等。同时，针对拉美地区复杂多变的政治投资环境，回避部分风险较高的开发项目并加强与拉美地区社会各界的关系，打造一个良好的大国形象，为将来的投资合作打好基础。

（作者刘芷彤，浙江外国语学院国际商学院学生；

李兰，浙江外国语学院国际商学院讲师、博士）

Research on Risk Countermeasures of China's Oil and Gas Investment in Latin America

Liu Zhitong and Li Lan

Abstract: Latin America is rich in oil and gas resources, which is of strategic significance to China's energy security. However, there are still many risks in the investment and cooperation of oil and gas resources between China and the resource-rich countries in Latin America, which can be roughly divided into five categories: political, economic, social, legal and debt. This paper analyzes the influence of various risks on the investment cooperation of oil and gas between China and Latin America by using analytic hierarchy process and 1-9 scale method. At the same time, the MPE3 project in Venezuela is taken as an example to analyze the risks encountered in the process of project implementation and draw lessons from the experience of risk control. Finally, according to the above analysis, the countermeasures and suggestions for effective risk control are summarized.

Key words: Latin America; Oil and Gas Resources; Venezuela MPE3 Project; Risk Countermeasures

浙江省对拉美国家出口贸易的
影响因素研究

刘　俏　丁芳蕾

摘　要： 近年来，中国与拉美之间的关系日益密切，中拉之间的贸易往来也日渐频繁。浙江省是中国的出口贸易大省之一，积极响应"一带一路"倡议，主动对接拉美国家，进一步加强与拉美各国的联系。本文考查了浙江省对拉美出口贸易的概况，引入贸易引力模型，以 2010—2018 年浙江省对拉美六国（墨西哥、巴西、智利、阿根廷、哥伦比亚、秘鲁）的相关数据为样本，实证分析浙江省对拉美地区出口贸易的主要影响因素。实证结果表明，人口数量、GDP 仍然是影响两国贸易的主要因素。最后得出结论，并提出有针对性的建议。

关键词： 浙江省；引力模型；出口贸易；影响因素

引　言

自 2013 年起，由于中国"一带一路"倡议的提出和实施，中国与沿线各国开始有着不同程度的经济联系，双方贸易往来也日渐频繁。此外，至 2019 年，仅 6 年时间，"一带一路"已经延伸到拉丁美洲数个国家，双方的经贸关系日益密切。2018 年，中拉先后通过和发表了《"一带一路"特别声明》《共建"一带一路"备忘录》，意味着中国与拉美国家建立了全面的战略伙伴关系。中国与拉美的双边贸易增长迅速，互补性强，发展潜力巨大，对中拉双方来说都具有重要意义。

浙江省是中国的出口贸易大省之一，其对外出口总量连年上升，对于推动社会各个领域的经济发展有着重要的影响。但如今世界经济局势仍然动荡不安,对浙江省的出口贸易有着不同程度的影响。尽管 2008 年的国际金融危机已经过去多年,但一度导致浙江省出口受挫;截至今日,中国与美国之间的贸易摩擦仍未停止,浙江省在美国、欧盟和日韩等这些传统的出口市场里的订单数量有所下降;2019 年底,新冠肺炎疫情暴发,全球经济受到影响,浙江省的出口贸易也不例外。在扑朔迷离的世界经济走势的背景下,拉丁美洲成为出口贸易的一个新兴市场。

浙江省在 2018 年 5 月举行全省对外开放大会,在国家"一带一路"的号召下,主动抓住战略实施的机遇,积极对接"一带一路"倡议,扩大与沿线各国和地区的经贸合作。2019 年 7 月,浙江省商务厅组织企业赴巴西参加"中国品牌商品(拉美)展",贯彻落实"一带一路"倡议,深入实施"品质浙货行销天下"工程,积极应对中美贸易摩擦,进一步开拓拉美市场,保持浙江省对拉美市场出口的稳定增长。

但是,浙江省在与拉美不断合作、共同发展的同时,也面临着一系列问题。从如今的社会经济角度来看,浙江省受到疫情影响较重,大中小企业出口甚至全省贸易出口都下滑严重;从当今世界经济形势来看,部分拉美国家考虑到自身的发展,也逐渐从出口资源型产品转型成出口工业品到中国、美国这些贸易大国。因此,浙江省和拉丁美洲面临着经贸合作的新挑战。

拉丁美洲作为浙江省的一个贸易出口新市场,双方之间互补性强,具有巨大的发展潜力,这对于双方来说都有着重要的战略意义。然而,从当前全球经济形势来看,尽管浙江省和拉美经贸往来友好,但其中的矛盾依然存在。并且,目前研究浙江省与拉美进出口贸易的文献较少,国内通过引力模型来研究的大部分是关于中国与拉美贸易的相关影响因素,关于中国各省份与拉美之间的贸易研究的文献较少。

在这样的背景下,有必要深入研究浙江省对拉美出口贸易的贸易影响因素,对现有的研究进行补充。通过实证分析浙江省对拉美出口贸易的影响因素,对未来浙江省和拉美的贸易走向等提供理论指导,进而更好地开拓拉美市场。

一 理论回顾

（一）贸易引力模型

在国际贸易中，引力模型通常被用来分析贸易流量或者测算贸易潜力。一般来说，两个国家的经济规模以及双方的地理距离决定了两国的贸易流量。引力模型是在经济学的基础上，结合物理学的万有引力定律产生的，即两国的贸易量与各自的经济规模的正相关，与两国之间的空间距离负相关。进口国的经济规模反映了其潜在的需求能力，而出口国的经济规模反映了它的供给能力，两国的地理距离则是双边贸易的最大阻力。Tinbergen[1] 首先在国际贸易中运用引力模型来测算不同地区的双边贸易，通过对 42 个国家的数据进行计算分析，证实了国与国之间的地理距离会成为阻碍两国贸易流动的最大障碍。Poyhonen[2] 则引入运输成本这一变量对 1958 年的欧洲贸易进行了实证分析，也得出影响两国贸易的主要因素是地理距离的结论。

然而，随着国家经济的发展和扩张，会出现自给自足的趋势，以此抵消效果。所以，Linnemann[3] 在他的研究中引入了新的解释变量，即人口，以此拓展引力模型。尽管引力模型在对贸易流量的实证分析中显示出较高的解释力，但是在当时该模型因为理论基础不足而在预测方面受到阻碍。Bergstrand[4] 对此做出了改善，在运用一般均衡框架的基础上，通过一系列的假设条件来推导出引力方程，为引力模型在贸易流量中的应用提供了良好的理论基础。

引力模型具有对数据要求不高、形式简单的优点，被广泛应用到贸易

---

① Tinbergen, J., *Shaping the World Economy: Suggestions for an Internal Economic Policy*, New York: The Twentieth Century Fund, 1962.

② Poyhonen, P., "A Tentative Model for the Volume of Trade between Countries", *Weltwirtschaftliches Archive*, 1963 (90): 93 – 100.

③ Linnemann, *An Econometric Study in International Trade Flows Schott*, Amsterdam: North-Holland Publishing Co., 1966.

④ Bergstrand, J. H., "The Gravity Equation in International Trade: Some Microeconomic Foundations and Empirical Evidence", *Review of Economics and Statistics*, 67, 474 – 481, 1985.

流量测算、经济一体化效应、贸易壁垒效应、贸易潜力估算等研究方面。由于国际贸易的不断深入研究，越来越多的变量被引入到引力模型之中，如汇率、人均收入、语言、FDI、是否拥有共同边界、互补性和竞争性等。Joseph Buongiorno 和 Pieter A. 研究发现，运输距离是影响双方贸易流量的决定性因素，接下来依次是进口国的经济规模、两国相对价格、国家的发展程度，最后是双方的贸易总量。

尽管国内学者对贸易引力模型的运用起始时间稍晚于西方，但不同学者从不同的角度切入来验证双边贸易的影响因素。李秀敏、孟昭荣[1]通过引力模型来分析东北亚国家的双边贸易，论述了影响两国贸易的主要因素是地理距离、两国 GDP。胡求光和霍学喜[2]通过对中国水产品出口贸易的研究，发现除了地理距离和 GDP，两国是否为亚太经合组织国家也是一个重要因素。黄玖立和周泽平[3]则从中国文化产品的出口来进行研究，发现文化距离和制度距离是最主要的影响因素。

（二）贸易影响因素

Tinbergan 认为出口国的经济规模表现出了供给潜力，进口国的经济规模则表现出了供给需求，而两个国家的距离是双方贸易的最大成本。Poyhonen 也赞成这样的观点，并对 1958 年的欧洲贸易数据进行了实证研究，且引入运输成本这一变量，研究发现影响两个国家贸易的最主要因素还是空间距离。但是，随着时间的推移和研究的发展，不同的学者看到了其他因素的影响，他们引入引力模型并不断完善模型。Linnemann 将人口数量作为解释变量引入引力模型，发现人口规模与两国贸易流量呈正比。此外，GDP、汇率、是否拥有国通边界、互补性、语言等变量也被引入。Joseph Buongiorno 和 Pieter 对其各种解释变量进行了研究，结果表明最重要

---

① 李秀敏、孟昭荣：《对外开放与沿边开放城市经济增长因素的实证检验——以东北地区为例》，《东北师大学报》（自然科学版）2006 年第 1 期。

② 胡求光、霍学喜：《中国水产品出口贸易研究》，博士学位论文，西北农林科技大学，2008 年。

③ 黄玖立、周泽平：《多维度距离下的中国文化产品贸易》，《产业经济研究》2015 年第 5 期。

的决定因素是地理距离，而后才是两国经济规模、价格、双方的贸易总量。

国内学者则从不同的研究角度考虑到了不同的贸易影响因素。高士亮和熊磊对中国出口贸易的影响因素进行了实证分析，结果显示对外直接投资是影响中国出口贸易的一个重要因素。谭秀杰和周茂荣①基于随机前沿引力模型，引入了自由贸易协定等影响因素来研究 21 世纪"海上丝绸之路"贸易潜力。王亮和吴浜源②则引入每一百人所持有的电话线数量等因素来研究丝绸之路经济带制度环境。石微巍和崔金梅③通过分析中俄贸易，发现除开 GDP、中国对俄罗斯的直接投资，国际油价也是一个影响因素。高志刚和梁江艳④在对中国和中西南亚国家的贸易效率的研究中，引入了经济自由度指数、贸易便利化指数、是否为世界贸易组织成员以及是否签订贸易协定等变量。

二　浙江省对拉美出口贸易的概况

（一）浙江省对拉美出口的历史和现状

浙江作为中国的出口大省之一，与拉美地区一直保持着经贸联系，即使在过去拉美并不是浙江省对外贸易的重点市场。分别如图 1、图 2 所示是 2005—2018 年浙江省对拉美地区出口贸易的历史发展情况，以及浙江省对拉美出口贸易的增长率。

总体来说，浙江省对拉美地区的出口是呈上升趋势的。受 2008 年国际金融危机的影响，浙江省对拉美市场的出口略有下降，但对欧洲、北美洲这些传统出场的出口却大幅下降。也是因为这一次国际金融危机，浙江省开始认识到拉美市场的重要性，开始改善出口市场的结构，逐渐加大对拉美这些

---

① 谭秀杰、周茂荣：《21 世纪"海上丝绸之路"贸易潜力及其影响因素——基于随机前沿引力模型的实证研究》，《国际贸易问题》2015 年第 2 期。

② 王亮、吴浜源：《丝绸之路经济带的贸易潜力——基于"自然贸易伙伴"假说和随机前沿引力模型的分析》，《经济学家》2016 年第 4 期。

③ 石微巍、崔金梅：《新时期中俄贸易影响因素实证分析》，《欧亚经济》2017 年第 6 期。

④ 高志刚、梁江艳：《多维视角下我国入境旅游与进出口贸易的时空耦合关系研究》，《价格月刊》2019 年第 6 期。

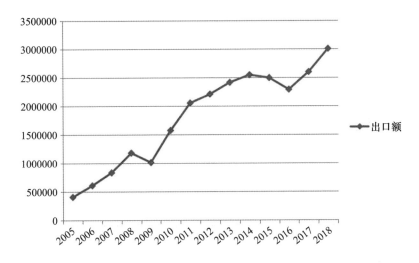

图1　浙江省对拉美地区出口贸易的历史发展情况（单位：亿美元）

资料来源：浙江统计年鉴。

新兴市场的出口贸易。2010年浙江省出口贸易迅速恢复过来，并且对拉美地区的出口超过了国际金融危机前的规模。此后，浙江对拉美的出口一直保持快速增长，到2012年，其对拉美的出口占浙江省对外总出口的9.84%。随着2013年"一带一路"倡议的提出，浙江省作为港口城市，充分发展海洋经济和港口经济，故浙江省在2013年后对拉美地区的出口贸易增长较为明显。2016年，受全球经济下行的影响，浙江省对拉美市场的出口贸易增长率出现了负增长。2017年，浙江省对拉美地区的出口贸易增长率有所回升。

　　浙江省对拉美出口已经覆盖到该地区的主要国家，主要的出口市场集中于墨西哥、智利、巴西等相对发展较好的国家。以2013年的巴西为例，浙江省对巴西的出口占到中国对巴西出口额的18.6%。但是从整体出口来看，浙江省对拉美地区的出口贸易仍然较小，双方提升的空间较大。

　　以巴西为例，截至2016年6月底，经商务部门核准，浙江省在巴西投资的大中小企业共有77家，投资总额达2.4亿。在对拉美地区的出口中，浙江民营企业占比较大，是出口的一大主力。仅以2011年为例，浙江省民营企业对拉美地区的出口额占全省总出口额的66.49%，对浙江省出口贡献巨大。

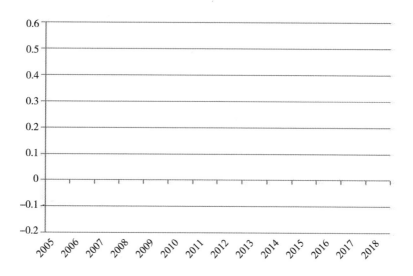

图2 浙江省对拉美地区出口贸易增长率（单位:%）

资料来源：浙江统计年鉴。

浙江省和拉美地区发挥经济互补优势，积极开展经贸合作。从最初建立办事处、营销网络，到现在出口国建立工厂进行生产，组织各企业通过在拉美地区举办各类展会，浙江企业"走出去"的步伐越来越快。拉美新兴经济体成为备受青睐的一种选择。

（二）浙江省对拉美出口的有利因素

1. 双方互补性强

浙江省对拉美市场出口的主要商品为服装、纺织品和塑料制品等，而从拉美地区进口的主要商品为动物皮革、金属矿产等。随着近几年双方关系不断拉近，浙江省对拉美地区的投资也不断加强，其投资主要集中于批发业、零售业和仪器仪表及文化、办公机械制造业等行业。

2. 浙商资本雄厚

浙商足迹遍布世界各地，其中有近300万的浙商在境外各国和地区进行合作和投资。截至2019年7月，浙商在"一带一路"沿线国家投资建设了12个境外经贸合作园，其中一个便是墨西哥华富山工业园，极大地推动了浙江省企业在拉美的出口贸易。

（三）浙江省对拉美出口的不利因素

1. 西方发达国家的影响

随着中国在国际上的影响力不断加强，一些西方国家大肆宣扬"中国威胁论"。在拉美地区，西方国家通过控制一些党派政治色彩的媒体来宣传，制造对于中国不利的舆论氛围。这在一定程度上阻碍了浙江企业进军拉美的步伐，加剧了双方的误解。

此外，由于近年来中国和拉美地区的贸易量增速较快，引起了西方发达国家的紧张，尤其是毗邻拉美的美国。美国在能源等产品上较依赖拉美各国，这也使得美国尤为关注中国对拉美地区的一举一动。

因此，浙江省对拉美的出口要考虑各方面的威胁，竞争和挑战来自四面八方。

2. 拉美贸易保护政策

国际经济的不稳定以及西方发达国家的影响，使得拉美地区经济面临来自内外的威胁，因此拉美强化贸易保护，出台了一系列政策。仅以2012年为例，巴西、墨西哥、阿根廷、哥伦比亚、秘鲁五国与浙江省发生23起贸易摩擦案件，涉及金额达9968.4万美元。拉美的贸易保护政策是阻碍浙江对其出口贸易的一大因素。

三　浙江省对拉美出口贸易的影响因素

（一）地理位置

中国是距离拉丁美洲最遥远的国家之一，即使浙江省是中国的沿海城市，濒临太平洋，与拉美地区依然相距甚远，这导致运输成本较高，是一个阻碍浙江省和拉美经贸往来的重要因素。此外，在地理位置上，拉丁美洲北临北美洲，其进口市场主要是美国。拉美长期以来受到美国的经济、文化渗透，在过去，与中国的贸易往来较少，更不用说与浙江省的经济往来。尽管随着科学技术、网络的发展，浙江省与拉美之间的交流更加频繁与便捷，但遥远的地理距离带来的高运输成本依然是双方出口贸易往来的一个阻碍。

（二）"一带一路"的延伸

中国"一带一路"倡议的提出，使得沿线国家可以共同全面发展。随着"一带一路"的延伸，拉美地区也进入这一版图，在"一带一路"的倡议下，完善自己国家的发展战略。浙江省主动对接沿线国家，出台了《打造"一带一路"枢纽行动计划》，进一步加强与拉丁美洲的联系。浙江省将"一带一路"倡议与拉丁美洲的对接，会促进双方的经济发展，加紧双方的经贸联系，使浙江省与拉美的合作迎来新的机遇，并将双方经贸合作推向新的高度。

在"一带一路"的延伸和对接上，浙江省具有明显优势。一是通道优势，宁波舟山港的货物吞吐量超过 10 亿吨，以 2018 年为例，仅仅集装箱吞吐量已达到 2600 万箱。另一个是平台优势，浙江省在"一带一路"沿线国家有多个境外经贸合作园，如墨西哥华富山工业园、越南龙江工业园等都是由浙商投资建立的。

"一带一路"的延伸及浙江省与拉美的对接有利于双方构建自贸区及自贸协议。浙江省已在逐步构建宁波"一带一路"综合实验区、义乌国际贸易综合改革试验区、跨境电商综合试验区等实验园区，以此来加快推进与拉美的经贸合作。

总之，浙江省对"一带一路"倡议主动响应，主动对接拉美地区，为浙江省对拉美的出口贸易扩大了途径，指明了新的销售出路。

（三）跨境电商

1. 浙江省跨境电商实力雄厚

在中国，浙江省可谓是电子商务的领军省份，在"一带一路"倡议下，浙江省逐步搭建并完善跨境电子商务平台。智利还提出过"数字丝绸之路"，旨在在中拉之间搭建一条跨洋海底光缆，以数字互通来促进双方的紧密往来。跨境电商的产生及发展给浙江省和拉丁美洲带来了新的机遇，为双方的合作开拓了新的途径。

据浙江省商务厅统计，浙江省 2017 年跨境电商进出口额为 603.9 亿元人民币，其中对外出口总额为 438.1 亿元人民币。从地区上看，金

华、杭州、宁波这 3 个地区的跨境电商出口总额以及活跃的出口网店数
依次占据全省前三。表 1 是 2017 年浙江省跨境出口总额前五的地市基
本情况。

表1　　　　　　　　　　浙江省 2017 年跨境出口额前五地市的基本情况

地市	跨境网络出口（亿元）	活跃出口网店数（家）
金华	241.4	37743
杭州	84.7	11646
宁波	39.9	5769
温州	39.9	5528
台州	8.2	1722

资料来源：浙江省商务厅。

2. 拉美地区电商发展空间大

尽管与亚洲地区相比，拉美地区的电商市场较小。但从 2018 年的数据
来看，拉丁美洲的电商总销售额为 800 亿美元，价值增速全球排名靠前，
在电子商务领域具有巨大的发展空间。

拉美地区最大的电商市场是墨西哥和巴西，两国的消费者多选用信用
卡来支付，支付宝的推广也进一步推动挖掘着两国的电商发展潜力。截至
2018 年，巴西已存在 6640 万电商用户，据预计，到 2021 年将会达到 9460
万电商用户。而墨西哥现拥有 5940 万电商用户，不足其人口的二分之一，
还留有巨大挖掘空间。

此外，统计显示，拉美市场的消费者对产品质量的需求在不断改
变，同时其价格意识也在提高，愿意消费优质的产品。浙江贸促会的报
告显示，79% 的拉美人民表示已逐渐从传统的贸易方式转到线上交
易；也有近 40% 的拉美人民愿意通过智能手机来购买日用品、玩具等
商品。

总而言之，跨境电商是进一步加强浙江省和拉美地区合作、优化双方
贸易结构的重要助推力。

四 浙江省对拉美出口贸易的实证分析

（一）贸易引力模型的引入

Armstrong 提出，引力模型的解释变量应该选取地理距离、GDP、人口数、语言等这些短期内不会发生改变的变量。因此，本文在构建浙江省与拉美国家间的贸易引力模型时，其变量选取双方空间直线距离、双方各自GDP、人口数。故本文对引力模型的设定为：

$$\ln X_{ij} = \beta_0 + \beta_1 \ln Y_i + \beta_2 \ln Y_j + \beta_3 \ln DIS_{ij} + \beta_4 \ln POP_{ij} + \varepsilon_{ij}$$

表2 解释变量的含义

变量	含义
$\ln X_{ij}$	浙江省对拉美各国的出口贸易额
$\ln Y_i$	浙江省的经济规模。当经济总量增加时，其对外贸易也随之增加
$\ln Y_j$	浙江省的拉美伙伴国的经济规模，即名义 GDP
$\ln POP_{ij}$	人口规模。出口经济体的人口规模越大，市场供给能力强，对外出口额会降低；进口经济体的人口规模越大，市场消费能力也大，其进口额会提升
$\ln DIS_{ij}$	国家 i 和国家 j 双方的空间直线距离的大小，距离越小，贸易阻力越小；反之，则阻力越大

资料来源：海关统计数据查询平台、浙江省统计局、世界银行、Distance Calculator。

（二）样本数据的来源及说明

本文研究的是浙江省与拉美主要国家的贸易潜力及其影响因素，故选用面板数据来做分析。一方面，面板数据使解释变量的多重共线性降低，而数据的自由度增加；另一方面，相较于时间序列而言，面板数据产生的结果更加精确。但是，在浙江省的统计年鉴中，其对拉美各国的出口数据不连续，且数据不够完善。故本文选取浙江省与拉美主要贸易国家的出口数据，即墨西哥、巴西、智利、阿根廷、秘鲁、哥伦比亚六个国家2010—2018 年的面板数据。

在该模型中，$\ln X_{ij}$ 代表 i 省对拉美 j 国出口的贸易额，数据来源于海关统计数据查询平台，单位为亿美元；浙江省和拉美六国的 GDP 来自世界银行，单位为亿美元；浙江省的人口总额数据来自浙江省统计年鉴，拉美六国的人口规模数据来源于世界银行，单位为人；DIS_{ij} 是指 i 省和 j 国的空间地理距离，其数据来源于 Distance Calculator（www. distancecalculator. net），得出的是浙江省杭州市和拉美国家首都的地理距离，单位为千米。

（三）模型验证

1. 平稳性检验

为保证实证结果的可靠性，避免会出现伪回归现象，先对各变量进行单位根检验。经过检验，原始数据不平稳，一阶差分后的各个变量均达到平稳状态。检验结果如下。

表 3　　　　　　　　　　　　单位根检验结果

变量	结果
LNGDP	0. 0000
LNGDP_ Y	0. 0000
LNPOP	0. 0000
LNDIS	0. 0000

2. 回归分析

本文采用 Eviews 软件对面板数据进行处理，得到如下结果。

Dependent Variable：LNEX
Method：Panel Least Squares
Date：04/06/20　Time：11：27
Sample：2010 2018
Periods included：9
Cross-sections included：7
Dependent Variable：LNEX

续表

Total panel (balanced) observations: 63

White cross-section standard errors & covariance (d. f. corrected)

Variable	Coefficient	Std. Error	T-Statistic	Prob.
LNGDP	0. 279062	0. 067675	4. 123569	0. 0001
LNGDP_ Y	1. 526361	0. 139865	−10. 91310	0. 0000
LNPOP	−0. 351088	0. 039429	8. 904286	0. 0000
DIS	−7. 52E −05	5. 61E −05	1. 340716	0. 1852
C	3. 802101	0. 601032	6. 325950	0. 0000

由此可得到公式:

$$\ln X_{ij} = 3.80 + 0.27\ln Y_i + 1.53\ln Y_j - 7.52\ln DIS_{ij} + 0.35\ln POP_{ij}$$

由此得到以下结果,在其他变量不变的前提下,出口国的 GDP 每变动 1%,出口额增加 0.27%;GDP 每增加 1%,出口增加 1.52%;人口每增加 1%,出口减少 0.35%;距离每增加 1%,出口减少 $-7.52 \times 10-5$。

LNGDP、LNGDP_ Y、LNPOP、LNDIS 变量系数对应的 T 值分别为 4.123569、−10.91310、8.904286、1.340716,以此对应的 P 值分别为 0.0001、0.0000、0.0000、0.1852。说明在 5% 的显著性水平下,除了 DIS 不显著外,其余变量均是高度显著的。同时模型的拟合优度 R^2 为 0.91,说明模型具有优秀的解释效果。

(四) 实证结果分析

1. 经济规模

从该模型结果中可以看出,在其他变量不变的情况下,浙江省的 GDP 每变动 1%,则会促使出口额增加 0.27%。浙江省和拉美进口国的 GDP 越高,则双边的市场规模越大,其国民的消费能力越高,即拉美进口国的进口需求量大,浙江省对拉美国家的出口将增大。浙江省对外贸易进行海外市场选择时,应首先考虑对方国家的经济发展水平及市场规模。

2. 人口规模

从该模型可得到,在其他变量不变的情况下,浙江省人口每增加 1%,

出口减少 0.35% 。由此可知，浙江省人口的增加会使浙江省内市场需求的增加，从而影响浙江省对拉美国家的出口。

3. 地理距离

结果显示，DIS 的影响不显著，本文所选取的拉美国家与浙江省地理位置较远，且隔着大洋，距离的远近对出口的影响程度不高，因为出口更看重的是对方国家的经济状况、市场需求规模等。但是随着交通运输业的进步，包括货运航线和民航航线的建设和完善，地理距离对浙江省出口贸易的阻碍作用正在减小。

五　结论与政策建议

（一）主要结论

本文选取 2010—2018 年浙江省与拉美六国的贸易数据，构建引力模型。实证结果表明，GDP 对出口有正向的影响。随着中国进一步融入经济全球化，浙江省又是中国东部发达省份，其 GDP 位居中国各省前列，与拉美国家经济存在较大互补性，为浙江省进一步扩大对拉美地区的出口创造了良好条件。本文选取的是拉美地区几个 GDP 大国，是浙江省的主要几个拉美贸易伙伴国，集中于墨西哥、巴西、智利等少数几个国家。以 2018 年为例，浙江省对墨西哥、巴西、智利三国的出口占同期浙江省对拉美地区出口总额的 56% 。拉丁美洲有 33 个国家，但浙江省主要集中于少数几个国家，集中度过高。

浙江省人口对浙江省出口具有负的影响。截至 2018 年，浙江省总人数达到 4999 万。此外，2018 年末全省常住人口达到 5737 万人，有大量务工人员。浙江省内的消费需求较大，对浙江省出口有一定影响。

浙江省和拉美的地理位置相距较远，即使其对出口贸易的影响不显著，但也要考虑到双方的运输成本。截至目前，浙江省对拉美地区的出口主要是通过海运，极少数通过航运，运输成本较高，空间距离仍然是浙江省对拉美国家出口的一大阻碍因素。

此外，浙江省与拉美地区的文化传统、政治制度以及语言存在着差异，双方互相了解不够深入，且在拉美国家，一些媒体受到西方国家的影响，宣扬"中国威胁论"，这也在一定程度上影响了浙江省对拉美出口的正常发展。

（二）政策建议

1. 进一步落实"一带一路"倡议

进一步落实"一带一路"倡议，加深与拉美各国的对接联系。抓住"一带一路"建设的机遇，大力发展对拉美各国的出口贸易。浙江省应进一步落实跟拉美国家的对接，深入与拉美各国的合作，积极推动浙江省政府与拉美各国政府友好关系的发展，加强双方领导之间的访问联系，通过出访等机会来举办贸促会，推进双方进出口贸易。

此外，浙江省的民间资本是浙江省 GDP 的重要组成部分，民营企业是一股巨大的力量。省政府出台相关政策，进一步推动浙江省中小企业走进拉美各国。

2. 进一步推进双方的跨境电子商务

浙江省是电商领军省份，电子商务体系成熟。再加上人口规模较大，外来务工人员较多，从事电商的人员越来越多。跨境电商为浙江省进军更大的拉美市场提供了新途径，浙江省也应该为电商平台提供相应的政策支持，积极落实相关的基础设施建设，以此来帮助这些电商企业更好地开拓拉美各国市场。此外，还可尝试与各国政府合作，探索浙江省在拉美地区建设经贸合作园区，进一步加强双方的电商合作。

3. 完善交通物流体系

与对方物流公司建立合作伙伴关系，完善交通物流体系。浙江省与拉美地区隔洋相望，地理位置较远，运输成本较高。浙江省可以和对方国家的物流公司建立合作伙伴关系，形成稳定的合作方式，进一步缩减双方的运输成本，减弱空间距离的阻隔作用。此外，抓住新型物流业态的机遇，如物流专线、海外仓等，通过合理利用与发展，助力浙江省和拉美地区之间的跨境电商，保障配送便捷。

相对于拉美国家而言，我国的基础设施建设以及现代物流处于高速发展的阶段，浙江省可依托东部沿海港口位置，启动浙江各港口直达拉美的航务，探索开通浙江省对拉美直飞航线，进一步完善民航、海运等交通网络，建设新型的物流园区，为浙江省对外贸易提供基础保障。

推动浙江中小企业在拉美当地投资设厂、生产产品，直接当地产、当地销，减少跨洋运输，降低运输成本。

4. 优化出口结构，推进产业转移

浙江省可以通过和拉美的产能合作来促进发展，将浙江省的优势产业根据拉美各国的不同优势进行产业转移，以此来推动双方的经济转型升级。在浙江省对拉美出口整体形势向好的前提下，应该进一步认识到出口结构优化的必要性，将重点放在出口高新技术产品组合，推动机动产品向拉美国家的市场转移，促进文化产品等新的出口增长点。2020年疫情势必影响到浙江省对拉美地区的出口，传统的纺织等产品出口逐渐衰落，但对于技术产品的需求势必增加。浙江省应引导厂家减产相关传统贸易产品，制订科学计划，分步引导浙江不同行业的升级和产业转移，调整出口贸易结构。

5. 建立有效的服务体系

积极搭建面向浙江省和拉美各国的信息交流平台，以此解决双方的文化差异、政策理解不到位等问题。为走向拉美市场的浙江中小企业提供法律、技术等援助，简化审批程序和手续，降低在双方贸易往来中的风险和成本。抓住各行业的发展机遇，随着省内跨境支付机构的快速发展，加快推进浙江省跨境电子商务结汇业务。

（作者刘俏，浙江外国语学院国际商学院讲师、博士；

丁芳蕾，浙江外国语学院国际商学院学生）

Research on the Export of Zhejiang Province to Latin American Countries and Analyze Its Influence Factors

Liu Qiao and Ding Fanglei

Abstract：Over the years, China and Latin America have developed closer ties and increased trade between the two countries. Zhejiang province is one of the major export trade provinces in China. It actively responds to the "One Belt

And One Road" policy, actively connects with Latin American countries and further strengthens its ties with Latin American countries. In this context, it is necessary to study the relevant factors affecting the export trade of Zhejiang province to Latin America. On the basis of the research literature, this paper examines the Zhejiang province exports to Latin American trade, introducing the trade gravity model, in Zhejiang province from 2010 to 2018 for the six countries of Latin America, Mexico, Brazil, Chile, Argentina, Colombia, Peru, the relevant data as sample, empirical analysis of the main influence factors of the region's export trade of Zhejiang province. Empirical results show that population and GDP are the main factors affecting bilateral trade. Finally, draw a conclusion and give some Suggestions.

Key words: Zhejiang Province; Gravity model; Export trade; Influence fact

中国跨境电商出口企业拓展拉美市场的必然、困境及破局

陈胜男

摘　要：我国跨境电商产业快速发展，出口份额日益增长，相关配套产业逐渐成熟。拉美地区是海上丝绸之路的延伸地带，多年来一直是我国重要的贸易伙伴，然而登陆拉美地区的中国跨境电商出口企业却寥寥无几。目前拉美地区电商零售额增长位居全球首位，对于中国跨境电商出口企业来说，拉美地区是一片"竞争蓝海"。拓展拉美市场不管从政策、产业还是企业自身来说都是一种必然。本文将深入分析这种必然性，解析中国跨境电商出口企业拓展拉美市场的现实困境，并提出破局之路，以期为中国跨境电商出口企业拓展拉美市场提供借鉴。

关键词：跨境电商；拉美市场；出口

一　引言

根据艾媒咨询调查报告显示①，我国跨境电商企业的海外独立站数量超过 20 万个，自 2016 年以来，我国企业独立站份额不断增长，到 2020 年占全球比重已达 20%，预计我国跨境电商出口规模将从 2020 年的 1.12 万亿元增长到 2024 年的 2.95 万亿元（如图 1 所示）。目前我国跨境电商出口企业主要用的第三方电商平台有阿里巴巴、亚马逊、Shopee、eBay、敦煌

---

① 《2021—2022 中国跨境出口电商行业及独立站模式发展现状及趋势研究报告》，艾媒咨询，https：//report. iimedia. cn/repo1 - 0/42521. html？ acPlatCode = IIMReport&acFrom = bottomBtn-Right&iimediaId = 8281。

网和 WISH 等，北美和欧洲市场是我国跨境电商出口企业的主要淘金地①，同时，中东、澳大利亚和东南亚地区也不乏我国商家的身影，然而在拉美地区本土最大的电商平台——美客多（Mercadolibre）上却鲜有中国商家的出现。这种现象显然与中拉之间深厚的贸易关系不相符。

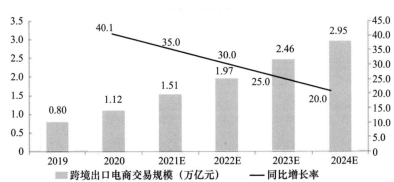

2019—2024年中国跨境出口电商交易规模及其同比增长率数据及预期

图 1　中国跨境出口电商交易规模及其同比增长率数据及预期

资料来源：商务部、艾媒数据中心。

随着 2022 年 2 月我国与阿根廷正式签署《中华人民共和国政府与阿根廷共和国政府关于共同推进丝绸之路经济带和 21 世纪海上丝绸之路建设的谅解备忘录》（以下简称《备忘录》）②，拉丁美洲与加勒比海地区（简称"拉美"）已超过 20 个国家加入"一带一路"倡议。拉美地区作为海上丝绸之路的延伸，是"一带一路"建设不可或缺的一部分，双方在经贸合作方面的发展是全方位的，多年来我国一直是该地区重要的贸易伙伴，更是主要投资来源国。中国海关总署发布的最新数据显示，2021 年我国同拉美地区贸易总额突破 4500 亿美元，再创新高。③ 在中国海关总署统计板块

① 《跨境电商的主流模式和玩家》，中信建投证券，2020 年 8 月 7 日，https：//tool. lu/en_US/deck/o4/detail？slide＝0。

② 《中华人民共和国和阿根廷共和国关于深化中阿全面战略伙伴关系的联合声明》，人民网，2022 年 2 月 7 日，https：//www. tibet3. com/news/guonei/2022－02－07/257869. html。

③ 《2021 年：中拉贸易创新高　市场互补促共赢》，中国产业经济信息网，2022 年 1 月 26 日，http：//www. cinic. org. cn/xw/szxw/1234107. html。

中，中国对拉美地区的进出口总额增幅最大（较2020年增长超40%），随着中国与拉美在经贸方面的合作不断深化，越来越多的拉美企业想要走进中国，更多的中国企业希望拓展拉美市场。

对我国跨境电商出口企业来说，拉美地区是一片竞争蓝海。该地区拥有约7亿人口，市场广阔，消费潜力巨大。自2020年新冠肺炎疫情暴发以来，传统电商不得不进行数字化转型，出行限制催生了新的消费习惯，越来越多的人选择线上购物。这一现象在拉美地区尤为突出，根据eMarketer 2021年1月统计数据，拉美地区2020年电商零售额增长36.7%，居全球首位。[1] 拉美地区消费者对跨境电商的接受度显著提高。

跨境电商是传统贸易企业，尤其是中小企业进行海外市场拓展的重要窗口。帮助我国跨境电商出口不仅可以推动我国制造业在全球范围内进行利益再分配，还可以促进劳动密集型企业转型升级，解决我国就业压力以及实现消费升级。在新形势下我国跨境电商出口企业拓展拉美市场有哪些必然性？在拓展拉美市场的过程中，我国跨境电商出口企业面临哪些现实困境？跨境电商出口企业应该如何破局而生？本文就以上问题展开探讨，以期为我国跨境电商出口企业拓展拉美市场提供切实可行的建议。

二　中国跨境电商出口企业拓展拉美市场的必然性

（一）国家宏观方向的必然要求

中国跨境电商出口企业拓展拉美市场正是顺应了推动构建人类命运共同体的中国特色外交的旗帜与方向，是实现共建"一带一路"的必然选择。党的十八大以来，习近平总书记以人类命运前途的视角提出构建人类命运共同体，旨在超越不同社会制度、发展阶段，将世界各国的未来联系

---

① 《拉美电商商务蓬勃发展　预计2022年将突破1000亿美元》，人民网，2022年1月21日，http://finance.people.com.cn/n1/2021/0121/c1004-32006817.html；《全新消费趋势塑造电商未来》，ROBECO，2021年7月15日，https://www.robeco.com/cn/insights/2021/07/meet-the-many-trends-shaping-the-future-of-commerce.html。

在一起，共同面对挑战、承担责任，共同发展繁荣。① 推动构建人类命运共同体已经载入党章和宪法，并且写进联合国决议文件。共建"一带一路"是构建人类命运共同体的伟大实践，"五通"包含了政策沟通、设施联通、贸易畅通、资金融通和民心相通。② 中拉两地电商行业处于不同发展阶段，中国跨境电商出口企业拓展拉美市场可以将中国丰富的电商经验传授给拉美地区，促进当地电商行业的发展。中国跨境电商企业拓展拉美市场还可以将中国企业和当地人民的未来需求联系在一起，既满足拉美地区人们在疫情环境下的消费需求，又传播了中国品牌，通过贸易互通讲述中国故事。在疫情环境下，中国与拉美人民面对共同的防控挑战，通过跨境电商平台互通有无，共担责任。中国跨境电商出口企业拓展拉美市场可以带动两地就业，促进当地社会经济稳步发展，同时还能推动当地基础设施建设升级，激活当地物流网络，提升物流效率。此外，频繁的跨境交易带来的换汇和支付需求更是活跃了两地金融市场。中国消费者对拉美地区的红酒、车厘子、牛油果等产品耳熟能详，通过出口更多的中国商品到拉美地区可以增进当地人民对中国的了解，进一步增进民心相通。因此，跨境电商出口企业拓展拉美市场是构建人类命运共同体的必然要求。

（二）促进国内产业迭代的必然路径

中国跨境电商出口企业拓展拉美市场是发挥中国稳定产业链优势，以国内国际双循环促进我国产业升级的必然之路。当前我国是全世界唯一拥有联合国产业分类中所有门类的国家，共包含 41 个工业大类、200 多个工业种类，以及近 700 个工业小类，基础设施齐全，各个行业的上下游企业形成聚合优势。③ 从本质上讲，我国的产业链优势包含成本优势和效率优势两方面，成本优势主要存在于人力成本与原材料成本较低的早期，然而随着人口红利

① 《人类命运共同体：中国特色大国外交的旗帜和方向》，求是网，2021 年 7 月 25 日，http://www.qstheory.cn/laigao/ycjx/2021-07/25/c_1127692837.htm，2022 年 3 月 19 日。

② 《"一带一路"建设是构建人类命运共同体的伟大实践》，求是网，2018 年 4 月 15 日，http://www.qstheory.cn/dukan/qs/2018-04/15/c_1122669693.htm，2022 年 3 月 19 日。

③ 《我国产业链优势无可替代》，《经济日报》2020 年 3 月 8 日，http://www.gov.cn/xinwen/2020-03/08/content_5488572.htm，2022 年 3 月 19 日。

的逐渐消失，人力成本日益增加，部分制造业工厂呈现出向东南亚迁移的趋势，也就是成本优势具有可转移性。但是，产业链的效率优势是无法转移的，这取决于产业内成熟的配套资源，我国的跨境电商产业链和生态全已初步建立完成。① 这意味着我国具有对零售市场前端进行快速响应的高效协同能力，这是多年来线下自组织以及各种电商平台、销售终端逐步培养和积累出来的。该种服务于前端零售网络的成熟产业链极具中国特色，诞生于中国的零售环境也离不开中国零售环境。然而产业链齐全不代表实力强大，大而强、大而优是我国经济发展的新要求、新方向。这就需要跨境出口拉动国内制造规模，由此衍生出更大规模的配套产业，从而带动经济与消费力增长。同时跨境出口可以优化我国国内专业分工以及资源配置，倒逼产业升级。2020 年 5 月中共中央政治局常委会会议首次提出"构建国内国际双循环互相促进的新发展格局"，旨在以"双循环"激发国内消费升级以及产业结构升级，积极参与到新型全球产业链重构中来。② 国内国际循环是互相依存，互相促进的循环关系，中国跨境电商出口企业拓展拉美市场同时满足了拉美地区人们的消费需求以及中国充分发挥产业链优势及升级的需求。因此，基于国内的供应链优势以及中拉的贸易关系，跨境电商企业拓展拉美地区市场是满足中国与拉美两地需求的必然选择。

（三）企业成长的必然规律

中国跨境电商出口企业拓展拉美市场是产业分工、降低交易成本和提升管理水平的必然结果。古典经济学、制度经济学与企业成长理论是解释企业扩张的三大基石。古典经济学认为出现规模经济的主要原因就是分工，随着市场规模的扩大，纵向产业链随之分解，并且生产过程延长。③ 横向扩张可以带来规模生产的内在经济，通过扩大规模，追求经济利益最大化是企业扩张的本质。交易成本包含搜寻成本、谈判成本以及实施成本，当外部交易成

---

① 钊阳、戴明锋：《中国跨境电商发展现状与趋势研判》，《国际经济合作》2019 年第 6 期。
② 宗良、李斌、李义举：《"双循环"新发展格局的内涵、路径及政策建议》，《宏观观察》2020 年第 37 期。
③ 朱启才：《西方企业扩张理论及其发展》，《云南财贸学院学报》2002 年第 4 期。

本高于企业组织成本时，企业趋向于扩张①，也就是说制度经济学认为降低交易成本是企业存在和扩张的根本原因。企业成长理论认为企业利用内部生产资源所产生的服务是企业成长的动力，因此企业的扩张并非取决于市场交易成本与企业内部组织成本之间的均衡，而是由企业内部资源所产生的独特服务所推动，也就是说企业内部管理人员在共同协作中获得的经验与能力推动企业成长，管理人员要获得新的经验和能力提升是企业扩张的核心。② 根据跨境收款与资金分发平台 Payoneer 中国跨境电商调查数据显示，超过 7 成的卖家表示利润在 25% 以下。③ 如前文所提，国内电子商务产业发展至今，从物流、各类平台到销售终端等这些服务于前端零售的配套设施已经非常成熟，并且分工精细明确。中国跨境电商出口企业向海外横向拓展可以为企业带来经济利益的扩张、促进国内的规模经济。在电子商务发展早期，互联网提供的信息透明优势提升了商家与消费者之间的供给和需求的匹配效率，从而降低了企业营销成本。然而随着信息规模越来越大，匹配精准性降低，反而提高了交易成本中的搜寻成本。中国跨境电商出口企业拓展拉美市场是降低交易成本的必然途径。虽然拉美地区电商零售增长居全球首位，但拉美地区经济发展不均衡，有线上购物习惯的互联网用户占总人口不足 50%，较经济发达的 60% 有一定差距。④ 中国电子商务产业较拉美地区起步较早，已经由早期的一家独大进入多元化竞争的新阶段，相关管理人员经验比较丰富，管理能力较强，不管是从企业角度还是管理人员角度，向拉美地区扩张都是输出"中国经验"和发挥协同效应的必然结果。

三　中国跨境电商出口企业拓展拉美市场的现实困境

（一）物流困境

运输成本高、通关难和交货效率低下造成了中国跨境电商出口企业拓

---

① 殷瑜：《论科斯定理的意义》，《商业经济》2005 年第 8 期。
② ［美］彭罗斯：《企业成长理论》，赵晓译，上海人民出版社 2007 年版。
③ 《中国跨境电商调查》，Payoneer，2016 年 8 月 2 日，https://www.payoneer.com/downloads/chinese-seller-report-2016-cn.pdf。
④ 顾欣：《拉美数字经济发展现状研究》，硕士学位论文，北京外国语大学，2020 年。

展拉美市场的物流困境。拉美地区基础设施不完善①，协同能力较弱，使得生产要素的流动范围难以扩大，因此运输成本长期居高不下。有报道称从阿根廷西部运送大豆到中部港口的成本要高于运送到荷兰鹿特丹港口。我国跨境电商出口产品到拉美地区主要依靠航运，然而拉美地区主要航线分布在欧洲与北美，与亚洲之间的航线并不多，并且航线距离较长，因此运输成本较高。导致航运成本高的另一个因素是燃油，拉美地区的燃油成本高于其他地区，这是由当地对燃油生产和分销的垄断造成的。② 此外，拉美各个国家的海关政策差异大，手续烦琐。海关费用、关税和清关周期较长造成了通关难的困境。③ 以巴西为例，巴西的税收和关税起征点是 0 美元，也就是说所有的商品都要被征收 19% 的税，个人邮寄包裹的关税起征点是 50 美元。再者，清关流程烦琐，一些国家海关对进口包裹实现 100% 查验，一些包裹需要在清关点等待超过 30 天，这又大大增加了库存成本。交货效率低下主要表现在物流信息不全面、包裹丢失率高以及本地派送慢，此外上文提到的协同能力较弱也导致拉美地区针对物流追踪不及时，消费者难以获得实时的物流信息和订单状态。拉美地区的包裹丢失率非常高，以巴西为例，包裹在运输中丢失的概率仅低于战乱地区。经过漫长的清关周期，拉美地区消费者还要忍受不确定的配送，对于远离都市圈的消费者则要等待更长的配送时间，因为较不完善的基础设施严重降低了配送效率。运输成本高、通关难和交货效率低下影响了拉美地区消费者的客户体验，这是中国跨境电商出口企业拓展拉美市场必须克服的困境。

（二）收款困境

受文化背景影响的支付方式导致中国跨境电商出口企业拓展拉美市场的收款困境。目前跨境电商的收款方式主要包含 PayPal、国际信用卡和西联汇款等方式④，但这几种支付方式在拉美地区被大多数消费者拒之门外，

---

① 吕宏芬、俞涔：《面向拉美实施跨境贸易电子商务》，《宏观经济管理》2015 年第 11 期。

② 游婷婷：《拉美航空运输市场的前景和挑战》，《运输经济》2017 年第 23 期。

③ 张夏恒：《跨境电子商务发展探析——以拉丁美洲为例》，《资源开发与市场》2015 年第 31 卷第 7 期。

④ 江瑞莹：《出口型跨境电商支付模式创新研究》，硕士学位论文，浙江大学，2019 年。

造成收款困境。原住民文化、印第安文化、欧洲文化以及其他外来文化构成了拉美地区文化的混融性。[①] 这种文化的混融性丰富、复杂而奇特，不仅仅显现在当地人们的世俗文化中，同样浸入商业环境中，造就了拉美消费市场呈现出由龙头国家引领、依赖外资企业、殖民统治"后遗症"和贸易保护等特点。拉美地区消费者的电商支付方式与其他地区差异较大，尽管疫情促进了拉美市场线上零售的增长，越来越多拉美消费者使用非接触式支付或数字钱包。但是有统计数据表明，使用现金和当地信用卡支付占在线总交易的60%，大部分消费者没有国际信用卡。使用现金支付的消费者通常没有银行账户，他们使用凭单支付，即在消费时，商家会形成条形码，消费者保存条形码去支付点用现金支付。同时当地消费者的西方法制理念与落后的生活习惯形成强烈对比，拉美居民人权意识强烈，崇尚个人享受，没有储蓄习惯，消费偏好分期。对于拉美消费者来说，分期付款是非常普遍的支付方式，即便是几十美元的小额消费也可以分期。有调查指出，拉美地区超过60%的电子商务消费都是分期付款的支付方式。[②] 支付方式的差异化造成了中国跨境电商出口企业拓展拉美市场的收款困境，从而加剧了现金流紧张。为拉美地区消费者提供可信赖、多元化、本土化的支付方案是解决这一困境的唯一方法。

（三）人才短缺困境

中国跨境电商出口企业拓展拉美市场面临人才短缺困境。跨境电商的红利期仍然在继续，但是人才缺口的困境已经严重阻碍了行业的发展，2019年跨境电商人才缺口达450万，到2021年该缺口已经扩大到760万。尽管全国开设跨境电商专业的高校700余所，其中开设跨境电商本科专业的高校有50多所。但人才供给远远落后于人才需求增长的速度。为适应行业特点，大多数高校的跨境电商专业人才培养均采用校企合作的方式进行，然而根据《2017年度中国电子商务人才状况调查报告》显示，相关企

[①] Sinclair J. and Pertierra A. C., *Consumer Culture in Latin America*, New York: Palgrave Macmillan, 2012.

[②] 《调查：拉美60%的电子商务购物都使用分期付款》，移动支付网，2021年3月31日，https://www.mpaypass.com.cn/news/202103/31100547.html。

业在选择跨境电商人才时，超过 80% 的人才来自企业自己培养、跨境电商平台培训班、社会培训机构，高校培养仅占 18%。① 几年后这种现象并未改善，在被调查的企业中，依然有半数倾向于自己培养人才。抛开企业层面，学生想提高就业能力的时候，也大多会选择培训机构或者知名企业的培训项目。高校里的专业课被打上了"过于理论化""不实用""与社会脱轨"等标签。本文笔者认为造成这种认知差异的主要原因是现有校企合作流于形式，并不深入：首先，高校与企业之间的利益"撕裂"。② 在合作过程中，高校强调对学生的职业素养、专业技能和实践能力的培养，不仅仅要保证就业率还要提升学生的就业质量，忽略了用工市场规律。而企业强调经济效益的最大化，希望获得低成本的人力资源，关注学生的岗位技能，忽略了全面发展。其次，高校与企业之间缺少统一管理体系。③ 高校以学期为单位，对教学、考核、出勤有统一管理和对寒暑假的时间规划，对教学内容往往以理论学习在先，实践实习在后。而企业以任务结果为导向，时间上比较灵活。导致教学工作和企业运营互相影响。最后，合作模式同质化，合作不深入。④ 目前的校企合作有订单式，工学结合式，"2 + 1""3 + 1"模式，校企互动模式，合作教育模式，这些模式相对固定，大同小异。同时，高校缺少对行业人才需求的深入调研，并没有完全解决人才供给与需求脱钩问题。

四　中国跨境电商出口企业拓展拉美市场的破局之路

（一）物流困境的破局之路

中国国内仓、乌拉圭中转仓和本地仓相结合，破解中国跨境电商出口

---

① 《2017 年底中国电子商务人才状况调查报告》，电子商务研究中心，2018 年 4 月 10 日，http://www.citnews.com.cn/news/201804/73353.htm.

② 王静静：《基于校企深度合作的跨境电商人才培养模式研究》，《当代教育实践与教学研究》2020 年第 5 期。

③ Mora-Valentin, E. M. Co-operation relationships, "A Theoretical Review of Co-operative Relationships Between Firms and Universities", *Science and Public Policy*, Vol. 29, No. 1, 2002, pp. 37 – 46.

④ 周静言：《应用型本科高校国贸专业人才培养模式改革研究——以跨境电商方向为例》，《辽东学院学报》（社会科学版）2020 年第 22 卷第 4 期。

企业拓展拉美市场的物流困境。一般来说物流成本由运输成本、仓储成本和行政管理成本三部分构成，其中运输成本占比最大。因此，选择合适的运输方式成为降低物流成本和提升经济效益的关键。运输方式有空运、陆运和海运，其中海运成本最低，运输规模大，但是速度最慢，空运速度最快，但是成本最高，运输规模小。目前我国跨境电商出口北美或欧洲多以海外仓模式，但是如前文所述，拉美地区关税起征点低，清关周期长，因此建立拉美海外仓的关税成本会很高。中国跨境电商企业可以根据商品的特点、国内和拉美的差异化政策，巧妙地建立"国内仓＋中转仓＋本地仓"模式，来优化出口拉美地区的物流资源。先将货物集中存储在中国国内仓，再通过海运到中转仓，中转仓可作为发货仓负责订单交付，中转仓通过空运或陆运发货至各地的本地仓，本地仓可负责退货处理和售后服务。通过这种三仓配合的模式，将直发和海外仓的优势结合，降低了物流的成本，增强了物流的稳定性。乌拉圭作为南美经济和人口中心，是南方共同市场成员之一。南方共同市场成员之间实行无关税自由贸易（医疗、美容相关商品除外），共同对外关税为23％。将中转仓建在乌拉圭的自由贸易区，可享受头程海运和二程清关免税政策，从而大大降低了物流成本。选择乌拉圭自由贸易区作为中转仓来负责订单交付，可发挥地缘优势，极大地改善物流信息追踪不及时的问题。各地本地仓负责退货和售后管理可改善当地消费者的售后体验。

（二）收款困境的破局之路

尊重当地文化习俗，与当地支付平台合作，支持多元化支付方式，破解中国跨境电商出口企业拓展拉美市场的收款困境。如前文所述，拉美地区人们倾向于现金凭单支付，虽然近年来由于疫情影响，现金凭单使用率有所下降，但该种方式依然是拉美地区最受欢迎的支付方式。虽然这与全球支付趋势背道而驰，但尊重当地的支付习惯既是文化要求，也是实际需要。当地支付平台了解当地消费者的支付习惯，深受消费者信任。中国跨境电商出口企业选择与当地支付平台合作可以提升支付成功率，接触潜在客户，从而提升交易量。以拉美跨境支付"独角兽"企业 EBANX 为例，该支付平台提供多种支付方式和混合多种代替支付方式。当地消费者可以在该平台使用当地货币支付，跨境电商企业可使用美金结算，为客户提供良好的消费体验，同时实现了货币的统一对账和结算，这就为跨境企业克服了支付和外汇管制等障碍。与此同时，EBANX 与拉美 15 个国家或地区的 50 多家银行合作，提供风险管理和防御欺诈服务。使用当地消费者习惯的支付方式，可以触及没有银行账户和不使用信用卡的消费者。因此，尊重拉美当地文化习俗，支持多元化本地支付方式是吸引当地消费者的关键，更是拓展潜在市场的秘诀。

（三）人才短缺的破局之路

深化校企合作可以弥合中国跨境电商出口企业的人才缺口。尽管目前跨境电商企业主要通过自主培养、大平台和社会培训机构提供人才，但从长期来看，高校才是人才供给的主要渠道。第一，企业、学生与高校之间的认知差异，企业和高校之间管理不统一和校企培养模式雷同等问题，主要是因为当前人才培养模式局限在讲座、招聘会和提供实习机会等过于形式化的层次上，造成合作特色不显著；第二，合作中不同机构彼此间缺乏互动和协同能力；第三，不少高校单纯追求就业率，而忽视了就业质量，这种短视行为不利于人才培养的长效机制建设，更不利于学生的后续发展；第四，多数人才培养合作项目局限于传统目标，不利于培养模式的创新发展。

要切实解决中国跨境电商出口企业的人才缺口，需要从以下方面入手。第一，通过构建共生网络，以激活基础要素。高校邀请企业人士参与教学内容的制定、授课与评估，企业邀请高校教师深入实际运营，双方深入彼此的工作场景，进行平等对话，最终形成彼此依赖的共生网络。合作共生网络的构建为各个合作主体的成员提供了增进了解的机会。第二，通过多主体参与和多学科联动，倒逼协同能力提升。跨境电商是新兴产业，需要复合型人才，因此跨境电商专业必须加强与其他专业合作，促进高校、企业与人才多方面协同能力提升。第三，通过深挖校友资源，增强文化认同。校友既了解高校的校园文化又熟谙企业文化，是二者建立合作关系的重要桥梁和纽带。因此，通过校友作为媒介，可深度融合校企双方的组织文化，打破对彼此的认知偏差。第四，并行发展就业能力和创业孵化，激发合作新目标。使校企合作目标多元化，人才供给既要"输血"也要"造血"，一边培养合格的人才，另一边要孵化创业项目。

五　结语

综上所述，中国跨境电商出口企业拓展拉美市场顺应了推动构建人类命运共同体的中国特色外交的旗帜与方向，是实现共建"一带一路"的必然选择；是充分发挥中国稳定产业链优势，以国内国际双循环促进我国产业升级的必然之路；更是产业分工、降低交易成本和提升管理水平的必然结果。然而面对拉美地区这一跨境"蓝海"，中国跨境电商出口企业的拉美之路并不顺利。运输成本高、通关难和交货效率低下造成了中国跨境电商出口企业拓展拉美市场的物流困境；文化背景导致的支付方式导致中国跨境电商出口企业拓展拉美市场的收款困境；中国跨境电商出口企业拓展拉美市场面临人才缺口困境。结合对中国跨境电商出口企业拓展拉美市场的必然性和困境的深入分析，本文提出将中国国内仓、乌拉圭中转仓和本地仓相结合，以破解物流困境；尊重当地文化习俗，与当地支付平台合作，支持多元化支付方式，以破解收款困境；深化校企合作，来弥合中国跨境电商出口企业的人才缺口。

拉美地区一直处在全球产业链边缘，无法享受全球价值链红利。加之疫情放大了原本就存在的基础设施落后、公共债务和经济结构等问题。我国与拉美地区虽然相距甚远，但同属经济发展中国家，因此有着共同的发展理念与诉求。世界经济增长中心已经呈现出从大西洋转向太平洋的态势，我国与拉美地区地域辽阔，两地人口占据世界总人口接近30%，因此，中拉关系不管从政治格局还是经济发展的角度，理应脱离往日从属的地位，向着独立性和互联互补性发展。在后疫情时代，我国与拉美以跨境电商出口企业为载体，拓展拉美市场的方式进行经济合作，对拉美地区经济恢复和我国参与全球化治理均具有重要的现实意义。

（作者陈胜男，浙江外国语学院国际商学院跨境电子商务系讲师）

The Inevitability, Difficulties and Paths of that Chinese Cross-border E-Commerce Enterprises Expand Latin American Market

Chen Shengnan

Abstract: The industry of cross-border e-commerce in China has been developing rapidly, the export share is increasing day by day, and the supporting industries has been constantly improving. Latin America is the extending zone of Maritime Silk Road, and has been always the key trade partner of China. However, there are very few cross-border e-commerce enterprises from China in Latin America. Currently, the increasing rate of e-commerce retail turnover in Latin America has occupied the first place in the world, Latin America is the "blue ocean" for the Chinese cross-border e-commerce enterprises. To expand the Latin American market is the inevitability for the national policies, industries and enterprises themselves. This essay is about to deeply analyze the inevitability, illustrate the difficulties of expanding Latin American market, and provide the guidelines to the ones which intend to expand the Latin American market.

Key words: Cross-border e-commerce; Latin American market; Export

对中国—哥斯达黎加自由贸易区贸易效应的引力模型分析

娄冰洁　孙韵文　程昕宇　邵　波

摘　要：随着中国与中美洲之间的不断敦睦，双方的经济和贸易交流得到发展，在一定程度上促进了中国区域经济一体化进程。随着中国与哥斯达黎加自由贸易协定的签署，中—哥经济贸易合作机制逐渐成熟，两国也越来越重视贸易服务持续开放，后疫情时代，探索发挥两国贸易效应的独特作用有利于推动两国尽快实现经济恢复和双边贸易稳定。中—哥在贸易领域的对比研究、贸易关系现状以及双边贸易效应等对于如何继续加深和优化两国贸易联系，把握发展机遇具有重要的意义。本文参考国内外相关文献，以中国和哥斯达黎加之间自由贸易的发展为背景，利用引力模型对中国—哥斯达黎加自由贸易区的贸易创造和贸易转移效应进行了实验测试，进而探讨两国经济一体化和区域经济一体化对贸易的影响，实证分析中国向哥斯达黎加出口额的系数与两国 GDP 乘积系数的关系。实证结果表明：区域经济一体化对中国与哥斯达黎加两国的出口额起正面作用且影响较大；然而中哥双方贸易以中方出口为主，中国常年顺差，中哥双方贸易交流仍有巨大发展空间。并根据研究结果结合两国目前发展状况提出要充分利用双方贸易的互补性，进一步推动双边贸易发展，打开中美洲市场；以自贸区为基础，推动中哥合作转型升级等发展建议。

关键词：自由贸易区；区域经济一体化；引力模型

一　引言

21 世纪以来，随着世界经济的持续发展和区域经济一体化进程的不断

进步，多边贸易成为经济发展的新机制。加快自由贸易区建设，构建全球
范围的自由贸易区域网络，是时代发展的方向，是对外经济发展不可避免
的选择。

中美洲最先和中国建立外交关系的国家就是哥斯达黎加。哥斯达黎加
是"一带一路"沿线的重要国家，也是继智利、秘鲁之后第三个与中国缔
结自由贸易协定的中美洲国家。积极调查中国和哥斯达黎加签署自由贸易
区前后的贸易发展，并对此进行分析和研究，对中美洲的中国市场和中国
对外经济贸易开发有十分重要的战略意义。

哥斯达黎加虽然地理位置离中国较远，但战略上位于中美洲，与加勒
比海和太平洋接壤。中国企业可以利用哥斯达黎加有利的地理位置和协定
的优惠条件，拓展哥斯达黎加和中美市场。且中国和哥斯达黎加自由贸易
协定的签署，有助于中国形成在其他中美洲国家的突破口，这使中国在与
其他国家的后续谈判中追加了优势，其战略重要性就经济的意义而言更加
重要。

此外研究中国—哥斯达黎加自由贸易区贸易效应，可为地区疫后经济
复苏和长期可持续发展，共建中拉命运共同体建言献策。拉美地区是建设
"一带一路"不可或缺的重要参与方，哥斯达黎加是21世纪中美洲地区第
一个与中国建立外交关系的国家。中国和哥斯达黎加建立外交关系仅三
年，哥斯达黎加就成为中美洲和加勒比地区第一个同中国签署自由贸易协
定的国家。从那以后，双边贸易量持续增加。中国与哥斯达黎加自由贸易
区的建立，使得在新冠肺炎疫情出现后，两方还能保持经济交流，减轻了
双方贸易在疫情背景下的成本，有助于地区疫后经济复苏和长期可持续发
展，推动构建中拉命运共同体，发展潜力非常大。在"一带一路"背景下
分析中国与哥斯达黎加自由贸易区的贸易效应，对于中国与其他国家以及
国际间的交往有重要的参考价值。

二　文献综述

（一）"一带一路"下中拉合作

2022年北京冬奥会在拉美多国的热情支持下成功举行，中拉合作在"冰

丝带"的连接下取得了新的进展。① 此前有学者就提出拉美对中国"一带一路"建设起着至关重要的作用,对于深化中国"一带一路"国际合作来说她的地位是无可替代的。② 中拉之间的关系也因"一带一路"的不断推进获得了进一步提升,多样化的机制和路径使得中拉双方的人民心意相通。③ 通过"一带一路"建设,中拉在资金融通合作方面的既有机制得以整合,双方融资途径也变得多样化,同时也提高了双方互联互通水平。④ 其实中国与拉美地区的合作已经持续多年,在 2000—2019 年的时间段里,中拉的贸易总量就增长了24 倍,双方以极快的速度发展了贸易与投资关系。⑤ 也正因为如此,即使中国与拉美之间"一带一路"合作起步晚,但得益于中拉之前的交往,在"一带一路"背景的加持下,中拉合作才得以飞速推进。⑥ 然而即便中拉之间取得的成就颇多,仍有一些国家对与中国开展自由贸易存在顾虑,因此有必要针对具体的某个国家,分析其与中国的贸易往来情况,得出可视化的贸易效应数据分析,为未来中国与其他国家的贸易交往提供依据,而哥斯达黎加作为中美洲第一个与中国签署自由贸易协定的国家,在此方面就极具说服力。

(二) 中哥经贸合作

对于中国与哥斯达黎加签订自贸协定(FTA)的有利因素和制约因素,盛玮利用中国哥斯达黎加贸易专业化指数(Trade Specialization Index,TSI)以及双边显性比较优势(BRCA)指数计算得出中哥之间的产业结构与贸易结构总体具有较强互补性的结论。⑦ 从 2010 年中哥共同签署了《中国—

① 杨啸林:《中拉合作韧性强活力足》,《经济日报》2022 年 2 月 26 日第四版。
② 岳云霞:《中拉共建"一带一路"合作:内涵、条件与前景》,《西南科技大学学报》(哲学社会科学版)2021 年第 6 期。
③ 李昊旻:《中拉"一带一路"民心相通领域的合作历程与前景》,《西南科技大学学报》(哲学社会科学版)2021 年第 6 期。
④ 杨志敏:《"一带一路"框架下中拉资金融通合作的历程和方向》,《西南科技大学学报》(哲学社会科学版)2021 年第 6 期。
⑤ 周志伟:《中拉关系具备延续"战略机遇期"的充分逻辑》,《世界知识》2021 年第18 期。
⑥ 步少华:《中拉"一带一路"合作:现状与未来路径》,《新丝路学刊》2021 年第 1 期。
⑦ 盛玮:《建立中国—哥斯达黎加 FTA 的有利条件与制约因素》,《对外经贸实务》2009 年第 11 期。

哥斯达黎加自由贸易协定》开始，两国互利共赢的脚步进一步加快，两国经贸合作也有了更为广阔的发展空间①，这也验证了中哥双方贸易合作确实互补性强。程慧从《中国—哥斯达黎加自由贸易协定》内容的角度出发，从货物贸易、服务贸易和投资合作三个方面分析了 2010 年中哥经贸合作呈现稳定的发展态势，并得出哥斯达黎加是中国在中美洲地区重要贸易国之一，中哥签订贸易协定对于中国与中美洲的发展有重大影响力的结论。② 此外宋锡祥也提出中国与哥斯达黎加签订自贸协定签署有利于提高中国抵抗国际经济风险的能力。③ 有关中国—哥斯达黎加自由贸易区对中国进口的影响研究的文章中，阎力圆利用巴拉萨模型，计算出了中国对哥斯达黎加进口的需求弹性，研究表明中哥双方产品结构互补现象明显还存在较大的发展空间和前景。④

（三）自贸区与贸易效应

贸易效应指的是由征税引起的进口量的变化。贸易效应和商品的价格与人们对商品的需求有很大的关系，假设一件商品由于征税价格上涨，人们就会降低对此商品的需求，此商品的进口量也会随之减少，因此关税的贸易效应为消费效应和生产效应之和。关于贸易效应，许多学者都对不同自贸区做了贸易效应分析，如徐芬就从区内区外两个角度，对中国—东盟自贸区做了贸易效应分析，并得出中国—东盟自贸区对双方都存在进出口贸易创造效应，这表明自由贸易区的建立对于双方都有很大的好处。⑤此外王会艳等三位学者在对 2005—2018 年中国对 49 个 "一带一路" 沿线国家投资与贸易数据

---

① 张君：《中哥自贸协定将推动两国全方位合作——商务部国际司负责人谈〈中国—哥斯达黎加自由贸易协定〉》，《中国经贸》2010 年第 5 期。

② 程慧：《中国—哥斯达黎加自贸协定的介绍及启示》，《中国经贸导刊》2012 年第 3 期。

③ 宋锡祥：《中国与哥斯达黎加双边自贸协定若干问题探讨》，《武汉大学学报》（哲学社会科学版）2014 年第 2 期。

④ 阎力圆：《中国—哥斯达黎加自由贸易区对中国进口的影响研究》，《产业与科技论坛》2018 第 3 期。

⑤ 徐芬：《基于区内和区外双角度的中国—东盟自贸区贸易效应分析》，《国际商务研究》2021 年第 5 期。

分析的基础上，探究了中国对外直接投资的贸易效应。① 本文通过分析中国—哥斯达黎加自贸区贸易效应，有利于深入国际对自贸区贸易效应的认识，鼓励更多国家或地区与中国建立自由贸易区，促进双方贸易经济更深层次合作，提高双方在国际上的政治经济地位。

（四）引力模型在贸易效应的应用

而对于经贸合作与发展潜力的研究，此前众多学者都利用了引力模型进行分析，于子添在引力模型的基础上，立足于中国和东盟的双边贸易，得出引力模型与中东双边贸易数据高度拟合的结论;② 张鑫鑫和冯德连还利用引力模型测算出了中国对"一带一路"沿线国家高新技术产品的出口效率;③ 张俊鹏也利用引力模型对中欧贸易进行了研究。④ 前人的研究为我们提供了极有价值的思路，由此可见，采用引力模型进行贸易效应分析具有较大的可行性。

然而以往对中国—哥斯达黎加自由贸易区的分析仅限于对两国的影响，对于中哥自由贸易区产生的更大层面的贸易效应却少有提及。本文将从中哥两方的自由贸易区出发，在引力模型的基础上，根据两方发展的基础及取得的成就分析中国—哥斯达黎加自由贸易区的贸易效应，从而进一步分析"一带一路"倡议下中国与拉美国家经贸发展的潜力并对中国未来与其他国家的贸易交往提出针对性建议。武小琦和陈开军也曾利用引力模型对中国与拉美国家自由贸易协定的效应进行分析，他们主要是基于多个国家自由贸易协定来检验是否存在重叠造成的负效应，是关于中国与智利、秘鲁和哥斯达黎加三个国家之间自由贸易协定的内部关系研究⑤，本

---

① 王会艳、杨俊、陈相颖：《中国对"一带一路"沿线国投资的贸易效应研究——东道国风险调节效应》，《河南社会科学》2021 年第 8 期。

② 于子添：《"一带一路"倡议影响中国与东盟双边贸易的引力模型研究》，《中国商论》2021 年第 17 期。

③ 张鑫鑫、冯德连：《中国对"一带一路"国家高新技术产品出口效率研究——基于随机前沿引力模型分析》，《安徽农业大学学报》（社会科学版）2021 年第 5 期。

④ 张俊鹏：《中欧贸易潜力及其影响因素研究——基于拓展的贸易引力模型》，《中国商论》2021 年第 19 期。

⑤ 武小琦、陈开军：《中国与拉美国家自由贸易协定的效应评价》，《拉丁美洲研究》2013 年第 5 期。

文在他们的研究成果上进一步分析了中国与哥斯达黎加贸易关系现状以及双边贸易效应，利用引力模型得出了区域经济一体化对中国与哥斯达黎加两国的出口额起正面作用且影响较大，中哥双方贸易交流仍有巨大发展空间的结论，此外还根据研究成果对中国与哥斯达黎加的贸易发展提出了建议，对于如何继续加深和优化两国贸易联系，把握发展机遇具有重要的意义。

三　中哥区域经济合作实践

（一）哥斯达黎加的对外贸易现状

哥斯达黎加实施开放的自由贸易政策，与美国、中国、墨西哥、智利等国家缔结了自由贸易协定。与世界 50 多个国家（地区）有贸易关系，对外贸易在国民经济中占据重要地位。中国是哥斯达黎加的主要进口国。

表1　　　　　2018—2020 年哥斯达黎加对各地区进出口额　　（单位：亿美元）

年份 地区	2018		2019		2020	
	进口	出口	进口	出口	进口	出口
北美洲	77.97	49.22	74.38	51.34	65.50	53.71
中美洲	11.36	24.12	11.05	24.43	10.69	23.22
欧盟	15.98	23.38	17.64	23.90	15.12	24.36
亚洲	38.03	6.82	35.90	6.27	34.79	6.67
加勒比	6.72	4.73	6.52	4.75	6.74	4.53
南美洲	12.19	2.40	11.57	2.06	10.43	2.39
欧洲其他国家	3.66	1.06	3.80	1.21	3.80	1.18
其他	4.63	0.34	5.27	0.38	3.01	0.24
中东	1.16	0.24	0.81	0.34	0.54	0.51

资料来源：中国海关。

（二）中国与哥斯达黎加贸易背景

自从中国和哥斯达黎加建立外交关系以来，在各个领域加深了和谐合

作，互惠互利日益紧密。中国在 2012 年超越墨西哥成为哥斯达黎加第二大
贸易伙伴国，连续数年保持着哥斯达黎加第二大贸易伙伴的地位。

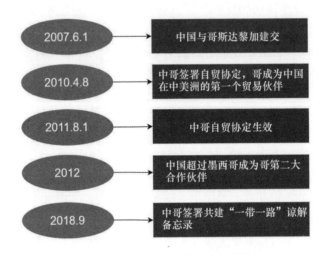

2007.6.1	中国与哥斯达黎加建交
2010.4.8	中哥签署自贸协定，哥成为中国在中美洲的第一个贸易伙伴
2011.8.1	中哥自贸协定生效
2012	中国超过墨西哥成为哥第二大合作伙伴
2018.9	中哥签署共建"一带一路"谅解备忘录

图 1　中国与哥斯达黎加贸易背景

（三）《中国—哥斯达黎加自由贸易协定》的主要内容

《中国—哥斯达黎加自由贸易协定》在货物贸易领域、服务贸易领域、
投资领域、原产地规则和海关程序等领域都有密切合作，开放水平相对
较高。

1. 货物贸易领域

该协定将中国和哥斯达黎加的所有商品划分为 6 个类别以降低关税。
第 1 类产品在履行协议后成为无关税对象，第 2 类产品 5 年来首次降为 0。
第 3 类产品在协定生效后 10 年内直线返回 0，第 4 类产品在协定生效后 15
年内直线回归 0。第 5 类是保持优惠和不做关税减让的高档产品，第 6 类
是关税配额商品。

2. 服务贸易领域

中国和哥斯达黎加根据对 WTO 的承诺，在 45 个部门或分部门进一步
向中国开放，包括电信服务、房地产、教育、计算机、旅游服务等。中国
还开放了计算机服务、房地产、市场调查、翻译、体育等分支领域。

3. 投资领域

中国与哥斯达黎加就《中华人民共和国政府投资促进保护协定》（以下简称《协定》）作出承诺，双方在各自的领土内创造互相有利的条件，基于平等和互利原则，加强两国之间的交流合作。如，缔约一方的投资者在缔约另一方的领土内的投资应始终享受符合普遍接受的国际法则的公正与公平的待遇；在不损害其法律法规的前提下，缔约一方应给予缔约另一方投资者的投资与投资有关活动不低于其给予本国投资者的投资及与投资有关活动的待遇等。

4. 原产地规则和海关程序

原产地规则的基本标准是税金分类变更标准，补充标准是地区价值构成标准和处理程序标准。根据这一规则，双方列出了所有产品的原产地规则，并附有关税编号。该条款还规定了原产地证明、优惠关税货物的通关条件和原产地核实。

在海关程序方面，该《协定》规定了通关合作，风险管理和货物运出，行政处理和促进。简化了海关程序，能够提高服务效率，增强透明度，促进双边贸易。

（四）中国与哥斯达黎加双边贸易现状

自 2007 年中国和哥斯达黎加建立外交关系以来，两国间的经济贸易交流越来越紧密。中国和哥斯达黎加的自由贸易协定于 2011 年生效。近年来，中国和哥斯达黎加之间的贸易量稳步增长，中国连续多年承包了哥斯达黎加第二大贸易伙伴国的地位。长期以来，哥斯达黎加和中国之间的双边贸易以哥自华进口为主，对华贸易逆差较大。根据哥斯达黎加统计局的统计，从 2015 年到 2020 年，中国和哥斯达黎加之间的双边贸易量几乎没有变化，基本上在 20 亿美元到 25 亿美元之间。2020 年，哥斯达黎加向中国的出口增加，进口减少。哥斯达黎加与中国的贸易赤字为 19.1 亿美元，比 2019 年的 20.02 亿美元减少了 4.5%。

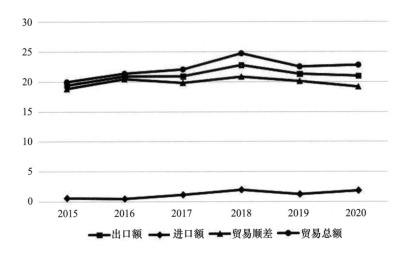

图2 2015—2020年间中国对哥斯达黎加的进出口贸易情况（亿美元）

资料来源：中华人民共和国驻哥斯达黎加共和国大使馆经济商务处。

1. 双边贸易以中方出口为主，常年顺差

总体来说，从2015年到2020年，中国和哥斯达黎加之间的贸易量呈良好趋势，两者之间的贸易主要基于中国的出口。虽然受到了新冠肺炎疫情的影响，但是整体贸易发展状况依然稳定。2020年中国与哥斯达黎加之间的双边贸易额为22.72亿美元，比2019年的22.45亿美元增加了1.2%。中哥贸易额占哥斯达黎加对外贸易总额的比例从2019年的8.21%增加到8.69%。其中，哥斯达黎加的进口额为1.81亿美元，比上一年增加了49.5%。中国向哥斯达黎加的出口额为20.91亿美元，比上一年减少了1.6%。

在贸易差额方面，以中国对哥斯达黎加的持续贸易顺差为特征由于2020年中国对哥斯达黎加的进口增加、出口减少，中国对哥斯达黎加的贸易顺差为19.1亿美元，比2019年的20.02亿美元减少了4.5%。但在规模方面，2020年中国与哥斯达黎加的贸易顺差，占中国与哥斯达黎加之间双边贸易总额的84.1%，比上年减少5%。总的来说，中国与哥斯达黎加的贸易顺差仍然处于相对较高的水平。中国是哥斯达黎加第二大进口市场，也是第十三大出口市场。

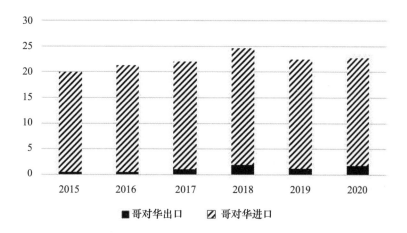

图3　2015—2020年中哥货物进出口情况（亿美元）

资料来源：中国海关。

2. 中国对哥斯达黎加产品进口量增加，哥斯达黎加出口多样化水平提高

表2　　　　　　　　2020年哥斯达黎加对中国主要商品进出口额　　　　　　（单位：万美元）

商品名称	出口额	商品名称	进口额
冷冻牛肉	5962.00	电器和电子设备	78300.00
猪肉	571.23	化学制品	15200.00
精密仪器和医疗器械	7612.70	金属制品	25200.00
加工食品	1097.10	纺织品及鞋靴	26300.00

资料来源：中国海关。

　　虽然中国向哥斯达黎加的产品进口增加了，但哥斯达黎加的出口多样化水平也在持续改善。与哥斯达黎加向世界出口的产品模式稍有不同，向中国出口的植物产品、食品/饮料等产品的市场份额相对较小。

　　关于农产品，哥斯达黎加在2012年批准了向中国出口牛肉。2015年哥斯达黎加向中国出口牛肉的金额是997万美元。2020年增加到5962万美元，五年内增长了498%。2020年哥斯达黎加向中国出口牛肉占哥斯达黎加牛肉总出口量的53.6%，中国代替美国成为哥斯达黎加牛肉最大的出口市场。2020年2月，哥斯达黎加开始第一批向中国出口猪肉。

哥斯达黎加全年向中国出口猪肉达到571.23万美元，占哥斯达黎加总猪肉出口的94%。

哥斯达黎加向中国出口的精密仪器及医疗器械额为7612.7万美元，比2019年增加245%。主要出口产品针、导管及类似产品、医疗辅助产品及其他医疗产品等都实现了大幅度的成长。对中国加工食品的出口额为1097.1万美元，比2019年增加了32.7%。

3. 中国对哥斯达黎加出口额略有下降，但中国产品在哥斯达黎加市场份额反而上升

表3　　　　　2019—2020年哥斯达黎加对外贸易制度进出口情况 （单位：亿美元）

制度	2019年				2020年			
	进口	自中国进口	出口	总额	进口	自中国进口	出口	总额
永久性出口	129.19	19.25	52.35	181.54	114.34	18.94	50.81	165.15
保税区	30.76	1.97	60.85	91.61	29.06	1.92	64.61	93.67
加工贸易	1.14	0.029	1.50	2.64	1.17	0.06	1.38	2.55
总计	161.09	21.25	114.69	275.78	144.57	20.92	116.80	261.37

资料来源：中国海关。

受新冠肺炎疫情的影响，2020年哥斯达黎加的商品贸易进口表现欠佳，中国向哥斯达黎加的出口也比2019年减少了。到2020年，哥斯达黎加从中国进口额占哥斯达黎加总进口的14.5%，比2019年的13.2%增加了1.3个百分点。

2020年，加工贸易为哥斯达黎加唯一保持增长态势的进口主体（见表3）。在加工贸易下，哥斯达黎加从中国进口比2019年增加69.2%，为506万美元；哥斯达黎加永久性出口项下自中国进口总额为18.94亿美元，比2019年减少了1.6%；保税区企业中国进口的金额为1.92亿美元，比2019年减少了2.5%。

哥斯达黎加从中国进口的产品主要是工业制成品。其中，电子电器和化学产品的进口额分别增加至7.83亿美元和1.52亿美元；金属机械、纺

织品和鞋类的进口额分别减少至 2.52 亿美元和 2.63 亿美元。但是，在市场份额方面，均与 2019 年相同或略有增加。

4. 哥斯达黎加的第二大贸易伙伴是中国的状况不会动摇

哥斯达黎加是中美洲第一个与中国建交的国家，也是"一带一路"沿线的重要国家。中哥建交以来，各领域友好交流合作更加紧密。并且中国一直是哥斯达黎加第二大贸易伙伴。

今后在中国和哥斯达黎加之间强有力的经济互补的基础上，中国将保持作为哥斯达黎加的第二大贸易伙伴的地位，坚定地将双边贸易合作进一步深化，根据美国大西洋理事会公布的数据，拉加地区同中国之间贸易额由 21 世纪初的 120 亿美元大幅增长至 2020 年的近 3150 亿美元。据预测，到 2035 年拉中贸易额将达到约 7000 亿美元。哥斯达黎加也正在尽最大努力将多元化的产品出口到中国各地。随着出口市场的持续扩大，预计哥斯达黎加对中国贸易逆差将进一步缩小。

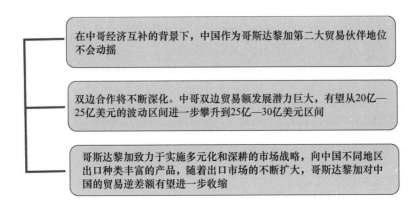

图 4　中国和哥斯达黎加双边贸易发展趋势

资料来源：前瞻产业研究院。

四　中国与哥斯达黎加自贸区贸易效应的引力模型分析

（一）实证研究方法的比较与选取

关于区域贸易合作组织关于贸易创出和贸易转换效果的相关研究，现有国内外文献主要使用以下方法：巴拉萨模型、区域内贸易份额法、引力模型和可计算一般均衡模型（CCE）。区域内贸易比例法是一种简单易操作的方法，我们可以利用它比较了解区域贸易组织设立前后，区域内贸易份额和区域外贸易份额的增加，从而说明区域贸易组织的成立是否正向推进了区域内贸易。但由于区域内贸易比重这一指标难以利用以此来具体分析双边贸易的效果，因此本文我们选择其他相关模型来进行实证研究。以下是对剩下的巴拉萨（Balassa）模型、引力模型、CCE 模型进行比较和分析，根据本论文的研究目的选择实证模型。

1. 巴拉萨模型

巴拉萨模型是在学术界，尤其是国际学术界最广泛使用的一种测算贸易创造和贸易转移效应的模型之一。1967 年，巴拉萨首先使用这个模型来分析欧洲经济共同体的贸易创造和转移效果。

该模型通过区域贸易合作前后进口需求的接受弹性变化，说明区域贸易合作组织的贸易创造效果和贸易转换效果。可以看出，这个模型的前提是在区域贸易合作之前进口需求的弹性是固定的。但该模型仍存在一定局限性如下：第一，在区域贸易合作之前假定进口申请的接收方是固定的，这与现实相矛盾。第二，模型无视价格因素，只考虑收入变化对贸易的影响。

2. 引力模型

引力模型，即两物体间的引力与它们之间的距离成反比，与它们的质量成正比，原本是物理学的法则。经济学家丁伯根和波隆分别应用国际贸易领域，对世界贸易流程和贸易流程规模进行了实证研究，从双边贸易量的角度说明了两国间的 GDP 和距离。Lineman 后来增加了人口统计变量来反映规模经济的作用。接着，爱肯特、布拉达、门德斯等人引进了虚拟变量，并进一步应用了特殊重力模式，推算出了地区—城市经济一体化对成员国贸易的影响。

在经济领域，我们通过区域经济一体化或区域贸易优惠对于虚拟变量的变化结合引力模型以此来说明区域间的贸易效应。当虚拟变量之前的系数增加时，表明双边贸易对区域内组织的贸易有促进作用，反之则有抑制作用。

但改造后的引力模型的弊端在于：该模型的一个重要假设是，样本内的所有国家都沿着相像的路径发展，并且发展的过程不会改变他们的贸易行为。但是，随着经济发展水平的提高，生产函数和效用函数也会发生变化，同时也意味着经济发展会改变商业方向，这个假设在现实中是不存在的。

3. 可计算的一般均衡模型（CGE 模型）

以上两个模型都是关于区域经济一体化对双边贸易的影响的研究。为了研究自由贸易区的设立可能对两国间贸易和国民经济产生的影响，从而为政府决策者提供政策依据和发展方向，人们选择 CGE 模式来研究区域经济一体化。最初的 CCE 模型是 1960 年约翰逊提出的，从此以后，这个模型在各种分析中被广泛使用。

CCE 模型主要包括需求结构、供应结构、市场平衡和国民支出均衡三组方程。CGE 模型以基准年为基准，从经济数据中修正各种各样的参数，然后将政策对应的经济变量的变化转换为模型，解决各种新的均衡状态的经济变量。通过比较新旧平衡状态下的价值观，可以理解政策变更对经济和贸易的影响。这个模型一般是以在不同国家和地区生产的相同商品之间存在不完全的替代关系为前提的。

随着全球政治经济一体化的进展，近年来，许多研究都通过 CGE 模型为焦点，分析区域经济一体化的影响，探究不同程度的贸易自由化对一国经济的影响，为国家的决策层提供政策依据。但是，模型本身的结构复杂，对数据要求非常高，因此实际使用有一定的限制，特别是对学生来说，研究起来很困难。

从上述三个模型的比较分析可以看出，各模型都有优点和缺点。本文从以下理由，最终选择了引力模式，对中国—哥斯达黎加自由贸易区的贸易创造和贸易转移效应进行了实验测试。原因如下：一方面，本论文的研究对象是进出口的贸易流程，引力模型更加具有针对性；另一方面，对于中国—哥斯达黎加自由贸易的经济效应研究都立足于事后研究，虽然 CCE 模型的分析比较全面，但因为是一种预先分析，不适合实证研究，且目前考虑到模型的复杂性与数据的不齐全，故不采用。

（二）模型建立和数据来源

贸易引力模型的原始形式可以表示为：

$$T_{ij} = A \ (Y_i Y_j / D_{ij}) \tag{1}$$

其中，T_{ij} 为两国间的贸易量，Y_i 为 i 国的 GDP，j 为 j 国的 GDP，D_{ij} 为两国间的距离，A 为比例系数。由该模型可以看出两国间的贸易量与两国的经济规模成正比，与两国之间的距离成反比。

由于该模型是非线性的，在（1）式的两边同时取自然对数成线性形式：

$$\ln T_{ij} = C + \beta_1 \ln \ (Y_i Y_j) \ + \beta_2 \ln D_{ij} + U_{ij} \tag{2}$$

（2）式中，$\ln T_{ij}$，$\ln (Y_i Y_j)$，$\ln D_{ij}$ 分别是 T_{ij}，$Y_i Y_j$，D_{ij} 的自然对数形式；C，β_1，β_2 为回归系数；U_{ij} 为标准随机误差。

根据本文的研究目的，我们使用引力模型，就中国与哥斯达黎加两国建立自由贸易区后的双边贸易效果进行分析，在上述模型的基础上加上区域经济一体化为自变量，由此可以得到修改后的引力模型方程：

$$\ln T_{ij} = C + \beta_1 \ln D_{ij} + \beta_2 \ln Y_i Y_j + \beta_3 \ln N_i N_j + \beta_4 COM_{ij} + U_{ij} \tag{3}$$

在（3）式中，$\ln T_{ij}$ 表示国家 i 对国家 j 的出口贸易额取自然对数；$\ln D_{ij}$ 表示国家 i 和国家 j 的首都之间实际距离取自然对数（按照地表距离计算）；$\ln Y_i Y_j$ 表示国家 i 和国家 j 的 GDP 乘积取自然对数；$nN_i N_j$ 表示国家 i 和国家 j 的人均 GDP 乘积取自然对数；COM_{ij} 代表区域经济一体化。β_1，β_2，β_3，β_4 是 T_{ij} 对距离、国内生产总值人口、人均国内生产总值、区域经济一体化的回归系数，U_{ij} 是误差项。对数据的具体说明见表4。

表4 　　　　　　　　　　解释变量及其含义界定和理论说明

变量	含义界定	理论说明
D_{ij}	两国首都间直线距离（千米）	代表两国间的运输成本，仅以哥斯达黎加为例，对本次研究做纵向分析，故距离 D 为常量
$Y_i Y_j$	两国的 GDP 乘积（亿美元）	出口国的潜在出口供给能力和进口国的潜在进口需求能力

变量	含义界定	理论说明
N_iN_j	两国的人均 GDP 乘积（美元）	国民人均购买力，人均 GDP 影响着相互市场渗透力，影响着商品贸易流向
COM_{ij}	区域经济一体化*	区域经济一体化的实践。带来贸易创造和贸易转移效应

注：在实证检验过程中，本文引入虚拟变量 0 和 1 代表两国间已进行区域经济一体化实践，1 代表两国已经进行区域经济一体化实践。

（三）实证检验

由于中国与哥斯达黎加自贸区于 2010 年建立，且 GDP 数据到 2020 年截止，我们选取 2010—2020 年的双边贸易额数据，基于公式（3），利用 eviews7.0 软件，就区域经济一体化对中国和哥斯达黎加进口和出口的贸易流量的影响进行实证分析。

对总体的各项统计指标进行整体描述分析：

变量名	样本量	最大值	最小值	平均值	标准差	中位数	方差	峰度	偏度
T_{ij}（美元）	11	21.233	20.349	20.894	0.298	21.009	0.089	-1.087	-0.576
T_{ij2}（美元）	11	22.385	20.321	21.211	0.910	20.532	0.828	-2.267	0.266
Y_iY_j（万亿/美元）	11	18.332	16.948	17.844	0.449	17.950	0.202	-0.089	-0.797
N_iN_j（美元）	11	18.673	17.438	18.249	0.397	18.352	0.157	0.145	-0.888

对于本文模型，首先分析 F 值，分析其是否可以显著地拒绝总体回归系数为 0 的原假设（$p < 0.01$ 或者 0.05），若呈显著性，表明之间存在着线性关系，至于线性关系的强弱，需要进一步进行分析；分析 X 的显著性，如果呈现出显著性（p 值小于 0.05，严格则需小于 0.01），其后结合回归系数 B 值，对比分析 X 对 Y 的影响程度；最后得到模型公式。

1. 区域经济一体化对中国对哥斯达黎加出口额影响的实证检验

模型拟合程度检验。

线性回归分析结果 n = 11								
	非标准化系数		标准化系数	T	p	VIF	R^2	调整 R^2	F
	B	标准误	Beta						
常数	6.898301	3.173962	—	2.173	0.061 *	—	0.929	0.911	F = 52.41 P = 0.000025
Y_iY_j（万亿/美元）	2.099652	2.180823	3.169	0.963	0.364	1222.638			
N_iN_j（美元）	-1.657752	2.471009	-2.209	-0.671	0.521	1222.638			
D_{ij}（km）	0.000971	0.000446	0	2.173	0.061 *	0			
COM_{ij}	6.898302	3.173963	0	2.173	0.061 *	0			
因变量：T_{ij}（美元）									

注：***、**、* 分别代表1%、5%、10%的显著性水平。

从上表 F 检验的结果分析可以得到，显著性 P 值为 0.000025，水平上呈现显著性，拒绝回归系数为 0 的原假设，因此模型基本满足要求。综合以上结果，回归方程最终表达式如下。

$$\ln Exp = 6.898301 + 0.001\ln D_{ij} + 2.1\ln Y_iY_j + （-1.658）\ln N_iN_j + 6.898302 COM_{ij} \tag{4}$$

2. 区域经济一体化对中国对哥斯达黎加进口额影响的实证检验

线性回归分析结果 n = 11								
	非标准化系数		标准化系数	t	p	VIF	R^2	调整 R^2	F
	B	标准误	Beta						
常数	-1.633476	1.735533	—	-0.941	0.374	—	0.773	0.717	F = 13.639 P = 0.002644
D_{ij}（km）	-0.002300	0.002444	0	-0.941	0.374	0			
Y_iY_j（万亿/美元）	-30.359609	11.924818	-14.988	-2.546	0.034 **	1222.638			
N_iN_j（美元）	32.623063	13.511562	14.214	2.414	0.042 **	1222.638			
COM_{ij}	-1.633476	1.735533	0	-0.941	0.374	0			
因变量：T_ij_2（美元）									

注：***、**、* 分别代表1%、5%、10%的显著性水平。

从上表 F 检验的结果分析可以得到，显著性 P 值为 0.003，水平上呈现显著性，拒绝回归系数为 0 的原假设，因此模型基本满足要求。综合以上结果，回归方程最终表达式如下。

$$\ln Exp = -1.633476 + (-0.002)\ln D_{ij} + (-30.36)\ln Y_i Y_j + 32.623\ln N_i N_j + (-1.633476)COM_{ij} \tag{5}$$

（四）结果分析

通过最终的引力模型公式，结合中国与哥斯达黎加双边贸易的数据，分别从进出口两方面就区域经济一体化效应进行分析。从（4）和（5）的结果可以看出，中哥 GDP 乘积和区域经济一体化对双边贸易流量有一定影响。

1. 出口实证检验

从回归方程式（4）可以看出，影响中国向哥斯达黎加出口的主要原因是中哥 GDP 之积和两国是否签署了实现区域经济一体化的自由贸易协定。实证结果表明，两国 GDP 乘积每增加 1%，出口额就增加 2.1%。从实证分析的结果可以看出，区域经济一体化对中国向哥斯达黎加出口额的系数高于两国 GDP 乘积系数，可知区域经济一体化对中国与哥斯达黎加两国的出口额起正面促进作用且影响较大。

2. 进口实证检验

从回归式（5）可以看出，影响哥斯达黎加进口中国的主要原因是两国人均 GDP 的乘积。据调查，两国人均 GDP 的产量每增加 1%，中国从哥斯达黎加的进口就增加 32.623%。从实证考试的结果可以看出，其他指标对进口额的影响是负的。哥斯达黎加专家认为，中国经济结构的战略调整给哥斯达黎加出口商带来了更多的机会。但是在对华出口时应聚焦于市场的特定领域以及经济处于上升发展期的中小城市。因为哥企业打入中国市场的失败经验表明，其他国家的出口商品已经占据了部分大城市市场，价格优势和产品竞争力大。

五　中国与哥斯达黎加发展优势和存在问题

（一）发展优势

中国与哥斯达黎加建交以来，双边关系和互利合作稳步发展，而且潜力巨大。2007 年 6 月中哥建交，2010 年两国签署自由贸易协定，为两国关系，尤其是经贸关系发展创造了非同寻常的机会。建交仅 3 年，哥斯达黎加就成为中美洲和加勒比地区第一个同中国签署自由贸易协定的国家。此后，双边贸易额持续增加，中国成为哥斯达黎加第二大贸易伙伴，而哥斯达黎加也成为中国在中美洲地区的重要贸易伙伴。

（二）存在问题

哥斯达黎加未能像智利等拉美其他国家一样对华出口额可观，也没有很好的开发旅游业，吸引更多中国游客来旅游。同时，许多的中国企业未能利用中哥双边自贸协定的优势在哥进行投资建厂，从而没有很好的充分挖掘双边经贸关系的巨大潜力，不利于将中哥关系推向一个新的高度。

哥方没有把握住与中国共同发展的机会。中国提出了共建"一带一路"倡议和中国应对气候变化的"双碳"目标承诺，中哥与 2018 年签署共建"一带一路"谅解备忘录，这为哥提供了与中国共享成功经验的机会。哥斯达黎加不应错过这样千载难逢的机会，应加强在倡议框架内与中国的合作，以实现哥基础设施的强劲发展，从而提高人民生活质量和国家竞争力。同时哥作为保护生物多样性和实现碳中和的倡导国之一，也应把握与中国在环境可持续发展、应对气候变化、可再生能源等领域的合作潜力。哥斯达黎加应抓住与中国合作的机遇，实现国家发展目标，促进与中国的战略伙伴关系更上一层楼。

六　发展建议

（一）充分利用双方贸易的互补性，进一步推动双边贸易的发展

中国和哥斯达黎加之间的贸易产品互补性较强，哥斯达黎加向中国出

口农产品等商品，中国向哥斯达黎加出口工业制成品等商品。2019年，哥斯达黎加对中国出口最多的商品有活动物及动物制品，出口额为6137万美元，占其对中国出口总额的33.4%；而向哥斯达黎加出口的中国主要出口商品是机电产品、贱金属及制品和纺织品原料，出口额分别为7.5亿美元、3.1亿美元和1.9亿美元，占其对哥斯达黎加出口总额的35.2%、14.5%、9.0%，这表明中国和中国的贸易物资互补性很高，有更深一步发展的可能性。双方为了进一步扩大贸易结构，必须最大限度地活用这个特点，以贸易促发展。同时，中国继续优化商品出口结构，提高出口产品的附加价值，从而谋求中国和哥斯达黎加的长期发展。哥斯达黎加不断致力于实施多元化和深耕的市场战略，向中国不同地区出口种类丰富的产品，收缩中国对哥斯达黎加的贸易逆差额，有效增加哥斯达黎加对中国的进口额，扩大对中国的出口市场。稳固中国作为哥斯达黎加第二大贸易伙伴的地位，不断深化双边合作从而进一步推动双边贸易的发展。

（二）建设中拉自贸示范区，有效打开中美洲市场

将中国—哥斯达黎加自贸区建设成为自贸示范区，充分发挥其引领作用。在与哥斯达黎加缔结自由贸易协定的基础上，积极签署与其他主要拉美国家的自由贸易协定，建立自由贸易地区。中国和哥斯达黎加采取有效措施，最大限度地利用各自的优势，持续推进中国和哥斯达黎加在不同层次、阶段和地区的自由贸易地区的建设，充分发挥自贸积极示范效应，加快推进即将洽谈研究的自贸区签约进程，以推动自贸区战略的实施和推进。

中国—哥斯达黎加自由贸易区的建设发展，对于有效打开中美洲市场是一个重要突破口。先前中国企业在能源、金融、电信、基础设施建设等领域已经与哥斯达黎加进行了合作，除此之外，还可以以中—哥自贸区为契机，扩大相互投资和双边贸易。2015年在哥斯达黎加设立的中美洲中资企业协会，为中国企业加入哥斯达黎加提供了优秀的平台。此外可利用哥斯达黎加地处中美洲，毗邻加勒比海和太平洋的区位优势，拓展拉美市场。中国与哥斯达黎加自由贸易协定的签订和自由贸易地区的建设和开发，容易在其他中美洲国家层面形成突破态势，可为中国此后与其他国家

谈判增添优势，起着重要的战略意义，哥斯达黎加将成为中国与中美洲扩大贸易的桥梁和突破口。

（三）以自贸区为基础，推动中哥合作的转型升级

中国企业要直面哥斯达黎加的国家形势，包括产业基础薄弱、天然资源不足、市场能力限制、管理效率低下、标准体系差异等。但是，作为保护生物多样性和实现碳中性的一个倡导国家，哥斯达黎加隐藏着与中国在环境可持续发展、应对气候变化、可再生能源等领域有合作潜力。为了更好地发展哥斯达黎加市场，有效地增加哥斯达黎加对中国的进口量，中国企业积极在优势领域中选取法律认可、市场需求、经济可行、民众欢迎的项目重点推进，着力找准双方优势互补点和利益汇合点。

根据中国和哥斯达黎加的自由贸易地区，结合中国国内经济结构调整和国际产能合作方向，依托哥斯达黎加既有政策和平台，抓住哥斯达黎加国家脱碳计划带来的商机，在哥斯达黎加 2022 年 2 月已经建立起了一个由43 个电动汽车充电站组成的充电网络的基础上，探索电动汽车、精密仪器、家电产品制造、信息技术、产品研发等领域合作的可能性；以投资入股或收购等方式参与农牧业上下游产业链，推动当地产业升级和自主发展的同时，培育中国在海外肉产品和农产品生产基地。此外，中国企业还应注意提高业务水平，培养一支精通拉美市场的跨学科人才队伍，不断积累经验、逐渐完成中国与哥斯达黎加的合作变革和升级。

（四）充分发挥区域经济一体化的积极作用，推动"一带一路"建设的实施

在区域经济一体化的背景下，中美洲经济一体化银行（BCIE）批准了对哥斯达黎加的 3 亿美元的融资，其中 2.5 亿美元来自 BCIE 发展政策行动计划（OPD），哥系获得该项目贷款的首个国家；另有 0.5 亿来自 BCIE 应对新冠肺炎及经济重启区域计划。这项贷款的目的是帮助哥斯达黎加缓解 COVID - 19 对经济造成的不利影响，加强财政的可持续性和宏观经济的稳定性，继续实践低碳开发的概念。在良好的国际形势下，哥斯达黎加应在国际利好的背景下，着力于改善出口结构，提高产品竞争力，

建立价格优势，发挥出区域经济一体化在自贸区建设中对进口的积极作用，并推动"一带一路"建设的发展。有利于加深中国与哥斯达黎加在"一带一路"倡议下公路、铁路、桥梁、民航、港口、能源和电信以及投资、工业等方面的合作。哥斯达黎加的可持续发展模式与中国双边合作以及中国与拉丁美洲和加勒比关系互补，双方应当以区域经济一体化为基础，进一步促进和巩固两国的经贸往来与发展。

（作者娄冰洁，浙江外国语学院国际商学院学生；

孙韵文，浙江外国语学院国际商学院学生；

程昕宇，浙江外国语学院国际商学院学生；

邵波，浙江外国语学院国际商学院讲师）

Analysis of Gravity Model of Trade Effect in China-Costa Rica

Lou Bingjie, Sun Yunwen, Cheng Xinyu and Shao Bo

Abstract：Due to the continuous harmony between China and Central America, the economic and trade exchanges between the two sides have brought considerable benefits, which have partly promoted the process of China's regional economic integration. With the signing of the free trade agreement between China and Costa Rica, the economic and trade cooperation mechanism between China and Colombia has gradually matured, and the two countries are also paying more and more attention to the continuous opening of trade and services. In the post-epidemic era, exploring the unique role of the trade effect of the two countries is conducive to promoting economic recovery and bilateral trade stability as soon as possible. The comparative research on the field of trade relations, the current situation and bilateral trade effects are of great significance to how to deepen and optimize the trade ties between the two countries and grasp the development opportunities. This paper refers to domestic and foreign literature, with the development of free trade between China and Costa Rica, using the gravity model of China-Costa Rica free trade creation and trade transfer effect, and discusses the economic integration and regional economic integration on trade, the empirical analysis of the coefficient of Chinese exports to Costa Rica and the GDP product coefficient. The empirical results show that regional economic integration has a positive effect on the exports of China and Costa Rica. However, the trade between China and Colombia is mainly the perennial surplus. Based on the research results and the current development status of the two countries, it is proposed to make full use of the complementarity of bilateral trade, further promote the development of bilateral trade, open the Central American market, and promote the transformation and upgrading of China-Colombia cooperation on the basis of the free trade zone.

Key words: Free trade area; Regional economic integration; Gravity model

《拉美研究论丛》稿约及体例要求

1. 《拉美研究论丛》是浙江外国语学院拉丁美洲研究所（拉美所）为推进国内拉美问题研究而创办的学术书刊。由中国社会科学出版社出版，每年一辑，2021 年创刊。

2. 《拉美研究论丛》致力于拉美地区政治、经济、文化、社会等问题的研究。书刊将遵循百花齐放、百家争鸣的原则，为国内外拉美研究学者提供一个学术交流的平台，欢迎相关领域的专家、学者来稿。

3. 《拉美研究论丛》对来稿一视同仁，收到来稿后，拉美所将组织专家进行评审，确定是否录用，最迟在三个月之内给予采用与否的答复。

4. 稿件体例要求如下：

（1）《拉美研究论丛》为中文刊物，外文稿件需译为中文。

（2）稿件字数以 1.0 万—1.5 万字为宜。

（3）来稿包括中英文题目，300 字以内的中英文摘要和 3—5 个中英文关键词。

（4）稿件请用 A4 纸格式，标题宋体三号加粗，正文宋体小四号；注释请用页下注，中文注文小五号仿宋体，外文注文小五号 Times New Roman 字体。

（5）稿件所涉文献引注格式，请遵照"中国社会科学出版社学术著作体例规范"要求。

5. 来稿请发邮件或邮寄至《拉美研究论丛》编辑部。

邮　　箱：ilas@ zisu. edu. cn

通信地址：杭州市西湖区留和路 299 号浙江外国语学院望院 D323 拉丁美洲研究所

《拉美研究论丛》编辑部